복지국가의 태동

민주화, 세계화, 그리고 한국의 복지정치

나남출판

나남신서 1153

복지국가의 태동
민주화, 세계화, 그리고 한국의 복지정치

2006년 7월 10일 발행
2006년 7월 10일 1쇄

저자_ 송호근·홍경준
발행자_ 趙相浩
발행처_ (주) 나남출판
주소_ 413-756 경기도 파주시 교하읍
       출판도시 518-4
전화_ (031) 955-4600 (代)
FAX_ (031) 955-4555
등록_ 제 1-71호(79. 5. 12)
홈페이지_ www.nanam.net
전자우편_ post@nanam.net

ISBN 89-300-8153-3
ISBN 89-300-8001-4 (세트)
책값은 뒤표지에 있습니다.

나남신서 · 1153

복지국가의 태동

민주화, 세계화, 그리고 한국의 복지정치

송호근 · 홍경준

NANAM
나남출판

The Birth of Welfare State
Globalization, Democratization and the New Politics of Welfare in South Korea

by

Song, Ho-Keun · Hong, Kyung-Zoon

NANAM
NANAM Publishing House

방향성이 보다 일반적으로 나타난다는 결론은 자연스럽게 개별국가들의 대응전략에 관심을 돌리게 한다.

이 책 1부의 4장은 바로 그러한 개별국가들의 대응전략의 문제를 복지정치의 틀 속에서 다룬다. 세계화의 정치경제에 적응하기 위한 개별국가의 노력은 어느 한 가지 고정된 틀로 파악될 수 없으며, 전세계적 차원에서 볼 때 민주화 이행의 제 3의 물결에 위치한 한국의 복지개혁 또한 그러하다는 것이 우리의 판단이다.

그렇다면, 한국의 복지제도의 성격은 무엇인가, 선진 복지국가들과 비교하여 발전궤도의 특성은 무엇이며, 향후 어떤 경로로 발전해갈 것인가? 이 책의 2부는 1부에서 제기한 이론적 논의와 국제적 변화추세를 기반으로 한국에서의 복지국가 태동을 본격적으로 다룰 것이다. 한국에서 복지국가는 태동하였는가? 우리는 이에 대해 중간적 입장을 취하고자 한다. 적극적으로 긍정하기에는 아직 복지국가의 중요한 요건들이 갖춰져 있지 않고, 무엇보다 그것을 견인할 비전과 전략, 그리고 구체적 실행능력은 미약한 반면, 반복지 이념이 매우 강해 복지국가로의 발전이 이뤄지더라도 매우 더디게 진행될 것이라는 점 때문이다.

한국에서 반복지 이념이 매우 강하다는 것은 2005년부터 제기된 증세(增稅)와 '큰 정부'를 둘러싼 공방전을 통해서도 쉽게 알 수 있다. 이는 한국에서의 복지국가 비전과 전략, 실행능력이 여전히 미약하고, 복지의 성장기여적 의미에 대한 사회적 이해가 매우 얕다는 것을 보여주는 에피소드였다. 하지만 우리는 민주화 이후 십수 년 동안 이룩해온 성장을 과소평가해서는 안 된다고 생각한다. 더욱이, 복지친화적 이념이 그다지 세력화되지 않은 상황에서 이 정도의 발전을 이뤘다는 사실 자체는 복지국가의 태동을 기대하도록 만든다.

우리는 한국이 적어도 제도적으로는 '복지국가'의 초기단계에 진입했으며, 복지제도의 발전을 촉진할 수 있는 정치적·사회적 요인들이 과거에 비해 훨씬 늘어났다는 점에 주목하고자 한다. 말하자면, '본격적인 복지국가'에 도달하기에는 많은 시간이 소요될 터이지만, 복지국가를 향한 시동은 이미 걸었다고 판단한다.

2부의 첫 번째 장인 5장에서는 한국에서의 복지국가 태동을 논의함에 있어 필수적으로 다루어야 할 몇 가지의 질문들을 문제제기의 형식으로 구체화할 것이다. 이러한 문제제기는 6장에서 10장으로 이어지는 분석들에서 구체적으로 다뤄질 터인데 모든 질문이 분명하게 규명될 수 있는 것은 아니며, 이번 한 번의 작업으로 마무리될 수 있는 성질의 것도 아니다.

6장은 민주화 이후의 한국 복지제도의 변화를 다룬다. 정권별로 국가복지의 개혁내용을 검토하고, 사회지출비의 추세와 내용을 검토하면서 우리는 한국 복지제도의 변화를 '점진주의'(incrementalism)로 규정할 것이다. 이는 한국 복지제도의 변화가 '프로그램적 개혁'의 수준에서 이루어진 것이어서 변화는 틀림없이 존재하지만 복지제도의 '체제전환'에 이를 정도는 아니라는 것을 의미한다.

7장은 한국에서 복지확대를 촉진한 세계화와 민주화의 영향을 보다 정치경제학적 관점에서 검토함으로써 한국 복지제도의 변화가 점진주의적 특성을 갖게 된 배경을 규명할 것이다.

8장과 9장, 그리고 10장은 우리의 이러한 주장을 실증적 자료를 통해 분석하는 데 초점을 맞춘다. 8장에서는 한국 복지제도의 변화가 프로그램적 개혁에 머무르게 된 원인을 정책결정구조의 특성에 대한 연결망 분석을 통해 조망한다. 9장과 10장은 복지제도의 세 가지 핵심적 영역, 즉 소득보장제도와 사회서비스, 그리고 노동시장제도에 대한 분석을 통해 한국 복지제도의 변화양상을 구체적으로 평가한다. 마지막의 결론에서는 분석의 결과를 요약하고, 논의된 쟁점들을 정리한다.

이 연구를 통해 우리는 한국의 복지발전에 가해졌던 제약들을 극복하는 새로운 정책양식이 필요함을 인식하게 되었고, 이를 '새로운 복지정치'의 탐색이라는 과제로 제기할 것이다. 이 과제에 대한 이론적, 실천적 대응은 단지 필자들의 몫만은 아닐 것이다.

이 연구를 진행하는 과정에서 많은 이들의 도움이 있었다. 우선 이 연구는 2004년도 한국학술진흥재단의 지원(KRF-2004-042-b00107)을 받았다. 3년에 걸친 기간 동안 재정적으로 이 연구를 지원해 준 학술진흥재단에 감사한다. 이 연구의 진행과정에서 여러 가지 유익한 조언과 토론을 제공해 준 비교사회정책연구회의 여러 회원들에게도 감사드린다. 이들의 유익한 조언과 날카로운 비평을 반영하려 애썼지만, 여전히 남는 부족한 점은 전적으로 필자들의 책임이다. 8장의 정책연결망 분석과정의 설문조사에 기꺼이 응해주신 시민사회단체와 경제단체, 노동조합, 정당과 국회, 국책연구소, 정부기관의 여러분들께도 감사드린다. 연구작업 동안 뒤에서 자료수집 등의 궂은 일을 묵묵히 맡아준 서울대와 성균관대의 조교들에게도 감사한다. 마지막으로 여전히 수익성과는 거리가 먼 이 책의 출판을 기꺼이 맡아주신 나남출판의 조상호 사장과 방순영 부장 및 편집진께 감사의 말을 전한다.

2006년 6월

송호근 · 홍경준

'사회적 위험'을 국가중심적 시각으로부터 노동시장과 가족의 관계망으로 이전시켜 파악하는 것이 필요하다. 후기산업사회에서 사회적 위험은 산업사회의 그것과는 질적으로 다른 새로운 유형이다.

에스핑-앤더슨은 실업을 복지국가의 위기론을 초래한 가장 핵심적 현상으로 규정하고, 후기산업사회에서 생산체제의 변화가 낳은 구조적 산물이자 새로운 위험의 진원지인 실업을 가족과 연계하여 파악하는 것이 복지국가 재조정의 핵심적 과제임을 역설한다. 정치경제적 지형의 변화라는 주어진 환경에서 사회적 위험공유(*social risk-sharing*)를 제도화하는 것이야말로 복지국가 재조정의 중심과제이다(Esping-Andersen, 1996: 5; 1999; Giaimo, 1999).

2. 복지국가 위기론의 확산과 근거

    1970년대에 제기된 복지국가 재조정의 필요성은 국제적 정치경제학의 패러다임 변화와 신자유주의 이념의 확산과 함께 '복지국가 위기론'과 급속히 결합했다. 그렇게 된 배경에는 여러 가지 요인이 있지만, 무엇보다 유럽국가들의 경제성장률의 둔화와 국제경쟁력의 하락이 가장 중요한 변수였다. 주지하다시피, 1970년대 중후반에 유럽국가들은 경쟁력하락에 따른 대규모의 산업구조조정, 임금동결, 소득불안정, 구매력 약화, 실업증가라는 달갑지 않은 문제에 직면했다. 어려워진 환경에도 불구하고 저실업체제를 유지할 수 있었던 사민주의국가들은 고인플레이션이라는 또 다른 문제를 해결해야 했다. 그리하여, 복지국가의 운영원리에 수정을 가해야 한다는 비판적 주장들이 설득력을 얻기 시작했다. 그것은 곧 케인스주의적 복지국가의 요체인 시장수정적 정책(*market-modifying policy*)에 대한 정면 비판으로 연결되었다. 그렇다고 어떤 뚜렷한 대안이 나타난 것은 아니었지만, 보편성과 관용성에 입각한 복지국가의 논리로는 황금기 고성장체제를 더는 보장할 수 없다는 믿음이 자리를 잡았다. 유럽국가들을 엄습한 성장둔화 현상과 고실업, 고인플레의 징후들은 복지국가에 대한 사민주의적 신념을 밀어내고 대신 '새로운 비관주의'(*new pessimism*)를 촉발했다(Helco, 1981: 398).

    이 새로운 비관주의는 시장기제의 자율성을 믿는 자유주의자들과 국가에 내재된 모순구조에 주목하는 맑시스트 이론가들의 공통된 분위기이기도 하였다. 양 진영의 비판논지와 근거는 매우 다르지만, 복지국가는 원래 시장왜곡에 입각하기에 한계에 부딪힐 수밖에 없으며, 자본주의구조에 내장된 모순의 정책적 연장일 뿐이라는 부정적 시각으로 평가했다. 비판론자들은 1970년대 이전부터 복지국가의 확대성장을 우려했는데, 경제성장의 전선에 문제가 발생하자 곧장 위기론의 형태로 전환되었다. 예를 들면, 부실기업 매각, 금융개혁, 정리해고, 민영화와 노조의 탈정치화 등 신자유주의적 정통메뉴들을 선보였던 영국의 대처 수상은 이미 1968년 보수당 정치센터에서 행한 연설에서 반복지국가적 논지를 강하게 피력했다(Taylor, 2000).

> 개입의 정도는 지나치게 확대되어 이제 더는 정부가 실제로 감당하기 어려워졌고 오히려 더욱 많은 수의 관료들을 양산하게 되었다. 오늘날 일반시민들이 정부의 공식결정과정에 접근하기는 거의 불가능해졌다. (…) 이러한 결과는 결국 권위주의의 증대로 이어졌다. (…) 오늘날 우리에게 필요한 것은 개인적 책임과 결정 기회의 확대, **정부로부터의 독립증대, 정부역할의 축소**이다(강조는 필자).

맑시스트적 비판은 주로 자본축적의 모순과 체제정당화라는 정치적 필연성 간의 상호충돌에 주목했다(Offe, 1984). 자본주의국가는 생산확대와 자본축적을 실현해야 하고, 다른 한편으로는 그것을 토대로 체제를 정당화해야 한다. 그런데, 자본축적은 착취기제를 통해 임금노동자의 구매력 하락을 수반한다. 여기에 복지국가의 기능적 의미가 살아난다. 임금노동자의 구매력을 유지시켜 자본축적의 한계를 연장하는 것이야말로 원래의 본질이며, 따라서 복지국가는 구조적 모순에 쌓은 모래탑이다. 오코너는 이러한 논지하에 축적, 정당화의 모순을 국가재정의 위기로 조명하기도 하였다. 국가는 자본의 이윤추구와 자본축적이 원활하도록 조건을 조성해야 하고, 다른 한편 임금생활자의 안정적 소비를 위해 사회적 투자를 지속해야 한다. 사회적 투자는 복지국가의 중요한 기능인데, 이 기능을 수행하는 과정에서 국가는 재정적 위기에 봉착한다는 것이다(O'Connor, 1973).

복지국가 위기론은 '위기의 진원지'를 기준으로 두 가지 유형으로 대별된다. 하나는 정부(국가)의 비대화와 과부하에 초점을 두는 시각이고, 다른 하나는 복지국가와 경제성장 간의 관계를 문제시하는 시각이다. 전자는 복지국가의 위기가 초래된 것을 정부부문의 확장, 과부하(*government overload*), 정부실패(*government failure*)라는 세 가지 측면으로 구분하여 각 측면들이 복지국가가 원래 겨냥한 목표들과 어떻게 상반된 효과를 낳게 되었는지를 설명한다(Mishra, 1984).

우선, '정부부문의 확장'이다. 복지국가는 실업 축소를 위해 공공부문의 일자리를 늘리는데, 공공부문의 일자리는 흔히 생산성과 임금이 상대적으로 낮은 서비스직종들로 채워진다. 복지전달 기구들과 서비스종사자들이 확대된 공공부문의 전형적 사례다. 그런데, 이것의 유지비용을 감당하려면 고생산성 민간부문에 대한 과대의존이 필수적이다. 이는 결국 민간부문에 시장외적 외압으로 작용하여 경쟁력 하락을 초래한다는 것이다.

'정부 과부하'는 새로운 복지요구, 경쟁력이 낮은 국내부문(*domestic sector*)에 대한 공평한 보호 등으로 국가의 재정수요는 급증하는 데에 반해 조세자원은 한정되는 데에서 비롯된다. 조세자원의 성장이 둔화되는 가운데 이루어지는 복지서비스의 확대는 복지국가의 재정적자로 귀결될 수밖에 없다는 것이다.

마지막으로, '정부실패'는 시장자유론자(*free marketers*)의 주장과 직결된다. 복지국가는 케인스주의적 원리에 따라 매우 적극적으로 시장개입을 수행하는데, 국가의 시장개입은 시장의 자율적 복원력을 손상시켜 심각한 시장왜곡을 야기하였고, 급기야는 구조적 경기침체를 몰고 왔다는 것이다. 이들은 경제성장의 둔화를 복지국가의 시장개입의 결과, 즉 '정부실패'의 산물로 이해하고자 하였다.

'정부실패'는 복지국가 위기론의 두 번째 시각과 직결된다. 안정성장과 저실업체제로부터 저성장, 고실업, 고인플레라는 달갑지 않은 경기침체 국면으로 급작스럽게 전환한 이유를 복지국가의 과도한 성장으로부터 찾고자 하였다. 경제성장이 안정적이었을 때 복지국가는 성장을 촉진하는 견인차 역할을 수행한다고 믿었다. 즉, 복지국가의 '황금기'는 복지국가와 경제성장간의 선순환적 관계에 입각했다. 그러나, 두 차례의 오일 쇼크를 거치면서 경제 지표들이 위기징후를 보이자 복지국가 자체가 침체를 촉발한 주요인으로 지목되기 시작하였다. 사실, 경제 지표들은 유럽 국가들의 위기의식을 촉발할 만큼 심각하게 악화되었다.

예를 들면, 1965년에서 1973년까지 OECD국가들은 연평균 5% 경제성장률을 기록하였는데, 1974년에는 2%로 떨어졌으며, 1975년에는 9개 국가가 제로 성장으로 급락했다. 이후 1974년에서 1984년 동안 OECD국가의 평균 성장률은 2%에 머물렀다. 실업은 더욱 심각해서 1975년에 10년 전의 두 배인 약 1,500만 명의 실업자가 양산되었다. 흔히 인플레와 실업률을 합친 궁핍지수(misery index)는 1960년대에 5.5%였던 것이 1970년대 중반에 17%로 치솟았다(C. Pierson, 1999: 139). 국가운영자, 정책입안자, 지식인들이 비용소모적인 복지국가를 침체의 주범으로 간주하려 했던 것은 이런 분위기 탓이었다.

복지국가 위기론의 대종을 이루는 이 견해는 복지국가가 더는 경제성장의 촉진요인이 아니라, 오히려 저해요인으로 변질되었다고 확신한다. 복지와 성장간의 선순환적 관계가 악순환의 고리로 전환하였다는 것이다. 악순환의 논지는 주로 재정적자와 제도적 비효율성에 맞춰진다. 국가 재정이 경쟁력 있는 부문의 재투자에 할애되기보다 경쟁력 없는 부문의 제도적 보호에 초점을 두기에 재정적자는 누증된다. 또한, 사회구조의 복합성 증대에 따른 새로운 복지수요를 흡수하는 데에 막대한 재정이 소요되는 것도 경기침체를 가져오는 주요한 요인이라는 것이다.

한편, 복지제도의 여러 영역에서 발전된 미시적, 중범위적 정책수단들이 서로 충돌을 일으켜 제도적 비효율성을 촉발한다. 흔히 유럽의 동맥경화증(Eurosclerosis)으로 불리는 제도적 상호충돌과 얽힘현상이 복지국가의 내적 위기를 자아내는 진원지이다. 그래서, 1970년대의 위기론자들은 복지국가의 구성요소간 제도적 비일관성(inconsistencies)과 상호충돌을 탐색하는 데에 많은 노력을 기울이기도 하였다.[2] 이런 상황에서, 황금기에 발전된 임금생활자에 대한 과다한 보호와 그런 기제들의 제도적 비일관성은 근로의욕을 감퇴시키거나 도덕적 해이를 조장한다는 보수주의자들의 비판도 호소력을 얻게끔 되었다.

　경기침체, 재정적자, 제도적 비효율성 등 위기론의 논지들은 모두 복지국가의 성장저해적 측면을 부각시키는 공통점이 있다. 그렇다면 이런 논지들은 과연 그럴 만한 근거를 갖는 것인가? 특히, 복지국가가 성장저해적 요인으로 변질되었다는 위기론의 핵심적 주장은 적합한 것인가? "복지국가 자체는 과연 경쟁력이 있는가?"(Pfaller et al., 1991).

　OECD 국가군을 대상으로 복지와 성장의 관계를 분석한 몇몇 주요한 연구에서는 위기론자들의 논리적 타당성을 세밀히 검토하였다. 이를 통해 OECD국가군의 시기별 성장업적, 사회지출비, 조세인상률 등의 상관관계를 측정한 결과, 다른 산업국가들과 비교하여 유럽의 복지국가가 경쟁력이 낮다는 증거는 그다지 뚜렷하지 않다는 결론에 도달하였다.

　위기론 비판론자라고 할 수 있는 이들의 연구를 요약하면, ① 유럽의 복지국가가 다른 산업국가들에 비해 성장 측면에서 약간 열세라는 점은 확인된다. OECD국가군 중 7개 국가에서 복지국가는 경제적 실행능력을 약간 침해하는 반면, 나머지 국가들에서는 분명한 패턴이 나

---

2) 이런 점은 특히 노동시장 영역에서 많이 발견된다. 노동시장은 임금생활자의 직업안정과 소득보장에 기여하는 크고 작은 복지제도가 작동하기 때문이다. 실업률 축소 및 실업자 보호정책과 관련한 몇몇 주요한 연구들은 별도의 정책이 필요하지 않고 오히려 기존 제도의 비효율성을 제거하거나 효과가 서로 충돌하는 제도를 정비하는 것이 더 생산적이라는 분석까지 내놓을 정도였다(Schmid, 1994).

타나지 않는다. ② 국제적 시장경쟁이 복지국가에 어떤 부정적 압력을
가한다는 주장은 증거가 충분치 않다. ③ 그리고, 복지국가가 경쟁력
이 없다는 주장 역시 증거가 불충분하며, 복지국가가 비생산적 영역에
자원을 할애하고 근로의욕을 감퇴시키며, 자원의 원활한 배분을 교란
시켜 전체적으로 경쟁력 하락을 부추긴다는 주장도 객관적이지 않다
(Pfaller and Gough, 1991).

　이렇게 보면, 복지가 성장저해 요인이 되었다는 견해는 대체로 미국
중심적 사고(*anglocentric*)의 산물이라는 주장이 설득력을 갖는다. 미
쉬라의 지적대로, 복지국가의 반성장적, 반효율성 효과(*anti-efficiency
effect*)를 강조하는 연구자들은 오스트리아와 스웨덴같이 고성장국가이
자 고복지국가들의 존재를 애써 외면한다는 것이다. 복지국가의 반효
율적 성격에 집착하는 신보수주의자들은 이런 국가들이 고성장을 이룩
한 배경에는 복지국가가 아니라 다른 요인들 ― 우연한 기회, 환경 등
― 이 있다고 주장하지만, 그다지 설득력을 얻지 못한다(Mishra,
1984). 피어슨은 복지국가 위기론자들이 강조하는 여러 쟁점들을 다
각적으로 검토한 후에 다음과 같은 결론에 도달한다(C. Pierson,
1999: 164).

　　복지국가 위기론은 좀처럼 누그러들 기미가 없다. 그럼에도 그것을
　　입증할 증거는 매우 희박한 것이 사실이다. 자유민주주의가 극도로
　　불안정해졌다거나, 사회지출비가 감소하고, 주요 복지프로그램을
　　철회했다는 주장은 신빙성이 없다. 오히려, 과거 20년 동안의 경험
　　은 (위기가 아니라) 구조조정(*structural adjustment*)이라고 해야
　　옳다. 구조조정은 세계은행이 제3세계 국가들에 실행을 독려하는
　　복지축소와 동일하게 간주될 위험도 있으나, 그것은 세계의 국가들
　　이 절박하게 생각하는 보다 폭넓은 전략메뉴를 지칭한다.

아무튼, 이런 엇갈리는 주장에도 불구하고 복지국가가 애초의 기대와는 달리 성장저해적 요인이 될지도 모른다는 우려감, 복지수요의 확대에 따른 재정적자와 제도적 비효율성의 증대 등으로 인해 복지국가 위기론은 연구가들 사이에서 빠르게 확산되었다. 위기의 징후는 도처에서 감지되었지만, 그것의 처방은 쉽사리 발견되지 않았다. 무엇보다, 위기의 징후들이 복지국가 자체의 내부위기인지, 아니면 복지국가의 결과적 현상인지를 판단하는 것이 선행되어야 했다.

위기론자들의 논의를 분석해보면, 복지국가에 '내재된 위기'와 복지국가에 가해지는 '외적 위기'라는 두 가지 의미가 동시에 발견된다. 내재된 위기란 ① 맑시스트의 주장하는 바와 같이 '본질적 모순'이거나, ② 복지국가를 창출한 정치경제적 환경의 변화에 복지국가가 적응하지 못하는 과정상의 문제를 지칭하고, 외적 위기란 ③ 국제적 경쟁구조의 변화로 인해 발생하는 외적 충격과, ④ 가족, 노동시장, 인구구조 등 사회적 요인의 변화를 지칭한다. 즉, 복지국가도 환경변화에 따라 그 자체 적응과정을 거쳐야 하고 새로운 단계로의 전환이 불가피해졌다는 뜻이다. 전환을 촉발했던 이유는 복지국가 자체의 제도적 특성과 복지국가가 창출된 초기의 정치경제적 배경의 변화에서 찾을 수 있다. 이것이 복지국가 위기론이 급속히 확대된 배경이자 원인이다. 그런데, 복지국가 위기론은 세계화 패러다임(globalization paradigm)에 부딪히면서 매우 복합적인 담론을 낳았다. 말하자면, '세계화 속의 복지국가'(welfare state in globalization)라는 신산업이 번성하기 시작한 것이다. 2장에서는 이 새로운 담론의 세계를 들여다보려 한다.

제 2 장

세계화와 복지국가

1. 세계화와 그 영향 : 담론들

복지국가 위기론이 복지제도 내부에 잠재된 결핍의 징후와 제도수정의 필요성을 제기해준 계기였다면, 세계화론은 복지국가의 패러다임적 전환을 요구한다는 점에서 차이가 난다. 세계화론은 위기론의 연장선에 위치한다. 하지만, 세계화와 복지국가의 관계에 관한 연구들은 이론적 자원, 분석대상과 방법론 등에 있어 위기론과 매우 대조적이다. 무엇보다, 세계화가 요구하는 복지국가의 변화폭과 심도는 위기론이 상정하는 그것을 능가한다. 복지국가의 변화를 프로그램적 변화와 체계변화로 구분하면(P. Pierson, 1994), 세계화론은 복지국가의 전면적 전환, 즉 시스템적 전환을 촉발하는 것이다. 논자에 따라 정도의 차이는 있지만, 세계화의 압력을 복지국가의 원리수정, 골격전환, 나아가 해체까지를 촉발하는 대변혁의 힘으로 이해한다는 점에서 공통이다. 그렇다면, 세계화가 복지국가에 미치는 영향은 무엇이고, 그것을 분석하는 주요 연구들의 내용은 어떠한가?

1980년대에 접어들면서 세계의 정치경제는 1970년대와는 질적으로 다른 원리로 재편되기 시작했다. 자유무역이 강조되면서 세계 각국은 정부의 강력한 개입 하에 운영되던 교역체제를 자유화하라는 압력을 세계시장으로부터 받기 시작하였다. 자유화(liberalization)는 1980년대에 세계 국가들이 공통적으로 추진한 교역정책이었다. 여기에 1989년부터 파급된 동구사회주의와 소련사회주의의 붕괴가 가세한다. 사회주의의 갑작스런 붕괴는 세계의 정치체제를 자유주의와 민주주의로 수렴시키는 역할을 하였으며, 경제적으로는 자본주의와 시장경제를 유일한 대안으로 만들어버렸다. 후쿠야마의 조금 과장된 표현대로 '역사의 종언'일 것까지는 없으나, 1990년대 공산권의 붕괴 이후 진행된 세계질서의 변화는 너무나 빠르고 거센 것이어서 다른 대안이 성장할 여지를 없애버린 것처럼 보였다.

강조점은 세계화론자마다 조금씩 다르지만 세계화를 대체로 다음과 같이 정의하는 데에 이의를 제기하지 않는다(George and Wilding, 2002: 19). "세계화는 지식과 기술발전뿐만 아니라 정치적 사건과 결정에 의해 촉진되는 시간과 공간의 압축과정을 통하여 상호연관성이 증대하는 것을 지칭한다." 세계화가 촉진하는 상호연관성과 통합기능을 강조하는 개념은 세계화론에서 자주 발견된다.

단적인 예를 들면(McGrew, 1992) 이렇다.

> 세계화는 근대적 세계체계를 구성하던 국가의 경계를 뛰어넘어 복합적 상호연관성과 상호연결을 촉진한다. 그것은 세계의 한 곳에서 일어나는 사건, 행위, 의사결정이 지구촌의 다른 쪽에 있는 개인과 공동체에 심대한 영향을 미치게 되는 전반적 과정을 지칭한다.

같은 관점에 서 있지만 자본과 상품의 전세계적 유통과정과 그로부터 파생되는 경제적, 정치적 변화에 초점을 두는 학자는 다음과 같이 정의한다(Cerny, 1996).

> 세계화는 국제정치경제의 기반을 구성하는 상품과 자산의 특성변화
> ― 특히, 상품과 자산의 구조적 분화의 증가 ― 로부터 기인하는 일
> 련의 경제적·정치적 구조와 과정을 지칭한다.

세계화는 정치적 과정이자 경제적 과정이라는 것이 세계화론자들의 공통된 견해이다. 즉, 미국의 헤게모니하에서 초국가적 국제기구와 비정부기구들의 영향력이 국가의 주도권을 압박하는 '정치적 과정'과, 자본, 노동, 상품, 지식이 국가의 규제를 넘어서 자유롭게 유통되고 교환되는 '경제적 과정'의 총체적 변화가 세계화의 정치경제(*political economy of globalization*)의 핵심이다. 단순히 말하면, 정치적으로는 자유민주주의가 확대되는 과정이며, 경제적으로는 시장경제를 기초로 한 자유경쟁 원리가 모든 교역질서에 적용되는 과정인 것이다. 여기에 이데올로기적 요인이 부가된다. 세계화의 정치경제는 시장질서를 최선으로 여기는 신자유주의적 이데올로기에 의해 관할된다. 상호접합된 정치, 경제, 이데올로기가 세계화의 복합적, 다중적 과정을 관할하는 세 개의 중심축이다.

경제적 요인은 이 세 가지 축 중에서 가장 중심적이고도 지배적으로 영향력을 행사한다. 국가간 교역장벽을 낮추고 정부의 시장개입을 최소화할 것을 요구했던 자유화조치는 세계화의 초기적 과정이자 통합적 질서를 구성하는 하나의 요인에 불과하다. 이에 비하면, 세계화는 복합적 과정이다. 세계화의 경제적 과정은 기존에는 각 국가 단위로 분절되었던 금융시장, 상품시장, 생산시장, 소비시장을 전지구촌을 단위로 일원화하는 것이다. 이 과정은 세계화의 경제적 촉진자들인 자본(금융), 무역, 다국적 기업, 국제금융기구들, 시장자유주의 이념 등으로 진전된다. 지구촌을 단위로 한 경제적 통합과정은 모든

영역에서 글로벌 스탠더드를 만들어냈다. 그것은 국가의 고유한 행위양식과 조직방식을 해체하고, 세계화의 작동원리로 다듬어진 국제적 표준을 수용할 것을 각 국가들에 명(命)하는 중이다. 경제적 측면에서 세계의 시장구조는 현격하게 바뀌었다. 예를 들면 직접투자를 포함한 선진자본국의 자본이동 총액은 1970년대에 3,900억 달러이었는데, 1995년에는 4,740억 달러로 늘었으며, 국제자본시장에서의 차입액은 1970년대 43억 달러에서 1995년에는 7,320억 달러로 급증했다. 1990년대 중반 자국인과 외국인간 채권과 증권매매 총액은 미국의 경우 GDP의 135%였으며, 독일은 160%, 영국은 1,000%를 기록할 정도였다(Swank, 2002: 3).

선진국 간, 선진국과 발전도상국 간 절대교역량은 과거 20년 동안 수십 배 불어난 것으로 나타난다. 세계무역 구조를 보면 GDP대비 수출비율은 1960년~1990년간 9.5%에서 20.5%로 급증했고, OECD의 1997년 보고서에 의하면 세계교역량은 GDP 증가율보다 적어도 세 배 정도 빠르게 늘어난다는 것이다(OECD, 1997). 교역량이 이처럼 급격히 늘어난 것은 시장개방과 자유무역 이념의 확산 그리고 그것을 관장하는 국제기구들, 예를 들면 세계무역기구(WTO)의 역할 때문이다. 따라서, 경제적 관점에서 세계화론자들은 자본이동, 자유무역, 시장 자유주의의 확대 등이 복지국가에 도대체 어떤 영향을 미치는지를 궁금해한다. 분명히 국적이 다른 자본의 유입 및 유출과 교역량의 확대는 기업구조에 영향을 미치고 노동시장의 조건을 변화시키기 때문이다(Hall and Soskice, 2001). 복지국가는 시민들의 생계, 직업안정, 소득안정에 가해지는 어떠한 외적 충격에도 대응하는, 다시 말하면, 경제적 리스크를 최소화하는 것을 목적으로 하기에, 복지국가의 대응양식이 문제시되는 것이다.

세계시장에서 작동하는 경제적 요인들은 세계화의 원리를 확산시키고 서로 강화하여 개별 국가와 정부에 적응하기를 강요하기 때문에 세

계화의 일차적 규정자(*primary definer*)라고 할 만하다. 각 국가는 이것
에 어떻게 대응할 것인가의 문제가 세계화의 정치적 측면이다. 세계화
의 정치(*politics of globalization*)는 초국가적 기구들의 작동양식과 그것
에 대응하는 국가의 대응문제로 구분될 것이다. 제도, 관행, 개별국가
의 정책결정이 국가경계를 넘어서 국제화되는 것이야말로 세계화의 정
치적 도전인데, 그것은 몇 가지 관점으로 관찰할 수 있다.

　첫째, EU나 NAFTA와 같이 지역통합과 통합적 기구들이 개별국가
에 미치는 정치적 영향력이다. 예를 들면, 유럽의회는 회원국가와 시
민들의 권익을 보호하고 사회적 정의를 구현할 수 있는 공통적 법안준
수를 개별국가에 요구한다. 둘째, 국가의 정책결정은 세계무역기구나
국제금융기구들에 의해 제약을 받는다. 무역기구는 국가 간 덤핑을 금
지하며, 특정 산업과 기업가에 대해 공적 혜택을 지원할 경우 제재를
가할 권한을 부여받았다. 예를 들어, IMF(국제통화기금)의 권한과 영
향력은 너무도 막강해서 개별국가의 파산을 결정할 수도 있다. 셋째,
개별 정부가 의무적으로 가입하고 준수해야할 국제규준과 조약이 급증
해서, 국가의 정책적 자율성이 급격히 줄어들었다. 예를 들면 ILO조
약은 국적을 막론하고 노동자의 권익보호를 의무화하며, 조직결성,
단체행동, 단체교섭의 자유를 보장하도록 명한다. 넷째, 최근 들어 급
증하는 초국가적 비정부기구들과 그들간에 결성되는 긴밀한 네트워크
는 국가의 정치적 공간을 제약한다. 전 세계적으로 초국적 비정부기구
들이 약 5천여 개 있는 것으로 추산되는데, 이들 중 어떤 조직은 국가
의 특정 정책을 수정하게 만들 정도로 막강한 힘을 발휘한다.

　그렇다고 국가의 존재가 세계무대에서 완전히 퇴장한 것은 아니다.
앞에서도 지적하였듯이, 시장이 제대로 작동하려면 국가의 존재가 더
욱 필요하다는 규제학파(*regulation school*)의 주장이 설득력을 얻으며
(Boyer and Drache, 1996), 시장경쟁이 치열해지고 교역량이 늘수록
정부는 보다 커지는 경향이 있음을 강조한 연구도 있다(Rodrik, 1997).

같은 논지에서 세계화가 국가의 경제적 자율성에 가하는 제약은 세계화론자들이 주장하는 것보다 훨씬 더 작다는 분석을 토대로 국가의 퇴장이나 기능약화에 주목하는 세계화론자들의 견해가 과장된 것이라는 점도 지적되었다(Garrett, 1998a).

세계화가 국가의 자율성을 어떻게 위축시키는가에 대한 논쟁은 수많은 연구들을 양산했다. 일반적으로 밝혀진 바로는, ① 세계화가 가하는 개별국가의 경제정책에 대한 제약은 그렇게 충격적인 것은 아니다, ② 금융시장의 작동원리와 전제조건에 상충되지 않는 한 국가의 정책적 공간은 여전히 넓다, ③'시장의 실패'를 보완할 수 있는 국가의 역할은 결코 줄어들지 않았다는 점이다(George and Wilding, 2002: 36~37).

아무튼, 세계화의 발전과 심화는 복지국가에 심대한 영향을 미치는 것만은 분명하다. 그러나, 이런 논지를 반박하는 연구가 없는 것은 아니다. 즉, 세계화란 이미 19세기 말에 겪었던 현상으로 별로 특별한 것이 아니며, 따라서, 세계화 때문에 복지국가의 전면적 구조재편이 발생한다는 관찰이나 주장은 근거가 확실하지 않다는 주장이 그것이다. 세계화 부정론자(*anti-globalist*)라고 해야 할 이런 연구자들은 세계화를 어떤 '뚜렷하고 단절적이며 전혀 새로운 현상'으로 보는 일련의 시각을 반박한다. 세계화론자들이 주장하는 '새로운 현상'을 분석하면 그다지 새로운 것도 발견할 수 없고 기존과는 다른 단절적인 패러다임적 전환에 해당하는 것도 없다. 이런 관찰로부터 "세계화론자들의 주장은 과장된 것이거나, 경험적 근거가 희박한 것들이 대부분이다"라는 부정적 결론을 내린다.

대표적인 부정론자가 프릭스타인이다. 세계화론자들의 저술을 일별한 프릭스타인은 그 인상을 다음과 같이 서술한다(Fligstein, 1998).

세계화의 개념정의와 부합하는 모든 증거들은, 그러나, 세계경제의 성장이 생산조직과 경쟁질서를 근본적으로 변화시켰다는 그들의 주장을 충분히 입증하지 못한다. 더욱이, 한 영역에서의 변화가 사회의 모든 영역을 연쇄적으로 변화시켰다는 논리는 과장에 그칠 가능성이 많다. 따라서, 세계화론자들의 주장을 액면 그대로 받아들일 필요는 없으며 용의주도한 검증이 요구된다.

프릭스타인은 세계화론자들이 중시하는 정보화산업을 예로 들어 반박한다. 정보화가 국내기업과 다국적기업의 구조에 질적 변화를 초래했다는 증거는 아직 희박하다는 것이다. 네트워크조직이 다국적기업의 전통적 구조를 대치했음을 입증할 자료도 없으며, 세계경제의 15%만이 국가 간 교역에 참여하는 현재의 상태에서 정보화가 기업구조를 혁신적으로 변화시켰다고 주장하는 것은 무리라는 것이다. 세계화가 어떤 거대한 변화의 물결인 것만은 분명한데, 정확한 증거와 체계적 자료 없이 이러저러하게 규정하는 시각은 오류의 가능성이 있음을 강조하는 것이다.

사실, 세계화의 신기성(neweness)을 부정하는 이런 견해도 세계화론자들의 주장만큼이나 다양하게 제기되었다. 프릭스타인의 견해가 전형적인 것이라고 할 수 있으며, 이 외에도, ① 오늘날 국가간 교역이 보여주는 상호연관성과 상호의존성은 역사적으로 전혀 새로운 현상이 아니며, 오히려 통계적으로 분석하면 2차대전 이전과 별다른 차이가 없다, ② 교역의 상호의존성은 북·북(North-North) 관계 내에서만 진행된 것이지, 북·남(North-South) 간 교역은 여전히 미미하다. 이와 동시에 유럽·북미·동아시아의 삼자관계가 더욱 깊어진 것일 뿐이다, ③ 앞에서 지적하였듯이, 자유시장의 확대와 지역적 통합이 진전되더라도 국가의 역할은 축소되지 않을 것이다. 왜냐하면, 자유시장이 작동하기 위해서는 정부의 개입이 절대적으로 필요하기 때문이며, 이런 의미에서 국가의 소멸을 전망하는 것은 잘못된 견해이다라는 다양한 주장들이 그런 예이다.

  그럼에도, 세계화의 실체를 부정하는 이 견해들은 세계화의 불확실성, 개념적 오류와 과장의 가능성, 비체계성, 다면성과 복합성 등을 주의하라는 과학적 경고로 받아들여도 좋을 듯하다. 왜냐하면, 세계화는 실체적 과정이며, 현대사회의 사고와 행위를 규정하는 가장 중대한 힘이고, 우리의 관심사인 복지국가에 변화의 압력을 가하는 광범위한 변동과정이기 때문이다. 복지국가 연구자들은 복지국가가 세계화의 물결 속에서 요동친다는 사실을 부인하지 않는다. 어떻게 요동치는가? 복지국가는 어떻게 변화하는가?

2. 세계화의 충격 : 상반된 견해

1) 세계화의 충격

세계화가 경제와 사회에 미치는 영향은 대개 두 가지 방향으로 나뉜다. ① 세계화가 정부의 실패를 치유하고 시장기능을 활성화하여 경제성장 및 소득안정에 긍정적 효과를 창출한다는 낙관적 견해, ② 이와는 반대로, 세계화가 경제적 풍요를 가져올 것이라는 근거도 희박할 뿐만 아니라, 설령 그렇다고 하더라도 소수를 살찌울 뿐이고 임금생활자의 다수는 빈곤, 직업불안정, 소득불안정에 직면하게되어 결과적으로는 사회적 혼란과 전이를 초래하게 된다는 비관론적 견해가 그것이다. 전자를 '세계화 옹호론', 후자를 '비판론'이라고 부르자.

(1) 세계화 옹호론

세계화 옹호론자들은 자유시장의 낙관론적 약속에 근거한다. 그 약속은 세 가지로 요약된다. ① 시장은 인류사회에 미증유의 경제적 풍요를 선사할 것이며, 앞에서 언급한 난제들은 시장기능의 회복을 통하여 해결된다는 것, ② 자본주의사회의 가장 취약한 점인 분배문제 역시 생산과 소비의 사회적 통제나 국가적 기획을 통해서는 결코 해결될 수 없다는 것이 밝혀졌으며, 오히려 장기적 안목에서 시장기능에 기대를 걸수 있다는 것, ③ 그리고, 시장은 개인적 자유의 공간을 확대하여 준다는 것이 그것이다. 세계화는 자유시장론자들의 이러한 약속을 입증하는 거대한 변혁이자 지구상의 어느 국가도 거스를 수 없는 불가항력적 추세라는 것이다. 그래서, 세계화를 선도하는 세계화동맹(*allies of globalization*)은 시장개방과 탈규제가 단기적으로는 사회적 희생을 초래할는지 몰라도 장기적으로는 더 많은 사람들에게 더 많은 물질적 풍요와 더 많은 기회를 제공할 것으로 확신한다.

세계화동맹의 이념적 자원인 신자유주의는 현대자본주의의 여러 가지 사회적 문제를 해결하는 기제로서 시장만큼 효율적이며 공정한 것이 없다는 확신에 근거해 있다. 대부분의 신자유주의자들은 유럽국가들이 성장의 황금기를 거쳐 제로성장 혹은 장기적 경기침체 국면을 벗어나지 못하는 이유를 케인스주의적 시장개입, 즉 '정부의 실패'에서 찾고, 이를 치유하려면 시장기제의 전면적 도입과 시장기능의 활성화임을 믿어 의심치 않는 것이다. "케인스가 죽고 하이에크가 부활한 시장의 시대"(Keynes is dead and Hayek is back)에 정부의 개입은 시장의 왜곡과 비효율성을 낳는 것으로 간주되며, 탈규제와 구조조정의 결과 임금생활자들과 기업은 무한경쟁에 노출되었다.

기업들의 행위는 전형적이다. 기업은 경쟁력을 강화하기 위해 정치적 임금(political wage)을 회피하고 경영자의 임의적 권한을 강화하는 정책을 선호한다. 노동자의 권익을 보호하는 단체교섭 의무화 조항을 기피하고 노동의 유연성을 높이고자 하는 것이다. 자본시장과 생산시장에서 국가의 규제는 기업의 자유로운 정책결정과 자본이동에 방해되기 때문에 규제 없는 공간을 선호하며, 결국 국가의 규제철회를 경쟁력 강화의 전제조건으로 간주하게끔 되었다. 세계의 기업과 자본은 세계화가 요구하는 이런 요건을 갖추고자 한다. 정치적 제도가 개입하지 않고 국가와 노조의 조직적 외압으로부터 자유로운 공간을 찾아 이동한다. 그것이 세계화에 적응하기 위한 최소한의 필요조건이며 동시에 최대이윤을 보장하는 충분조건이다. 그 결과는 국가개입의 최소화 내지 규제철회이다. 국가는 시장에 규제자로서의 지위를 양보해야만 하는 것이다.

그러나, 자유시장론자들의 이러한 믿음을 뒷받침해줄 증거가 그다지 풍부하지 않다는 데에 문제가 있다. "세계화가 사회적 혼란과 폐단을 극복할 수 없다는 주장의 근거 역시 취약하다"는 옹호론자들의 항변에도 불구하고, 오히려, 현실세계에는 자유시장론자들과 세계화론자들의 논지를 반박할 반증자료가 보다 많이 발견된다. 우선, 세계화가 선진국들에 가한 충격은 긍정적이기보다는 오히려 부정적인 것이 더 많다는 주장이 한 예이다(Hirst and Thompson, 1996). 앞에서 지적하였듯이, 기업과 자본이 세계화의 시장논리에 적응하는 과정에서 임금생활자들은 사회적 희생과 혼란 속에 던져졌으며, 실업, 소득불안정, 기업합병과 도산에 따른 직무불안정, 소득불평등 등에 시달려야 했다.

1980년대 중반 이후로 치솟기 시작한 유럽의 실업률은 평균 8% 수준에 달하였으며, 완전고용을 자랑하던 스웨덴도 1993년~1994년간에 12%의 높은 실업률을 기록하였다. 일자리 부족, 정보화혁명, 미숙련 노동자의 고실업, 대량해고 등은 유럽을 완전고용으로부터 '장기고실업'의 지역으로 바꾸어놓았는데, 이 모든 사회적 폐해들이 세계화와 직간접으로 연관되어 있다는 것이다. 세계화의 폐단을 주장하는 학자들이 현대사회를 '80-20 의 사회', 혹은 '40-30-30 사회'로 부르는 것은 이런 논리를 보강한다. 하층 80%의 사람들이 상층 20%를 위해 모든 사회적 위험부담을 지며, 하층 30%의 소득과 생활수준은 상층 40%와 점점 더 격차가 벌어진다는 것이다(Hutton, 1995). 사민당 당수인 슈뢰더가 독일을 '3분의 2의 사회'라고 규정하고 하층 3분의 2가 겪는 사회적 위험에 주목하기를 요구한 것도 이와 궤를 같이 한다.

시장자유주의에 기초한 세계화 옹호론은 복지제도의 축소나 해체 논지와 자연스럽게 연결된다. 시장질서와 자유경쟁을 저해하는 제도적 개입을 완화해야 기업 및 국가경쟁력이 살아난다는 논지는 결국 임금생활자의 보호기제이자 노동시장 조직원리로서의 복지국가를 해체한다는 것을 의미한다. 세계화의 논리에 적응하려는 정부가 채택하게 되는 정책기조는 긴축정책(*austerity*)이자 재정적자 축소이다. 긴축정책이라고 해서 반드시 재정규모를 줄이는 것은 아니고, 오히려 국가예산을 고생산성 부문, 경쟁력 있는 부문에 집중시켜 소모적 사용을 줄이는 한편 조세자원을 넓히는 조치들도 포함한다. 복지혜택을 취업과 연계시키는 근로연계복지(*welfare-towork*)가 각광을 받는 것도 이런 이유에서이다.

복지축소의 추세는 에스핑-앤더슨이 구분한 유형 중 자유주의복지 체제에서 자주 발견된다(Esping-Andersen, 1990). 캐나다와 미국의 복지개혁을 분석한 연구에서 마일스는 복지국가의 전통적 정책영역인 사회부조, 사회보험, 시민적 혜택은 비용과 효과 면에서 사회적 비판을 받아 감소추세에 있는 반면, 취업경험과 납세공헌도를 기준으로 한 복지혜택인 네거티브 소득세나 보장세가 새로운 정책대안으로 부상했다고 지적했다(Myles, 1998). EITC형 취업연계 급여(*In-work benefit*)라고 칭해지기도 하는 네거티브 소득세는 빈곤가구의 근로에 대한 재정적 유인을 직접 제공한다. 결국 취업하지 않았을 경우에 제공받는 급여액보다는 취업했을 때 제공받는 급여액이 더 크도록 함으로써, 전통적 소득보장 프로그램에 대한 의존성을 줄임과 동시에 '일하는 것이 유리하도록' 한다는 것이다. 이런 성격의 정책기조는 유형과 정도는 다르지만 복지국가 재조정이 추진된 이래 보수주의 복지체제와 사민주의 복지체제에도 부분적으로 도입되었다는 사실은 주목할 만하다.

'세계화의 정치경제'에서 기업과 국가경쟁력 강화에 역점을 두는 논지들은 결국 복지국가의 해체와 축소가 불가피하다는 주장으로 귀결된다. 이들은 시장기제의 강화와 국가기능의 약화가 비판론자들이 강조하듯 단기적으로는 사회적 폐해를 초래할는지 모르나 장기적으로는 시장왜곡을 치유하여 경제적 풍요를 가져올 것을 확신한다. 이런 확신에 따르면 '효율성과 평등간의 맞교환'(*trade-off*)은 불가피하며, 복지국가가 발전시킨 과다한 복지로부터 '바닥으로의 질주'가 유일한 대안이 된다는 것이다. 1990년대 일어난 미국의 복지개혁은 '바닥으로의 질주'

논쟁을 불러일으킬 만큼 신자유주의 이념과 경쟁력 논리에 충실했다. '바닥으로의 질주'는 외부자본 유치에 좋은 환경을 만들기 위해 세금, 규제, 사회지출을 축소하고 시장경쟁을 극대화하는 국가의 조치를 의미하며, 국가의 여러 가지 보호기제가 시도되는 '민주주의의 실험장' (*laboratories of democracy*) 이라는 비유와 복지 이념을 공박하는 개념이다(Schram and Beer, 1999: 1).

(2) 세계화 비판론

세계화 옹호론자들이 단기적 폐단보다는 장기적 이익에 초점을 맞춘다면, 비판론자들은 세계화의 본질과 효과를 달리 파악한다. 세계화는 중단기적 관점에서 부정적 폐단을 더 많이 양산하며, 경제적 풍요를 가져온다는 자유시장론자들의 약속은 허구라고 보는 것이다. 자본이동, 노동유연성, 시장경쟁 등을 촉진하는 대부분의 조치는 임금생활자의 고용불안정, 소득불안정, 실업위험을 초래할 뿐임을 반복해서 지적한다.

비판론자들에게 세계화란 총체적으로는 위험의 극대화이자 사회적 약자에 대한 위험부담의 전가이다. 미국 브루킹스 연구소의 로드릭(Rodrik)이 비판론의 선두주자이다. 로드릭의 주장은 이렇다. 세계화가 전지구적 차원에서 국가간, 소득계층간 경제적 불평등을 촉진하고, 효율성이라는 득(得) 보다 사회적 혼란에 의한 실(失)이 크며, 실이 가져오는 부정적 효과를 줄이려면 정부의 적극적 역할이 필요하다. 즉, 시장론자들이 주장하는 것과는 달리, '작은 정부'보다 '큰 정부'가 그 어느 때보다 필요한 시기라는 것이다(Rodrik, 1997; Wood, 1994). '개방경제 또는 시장기능의 활성화는 곧 작은 정부를 의미한다'는 시장론자들의 주장은 세계화가 시장경쟁력이 낮거나 취약한 계층의 희생과 사회적 혼란을 가중시킴을 도외시한 결과라는 것이 그의 견해이다.

임금생활자가 겪는 고통은 자못 심각하다. 세계화는 성장의 황금기에 구축하였던 복지제도의 기반을 침식하여, 적어도 단기적으로는, 임금생활자들로 하여금 시장의 임의성과 냉혹성에 노출시킨다. 세계의 임금생활자들이 고용불안정, 소득불안정, 실업의 위험에 직면하는 정도가 과거의 어느 때보다 한층 높아졌다. 이와 동시에, 금융시장의 통합과 자본의 유연성 강화 조치들로 정부의 정책능력이 위축되었다. 정부의 역할이 축소되고 시장기능이 중시되는 시대에 임금생활자들은 시장경쟁에서 생존하는 방법을 스스로 찾아야 하며, 만약 경쟁력을 배양하지 못하면 퇴출위험을 각오해야 하는 상황으로 내몰리는 것이다. 세계화가 초래한 결과가 이렇기에 국가경쟁력을 강화하기 위해 복지제도의 축소조정이 필요하다는 복지축소론(또는 복지해체론)은 더욱 위험천만한 발상이며, 선진복지국가에서 나타나는 대체적인 추세와도 맞지 않는다는 주장이 비판론자들의 대체적 합의이다.

적극적이고도 능동적인 재정정책을 요하는 복지제도의 기반이 침식되는 것은 부인할 수 없는 사실이지만, 선진복지국가들은 실제로 그런 급진적 조치를 취하지 않았다. 선진복지국가들은 복지축소의 경로보다는 오히려 적극적 방어 내지 확대전략을 취한다는 것이다(Garrett, 1998b ; Swank, 1998). 말하자면, 세계화의 부정적 효과를 상쇄하는 국가의 능동적 역할이 필요하다는 주장이다.

2) 세계화와 복지가설 : 효율성가설과 보상가설

그렇다면, 세계화의 충격에 대한 복지국가의 대응은 어떻게 나타나는가? 옹호론자들의 주장처럼 복지국가는 축소의 대열에 가담하는가, 아니면, 비판론자들의 견해대로 적극적 방어전략을 취하는가? 여기에는 세계화의 충격을 어떻게 보는가에 따라 두 개의 가설이 존재한다.

효율성가설(*efficiency hypothesis*)과 보상가설(*compensation hypothesis*)이 그
것이다.

　전자는 시장경쟁을 촉진하는 세계화의 물결 속에서 국가와 기업은
평등과 소득분배를 중시하던 기존의 원리를 축소하고 효율성 증진에
초점을 맞춰야 한다는 것, 그리하여 복지국가는 축소되는 것이 마땅하
고 또 일반적으로 나타나는 패턴이라는 주장이다. 이 가설에 따르면,
정부는 기존의 개입양식을 대폭 축소, 수정하고, 적극적 시장개방을
통하여 외국자본의 대량유입을 위한 인센티브를 개발하고, 임금생활
자를 보호하는 사회적 제도와 복지제도를 축소하는 것이 전체적으로
국가경쟁력의 배양에 필요한 조치라고 본다.

　이에 반하여, 보상가설은 세계화의 부정적 효과를 줄이고 세계화의
현실적 충격에 희생된 계층과 집단을 보호하는 것이 급선무임을 강조
하여 효율성가설과는 대조적인 처방을 제시한다. 즉, 시장통합과 자
유경쟁체제로의 전면이행에 따른 폐단을 줄이는 조치를 과감히 펼치는
것 그리고 소득불평등, 고용불안정, 실업위험에 대처하는 적극적 정
부개입이 필요하다는 것이다. 실제로 최근의 유럽국가들의 동향을 고
찰하면 지난 시대의 복지국가가 축소되기는커녕, 오히려 사회지출비
의 증액과 복지제도의 확대개선이 일반적 패턴으로 나타난다고 주장한
다. 세계화가 임금생활자에게 주는 충격이 크면 클수록 복지국가의 질
적 발전과 확대가 필요하다고 보는 것이다. 효율성가설은 신자유주의
적 이념, 보상가설은 사민주의적 이념에 입각한다.

　효율성가설의 위력은 도처에서 나타난다. 세계화의 주요 지표를 시
장개방, 교역증대, 자본의 이동성 증대라고 한다면, 국가의 재정지출
이 줄어들고 기업 역시 노동자 보호기제를 거두어들이는 현상이 확산
일로에 있는 것이 사실이다. 정리해고, 임금동결, 실업률 증가가 일상
화된 것은 물론, 노동조합이나 좌파정당들도 경기침체의 늪에서 복지
국가를 옹호할 입지가 한층 좁아졌다. 임금인상과 노동조건 개선을 위

한 노사정 간의 삼자교섭도 도처에서 무력화되었으며, 자본의 이탈 때문에 안정적 합의정치(*politics of consensus*)를 유지하기 어려워졌다. 분명한 것은 세계화의 시대에 케인스주의적 수요관리정책은 입지가 좁아졌을 뿐 아니라 정책적 유효성이 소진되었다는 점이다.

자본이동은 자본에 대한 국가의 의존성을 높인다. 뉴질랜드, 오스트레일리아, 영국에서 나타나듯, 고성장과 효율성 증진을 위해 국가의 과부하를 줄이고 시장개입을 철회하는 조치들이 속속 도입되었다. 스웨덴을 위시한 사민주의적 복지체제도 이런 요구에 부응하는 조치들이 부분적으로 실행되기는 했다. 자격요건의 강화, 현금지급까지의 대기일수 연장, 연금지급 연령의 상향조정 등의 조치가 그런 예에 속한다. 시장개방과 교역증대는 수출부문과 내수부문의 평등을 촉진하는 제도들의 기반을 파괴한다. 스웨덴에서 1982년 연대임금정책의 기반이 무너진 것도 효율성가설을 뒷받침하며, 내수부문에 종사하는 노동자들의 보호기제가 결국 경쟁력 약화를 초래할 뿐이라는 비판론에 무게가 실리게 된 것도 그러한 배경에서이다.

그러나, 그 반대의 사례, 즉 보상가설의 적합성을 뒷받침하는 사례도 다수 존재한다. 복지국가론의 주요 연구자들은 세계화의 중요한 지표들이 복지국가의 동향에 어떤 영향을 미치는지를 여러 각도에서 분석하였다. 예를 들어, 가렛은 자본이동 및 무역증대라는 세계화의 핵심측면이 사회복지지출과 어떤 관계를 맺는가를 분석하였는데, 효율성가설과는 달리 양자 사이에 긍정적 관계가 존재하고 좌파정당 지배국가일수록 긍정적 관계가 크게 나타난다는 사실을 밝혔다(Garrett, 1998b). 같은 논지에서, 스윙크는 사민주의국가에서 긍정적 비례관계가 더욱 뚜렷하게 나타난다고 지적하였다(Swank, 1998).

그런데, 스티븐스와 후버는 이 긍정적 관계가 복지수준을 통제하지 않을 때 나타나는 허구적 관계일 수 있다고 지적한다(Huber and Stephens, 2001a). 세계화지표, 특히 시장개방과 무역증대가 사회지출비와 긍정적 관계를 보인다는 주장보다는, 세계화의 충격이 무화된다고 하는 편이 옳다는 것이다. 즉, 양자간에 어떤 직접적 인과관계를 설정하는 것은 논리적 오류이며, 오히려 어떤 개입요인(*intervening variables*)의 영향에 주목하는 것이 더 중요하다는 것이다. 개입요인이란, 말하자면, 신자유주의적 정책메뉴를 지칭한다.

프릭스타인의 무관계론도 이와 마찬가지이다. 프릭스타인은 세계화와 복지국가의 동향간에 직접적 인과관계를 설정하는 연구자들의 경향에 쐐기를 박으면서, "세계화와 복지국가의 재정위기는 상호연관성이 없으며, 좌파, 우파, 중도파 모두 복지국가의 해체와 축소를 원하지 않는다는 것이 보다 타당한 관찰"이라고 주장한다(Fligstein, 1998).

어떤 가설이 보다 적합성을 갖는 것인가를 둘러싸고 많은 논쟁과 연구들이 진행되었다. 사실, 개별국가에서 진행되는 사회정책 내지 복지제도의 변화양상을 살펴보면, 복지제도의 축소와 사회지출비의 전면 삭감이 세계화에 대응하는 일반적 방식이라는 견해와는 사뭇 다른 모습이 많이 발견된다. 효용성가설에 따라 복지국가의 축소가 추진된 국가들도 다수 발견되고, 골격은 유지한 채 프로그램별 축소를 단행한 국가들도 다수 존재한다. 어쨌거나, 1980년대와 1990년대는 복지제도에 대폭적인 수정이 가해졌기 때문이다. 역으로, 세계화의 폐해와 충격을 완화하기 위해 복지제도의 질적 확대와 사회지출비의 소폭 증액을 시도한 국가들도 많다. 따라서, '시장의 시대'에 정부역할은 반드시 축소되어야 한다거나, 사회지출비의 감액과 사회보장제도의 축소가 필연적으로 요청된다는 주장은 일반화되기 어렵다. 그렇다고, 보상가설(또는 사민주의가설)의 우위성이 입증되는 것도 아니다. 세계 각국에서 진행되는 정책개혁의 패턴에는 이 두 가지 양상이 혼재되어 있기 때문이다. 어떤 국가에서는 시장기능의 강화와 정부축소가 진행되고, 또 다른 국가에서는 정부기능의 확대와 함께 복지제도의 질적 발전이 동시에 일어나는 것이다.

이런 복합적 양상의 혼재를 피어슨은 **복지정치**(*welfare politics*)로 설명한다. 설령 세계화가 복지국가의 재정위기를 악화시키고 축소의 필요성을 촉발한다고 하더라도 실제로 축소를 단행하는 것에는 정치적 비용이 따른다는 것이다(P. Pierson, 1996). 미국, 영국, 독일, 스웨덴의 비교연구에서 그가 도달한 결론은 세계화와 복지국가의 축소 또는 확대를 연결하는 일반론적 견해의 오류가능성과 양자의 관계를 복합적으로 만드는 복지정치의 중요성이다(P. Pierson, 1996: 178~179).

> 내가 주장하는 것은 다음과 같다. 복지국가를 공격하는 것은 선거에 있어 위험부담을 무릅쓸 공산이 크다. 오늘날의 복지정치는 위험회피정치(*politics of blame avoidance*)이다. 정부가 복지제도를 과감하게 축소하려 한다면 정치적 비용이 최소화되는 영역에 한정해서일 뿐이다. 그러나, 그러한 정치기술을 확보하기란 불가능하다. (…) 모든 국가에서 복지국가의 축소는 실행되기 어렵다. 복지국가는 전후 정치경제에서 가장 신축적 영역이다.

세계화와 복지제도(또는 사회정책) 간의 관계가 이렇게 복합적으로 나타나는 이유는 국가가 처한 경제환경, 경제구조, 시장개방의 정도, 국내정치적 구조 등 대단히 다양한 요인 때문이다. 예를 들면, 재정정책과 무역정책의 특징, 체제성격, 산업구조, 복지혜택에 대한 시민들의 기대수준, 정당구조, 국가의 정책개발 및 수행능력, 국제관계 조정능력 등이 세계화와 복지국가의 인과관계를 변형시키는 요인들이다. 피어슨은 복지정치 중에서 제도적 구조에 주목한다.

> 1980년대에 세계화는 복지국가에 대한 심각한 위협요인으로 작용하였다. 그러나, 그 위협에 대한 각국의 대응은 상당히 달랐다. 그럼에도, 코포라티즘국가가 그런 대로 유사한 대응전략을 구사한 것을 보면, 관리능력을 벗어나는 외적, 경제적 조건변화에 대응하는 방

식을 결정하는 데에 있어 제도적 구조가 얼마나 중요한 것인가를
알 수 있다(P. Pierson, 1996: 15).

사실, 복지국가가 임금생활자에 미치는 세계화의 압력에 어떤 형태
로 대응하는가의 문제, 다시 말해, 현재 진행되는 복지국가의 구조조
정을 외형적 측면에서만 관찰하면 세 가지 유형이 존재한다. **복지제도
의 확장, 현상유지 및 부분수정, 전면축소**가 그것이다. 따라서, 일률
적 패턴이 나타난다는 주장은 옳지 못하다. 그렇다고, 세계화와 사회
지출비의 동향 간에 직접적 인과관계를 설정하는 것도 논리적 문제가
있다. 세계화의 지표들보다는 복지정치적 변수들의 절충효과 및 완화
효과를 부각시키려는 피어슨의 시도는 그런 오류를 피하려는 의도가
있다.

일률적 인과관계를 설정하지 못한다면, 세계화와 복지국가의 재조
정에 관해서 어떤 언명이 가능한가? 재조정의 유형을 축소, 확장, 또
는 현상유지적 수정으로 구분한다면, 이 각각은 어떤 정치적, 경제적
배경을 갖는가? 이 질문에 답하기 위해, 제 3장에서는 지난 20년 동안
실제로 일어났던 복지국가의 변동양상을 살펴보도록 하겠다.

제 3 장
_____

복지국가의 구조변화
OECD국가를 중심으로

1. 복지국가의 재편 : 사회지출비의 추세

　세계화의 물결 속에서 복지국가는 실제로 어떻게 변화하였는가? 효율성 증진을 위해 비용절감과 긴축재정이 필수적이라는 신자유주의 가설이 맞다면 복지국가는 상당한 축소가 일어났어야 한다. 그러나, 1980년~1995년간 OECD국가의 복지동향은 신자유주의적 가설을 지지하지 않는 것으로 보인다. ´사회지출비의 전반적 추세를 비롯하여, 복지국가의 프로그램별 지출비용의 증감추세를 살펴보면, 큰폭의 삭감을 단행한 국가들은 거의 발견되지 않는다. 오히려, 점진적 증액이 일반적 추세로 나타난다. 〈표 3-1〉은 복지국가의 변화추세를 비용의 관점에서 조명한 것이다. 첫 번째 통계치(I)는 14개 OECD국가의 항목별 평균치이고, 다음 통계치(II)는 에스핑-앤더슨의 유형구분에 의한 복지체제별 평균치이다. 〈표 3-1〉이 시사하는 중요한 변동 양상을 요약하면 다음과 같다. 1)

_____
　1) 각국의 사회지출비 통계는 부록의 〈표 1〉 참조.

① OECD 14개 국가에서 GDP 대비 사회지출비 비율은 19.9%
(1980년)에서 24%(1995년)로 늘어났다. 같은 기간에 사민주의
복지체제는 24.1%에서 29.3%로, 보수주의체제는 22.6%에서
26.1%로, 자유주의체제는 13.1%에서 16.8%로 각각 늘었다.

② 다른 지표들도 대부분 증가하는 경향을 보인다. 연금을 포함한
현금이전(*cash transfer*)은 비교적 빠른 속도로 늘어난 반면, 사
회적 서비스는 완만하게 늘었다.

③ 그러나, 의료비의 증가는 대부분의 유형에서 거의 정지된 상태를
보인다.[2] 그리고, 공공의료비 지출은 전체적으로 약간 감소하였
다. 사민주의체제에서는 공공의료비의 현격한 감소추세가 나타
나는 반면, 보수주의와 자유주의체제에서는 거의 변화가 없다.

〈표 3-1〉 복지국가와 사회지출비 : 전체 및 유형별 평균치

(%)

	항 목	1980	1985	1990	1995
	모든 국가들				
I OECD 전체	총 사회복지	19.9	21.4	22.0	24.0
	현금 이전	13.1	14.4	14.4	16.0
	사회서비스	6.8	7.0	7.5	8.0
	의료서비스	5.5	5.8	6.0	6.3
	비-의료 사회서비스	1.2	1.2	1.5	1.7
	사회임금	38.7	44.0	43.6	43.6
	공공의료 비율(%)	76.8	76.8	76.9	75.8

2) 각국의 공공의료비의 통계는 부록의 〈표 2〉 참조.

	항 목	1980	1985	1990	1995
II 유형별 평균	보편적 복지국가				
	총 사회복지	24.1	24.9	27.3	29.3
	현금 이전	15.2	16.0	17.5	19.4
	사회서비스	8.9	8.9	9.8	9.9
	사회임금	54.2	65.3	66,1	65.4
	공공의료 비율	84.0	83.6	82.6	80.8
	보수주의적 복지국가				
	총 사회복지	22.6	24.4	23.7	26.1
	현금 이전	16.2	17.8	16.8	18.5
	사회서비스	6.4	6,6	6.9	7.6
	사회임금	32.4	35.4	35.9	35.7
	공공의료 비율	78.0	77.9	78.3	77.8
	자유주의적 복지국가				
	총 사회복지	13.1	13.6	14.9	16.8
	현금 이전	87.0	8.4	9.0	10.3
	사회서비스	5.0	5.2	5.9	6.5
	사회임금	29.5	29.9	28.7	29.6
	공공의료 비율	68.3	68.1	68.7	69.0

- 사민주의 복지국가: 덴마크, 핀란드, 네덜란드, 노르웨이, 스웨덴.
  보수주의적 복지국가: 오스트리아, 벨기에, 프랑스, 독일, 이탈리아.
  자유주의적 복지국가: 오스트레일리아, 캐나다, 일본, 영국, 미국.
- 총 사회복지: GDP 대비 총 사회복지지출 비율.
- 현금 이전: GDP 대비 노인·장애수당, 실업수당, 질병수당, 가족보조수당, 저소득수
  당, 기타 급부금들.
- 사회적 서비스: GDP 대비 정부 의료지출과 비의료 사회서비스(노인, 장애인, 가족).
- 공공의료 비율: 총 의료지출 대비 정부 의료지출 비율.

출처: The OECD Social Expenditure Data Base, 1998. Work File(Preliminary date);
OECD, Health Data 98, CD ROM Version(Paris, OECD); OECD Database on
Unemployment Benefit Entitlement and Replacement Rate(Paris, OECD, 2002);
Swank, 2001.

<그림 3-1> 복지레짐별 사회보장지출의 변화

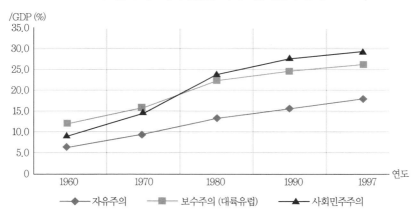

<그림 3-1>은 <표 3-1>의 사회지출비 변화추세를 복지체제 유형별로 도해한 것이다. 사민주의국가는 1970년까지 보수주의국가에 뒤쳐져 있었으나, 이후 빠른 속도로 증가해서 그것을 앞질렀으며 현재까지 그런 패턴을 유지한다. 또한, 자유주의체제의 사회지출비 비율 역시 완만한 증가세를 보이는데, 크기는 사민주의의 절반 정도이다. 사회지출비 중에서 가장 큰 비중을 차지하는 연금과 의료지출비의 추세 역시 같은 패턴을 보인다.

주요 국가별로 연금지출비 <그림 3-2>와 의료지출비 <그림 3-3>의 추세를 도해하면, 연금은 비교적 빠른 속도로 증가하는 반면, 의료지출비의 증가세는 완만하다. 이러한 자료를 통해 복지국가의 위기 내지 축소론이 대두되었던 이 기간에도 사회지출비를 포함하여 연금과 의료지출비는 꾸준히 증가하였다는 사실을 확인할 수 있다.

그러나 <그림 3-1>의 곡선에서 중요한 점을 발견할 수 있다. 1960∼1980년간에는 증가속도가 빠르다가, 1980년에 접어들면서 그 속도가 완만하게 변했다는 점이다. 이는 GDP대비 사회지출비 비중은 증가했으나, '증가율'은 1980년대에 접어들면서 완만하게 하락하였다는 사실

〈그림 3-2〉 연금지출의 변화(1960~1997)

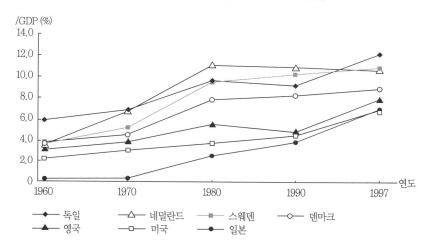

〈그림 3-3〉 의료지출비의 변화

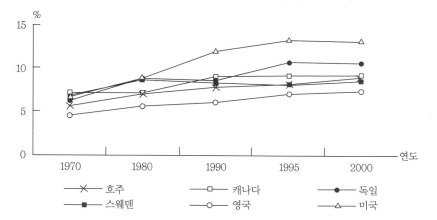

을 뜻한다. 이와 마찬가지로, OECD 국가군에서 1960년과 1975년 사이 사회지출비의 실질성장률은 8% 정도였는데, 1975년과 1981년 사이에 는 4%정도로 떨어졌으며, 이후 하락추세는 지속되었다. 그렇다면, 다음의 결론을 추론할 수 있다.

④ 1980년대 초반 이후 현재까지 사회지출비의 '증가율'은 완만한 하락세에 있다.

위의 네 가지 추론으로부터 복지국가 재편에 관한 다음과 같은 명제를 얻는다.

복지국가 위기론이나 축소론이 상당한 설득력을 얻었던 1980년대 초반 이후에도 복지국가는 오히려 확대되었다. 세계화의 충격을 최소화하고 세계화의 정치경제적 논리에 적응하려면 복지국가 축소가 필연적이라는 신자유주의적 가설은 이런 점에서 사실과 부합하지 않는다.

〈그림 3-4〉에서 보듯, 자본이동과 무역은 1970년대를 기점으로 급격히 증가하기 시작하는데, 자본이동은 매우 가파르게 상승한 반면, 무역은 상대적으로 완만하게 상승했다. 아무튼, 세계화의 속도를 가름해주는 두 개의 지표는 지난 30년 동안 빠른 상승 속도를 보였다. 이와 함께 사회지출비의 비중도 꾸준히 증가하는 것을 알 수 있다. 말하자면, 세계화가 진전될수록 복지국가는 작아진 것이 아니라 오히려 커졌다고 할 수 있을 것이다.

사회지출비의 증가속도가 하락한 것은 역시 경제적 침체와 직접적으로 관련이 있다. 복지국가가 경기침체에 영향을 준 것인지, 아니면, 역으로 경기침체가 복지국가의 성장 속도를 완화시킨 것인지는 분명치 않으나, 경제침체는 복지 황금기의 성장을 마감하는 데에 중대한 관련이 있는 것으로 보인다.

〈그림 3-4〉 자본이동, 무역, 사회지출비의 동향(1965~1995)

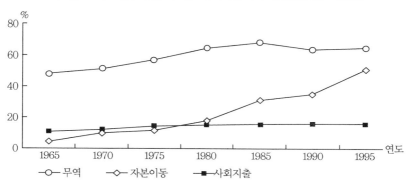

■ 무역: (수출 + 수입) / GDP, 자본이동: 자본이동액 / 총 투자자본,
  사회지출: 사회지출비 / GDP 평균.
출처: Swank(2001).

〈표 3-2〉는 각 유형에서 대표적 국가를 선별하여 GDP성장률, 실업률, 여성노동참가율의 추세를 살펴본 것이다.[3] GDP성장률은 1960년대에 가장 높은 수치를 기록하였다가 점진적으로 하락하여 1990년대에는 거의 제로에 가까워졌다. 세계은행 보고서에 따르면, 사실상, 이기간 동안 OECD 18개 국가의 평균성장률은 거의 제로상태에 다다랐음을 알 수 있다(World Bank, 2001). 성장률이 제로상태를 면치 못했기 때문에, 실업률은 완전고용이라는 복지국가의 정책적 이상을 무색하게 만들 정도로 높이 치솟았다.

1990년대에 유럽은 에스핑-앤더슨의 유형별 구분과는 관계없이 모든 국가가 고실업에 시달렸다. 여기에는 여성노동의 경제참가율이 높아진 것도 중대한 요인으로 작용했다. 〈표 3-2〉에서 보듯이, 스웨덴은 여성노동참가율이 1980년대 초반에 벌써 75%선에 달했으며, 영국의 경우 1980년에는 57%였다가 1997년에는 68%까지 상승하였고,

───────────────

3) OECD국가의 GDP성장률, 실업률, 여성노동참가율 통계는 부록의 〈표 3〉을 참조.

가족중심적이며 주부역할을 중시하는 독일조차 같은 기간에 52%에
서 62%로 늘어났다. 이른바 '일자리를 동반하지 않은 성장'(jobless
growth)이 지속되는 가운데 여성노동이 급격히 불어난 것은 결국 실
업률의 증대를 가져왔다.

　실업자가 증가하면 실업보험을 비롯하여 노동시장정책의 비중과 예
산을 늘려야 한다. 마찬가지로, 여성노동참가율이 급증하면 아동수당
및 아동보호와 같은 가족지원비 지출이 늘어난다. 여기에 인구의 고령
화가 빠르게 진행되었다면, 연금 및 의료지출비, 그리고 고령자를 위
한 각종 사회서비스 비용이 늘어나게 된다. 그렇다면, 복지국가의 황
금기에 비하여 지난 20년 동안은 오히려 사회지출비의 큰폭의 증액이
필요한 때였을 것이다.

〈표 3-2〉 유형별 국가의 경제지표 : 스웨덴, 독일, 영국

(%)

GDP성장률	1960~1973	1973~1979	1979~1989	1990~1997
스웨덴	3.4	1.5	1.8	0.4
독일	3.7	2.5	1.7	1.1
영국	2.6	1.5	2.2	1.5

실업률	1960	1970	1980	1990	1997
스웨덴	1.7	1.5	2.0	1.7	8.0
독일	1.0	0.6	3.2	6.2	9.8
영국	1.3	2.2	5.6	5.5	7.1
여성노동참가율	1960	1973	1980	1990	1997
스웨덴	50	65	77	76	75
독일	49	51	52	61	62
영국	46	54	57	65	68

이렇게 보면, 앞에서 관찰한 복지국가의 점진적 확대(또는 사회지출비의 점진적 증가)만으로는 폭증하는 복지수요를 충족시키지 못했을 것이라는 추측이 가능하다. 실제로 폭증하는 복지수요에 비하여 복지국가의 확대속도는 상대적으로 낮았다. 앞에서 살펴본 대로, 사회지출비가 지속적으로 상승했다고 해서, 복지혜택이 더불어 늘어난 것은 아니다. 복지혜택을 필요로 하는 대상집단이 더 빠른 속도로 늘어나면, 사회지출비가 증액되었다고 할지라도 개인에게 돌아가는 몫은 작아질 수 있다. 복지국가 축소론의 근거는 여기에서 찾을 수 있다.

복지국가의 외형 확대에도 불구하고, 복지국가 축소론이 유럽국가들의 주요 관심사로 떠오른 데에는 다음과 같은 이유가 존재한다. 첫째, 복지수요가 복지국가의 확대보다 더 빠른 속도로 늘어난 점, 둘째, 경제적 여력과 사회지출비의 추세로 판단하건대, 복지국가의 발전이 거의 정점에 달한다는 점, 셋째, 그래서, 경제성장에 대한 복지국가의 선순환적 관계가 약간은 부정적 관계로 돌아섰거나, 그런 징후를 보이기 시작했다는 점 등이다. 따라서, 복지국가 축소론은 여러 가지 관점의 우려를 함축하는 복합적 표현이다. 예를 들면, 발전의 정점에 달한 복지국가의 성장은 이제는 멈춰야 한다는 비판적 견해로부터, 복지국가가 경제성장에 기여할 수 있도록 제도수정을 단행하거나, 적어도 걸림돌이 되지 않도록 재조정이 필요하다는 견해에 이르기까지 매우 복합적 함의가 들어있다.

2. 복지국가의 축소 : 경험적 사례들과 각국의 동향

유럽의 대부분의 국가에서 복지혜택의 점진적 확대를 추진하기는 하였지만, 프로그램에 따라서는 실제로 큰폭의 변화를 겪거나 축소된 사례도 다수 발견된다. 개별혜택의 축소는 물론, 자격요건의 강화와 심사절차가 까다로워진 것이다. 축소와 자격강화의 예는 대단히 많다.

① 자본시장의 개방에 따라 국가의 재정자율성이 위축되고 시장개입의 여지가 축소되었다. 케인스적 복지국가의 전형으로 꼽히던 스웨덴 역시 국가의 시장개입이 현저하게 축소되었으며, 그 결과 '적극적 노동시장정책'(*active labor market policy*) 정도가 강력한 개입의 징표로 남아 있다.

② 복지수혜의 자격요건이 강화되어 취업을 전제하지 않았던 복지혜택들도 취업을 전제로 하는 쪽으로 바뀌었으며, 프로그램에 따라서는 수혜기간도 단축되었다.

③ 기업주와 정부의 사회보장세 부담이 크게 줄어든 대신 임금생활자의 부담이 증가했다. 이는 재정적자를 줄이거나 피하기 위한 방법으로서 근로연계복지의 원리를 강화한 것으로 보인다.

④ 사회보험의 부분적 민영화가 추진되었다. 이는 사회보험의 기능을 민간기업에게 완전히 이양한 라틴아메리카 몇 개국에서 주로 나타나는 현상인데, 유럽에서도 부가연금, 의료보험의 일부 기능을 민간부문과 연계하는 작업이 추진되었다.

⑤ 노동시장정책의 개발 및 실행과 관련하여 노사정위원회의 위상
  이 대폭 약화되었다. 영국은 신자유주의적 정책수행에 걸림돌이
  되었던 삼자협의기구를 1988년 폐지하였으며, 다른 국가들도 이
  러한 정책을 수행하는 과정에서 노사정위원회의 위상이 약화되
  거나 자본이 빠진 '노정위원회'로 기능이 변질되었다.

  복지축소의 사례연구에서 후버와 스티븐스는 두 가지 유형의 삭감
이 두드러진다고 지적한다. '이데올로기적 동기에 의한 삭감'(ideologi-
cal-driven cut)과 '고실업에 의한 삭감'(unemployment-driven cut)이 그
것이다(Huber and Stephens, 2001a). 전자는 주로 신자유주의적 이념
이 지배적인 미국과 영국에서 일어나는 현상으로, 효율성 제고라는 경
쟁력 중심의 정책을 도입한 결과이다. 레이건시대의 미국과 대처시절
의 영국에서는 실질적 복지삭감이 추진되었다. 또한 뉴질랜드의 볼거
(Bolger) 정부도 1991년에 사회지출비의 상당한 삭감을 단행하였다.
후자는 장기 고실업에 직면한 유럽 국가들이 재정적자를 줄이고 근로
의욕을 촉진하기 위해 선택하는 일반화된 대안이다. 앞에서 서술한 여
성의 경제참가율이 늘어난 것과도 관련된다.
  일반적 패턴은 인플레에 의한 실질가치의 하락, 자산조사와 자격요
건의 강화에 의해 서비스에의 접근이 어려워진 점, 수혜자의 개별부담
이 늘어난 것을 꼽을 수 있다. 축소가 단행된 프로그램과 내용, 해당
국가(프로그램과 내용 및 해당국가)를 살펴보면 〈표 3-3〉과 같다(C.
Pierson, 1999: 164).
  〈표 3-3〉에 의하면, 복지삭감이 광범위하게 일어난 것처럼 보이는
데, 그 폭은 국가별, 프로그램별로 많은 차이가 존재한다. 미국, 영국
과 같은 자유주의 복지체제에서는 상당한 정도의 삭감이 단행되었던
반면, 스웨덴을 위시한 사민주의 유형에서는 큰폭의 삭감은 발생하지
않았다. 또한, 삭감된 프로그램들도 대중들에게 별로 인기가 없는 것

에 집중되는 경향이 있다. 그래서, 국민들의 삶에 직접적 영향을 미치는 프로그램들은 별로 수정되지 않았다. 대폭적 삭감이 일어난 영국에서도 NHS 예산은 증액된 반면, 〈표 3-3〉에서 보듯 다른 프로그램들은 삭감대상이 되었다(C. Pierson, 1999: 172).

피어슨은 복지축소를 '프로그램 축소'(*programmic retrenchment*)와 '시스템 축소'(*systemic retrenchment*)로 구별한다(P. Pierson, 1994). 프로그램 축소란 프로그램별로 소폭 또는 대폭적 삭감을 단행하는 것을 말하고, 시스템 축소란 복지제도의 골격과 원리의 수정을 동반하는 근본적 하향조정을 의미한다. 양자는 모두 국민들의 반발을 산다는 점에서 정치적 위험부담이 있다. 특히, 근본적 수정에 해당하는 후자의 경우에 더욱 그러하다.

〈표 3-3〉 축소의 사례 : OECD국가

프로그램		변화의 내용국가
노령연금	정년연령의 연장	영국, 뉴질랜드, 이탈리아, 일본
	자격취득 근무연한 연장	프랑스, 포르투갈, 아일랜드, 핀란드
	인플레 연동 기본선 하향조정	영국, 프랑스, 스페인
	소득조사에 의한 연금조정	오스트리아, 덴마크, 호주
장애연금	무능력 조사	영국, 미국, 네덜란드, 노르웨이
	수혜기간 조정, 혜택삭감	영국, 미국, 네덜란드
실업보험	수혜기간 단축	벨기에, 영국, 뉴질랜드, 스위스
	혜택삭감	독일, 아일랜드, 뉴질랜드, 스위스
	자격요건 강화	뉴질랜드, 영국, 벨기에
가족수당	실질가치 삭감, 요건강화	영국, 스페인, 네덜란드

　예를 들어, 피어슨은 시스템 축소를 가능하게 하는 네 가지 전략을
열거한다(P. Pierson, 1994 : 15~17). 첫째, 복지예산의 삭감, 둘째,
국민들로 하여금 민간부문의 선호도를 높이도록 유도해서 공공복지에
대한 국민들의 집착을 약화시키는 방식, 셋째, 복지정책의 결정과정
을 관할하는 정치제도를 수정하여 호의적 정책이 입안되지 않도록 하
는 방법, 마지막으로, 복지제도를 옹호하는 시민단체나 이익집단의
입지를 약화시키는 방법 등이 그것이다. 그러나, 이런 방식이 실패할
경우 집권당의 정치적 위험은 높아지고, 따라서 극도의 신중함이 필요
하다는 것이다. 이는 곧 복지정치(welfare politics)의 중요성을 환기시
킨다.

　1980년대 이후의 조정기간 동안에 유럽국가들은 시스템 축소보다는
프로그램 축소를 더 선호했다고 할 수 있다. 축소의 폭이 상대적으로
컸던 미국, 영국, 뉴질랜드에서도 이런 사정은 마찬가지이다. 그 이유
는 바로 복지의 정치적 특성 때문이다. 복지정책은 자원분배와 성장결
실의 분배를 결정하는 기제, 즉 분배정책의 핵심적 창구이기 때문에
그 본질에 있어 정치적이다. 비용절감과 긴축이 세계화시대에 필수적
정책원리로 강조되더라도 그에 따른 복지혜택의 전면적 삭감은 상당히
어렵다. 그 이유는 첫째, 국민들은 복지혜택의 확장보다도 삭감조치
에 더 민감하다. 수혜인식보다는 결핍인식에 더 반응하기 때문이다.
둘째, 그렇기에, 복지제도에 대한 국민들의 집착이 매우 커서 복지옹
호론이 복지삭감론보다 더 호소력이 큰 것이 보통이다. 말하자면, 삭
감조치가 별 마찰 없이 받아지려면 국민여론이 그렇게 돌아서야 한다.
그러나, 그것이 어렵다. 셋째, 제도적 관성이다. 일단 시행되는 제도
를 폐지하려면 몇 개의 장애물을 거쳐야 한다. 의회의 신중한 토론과
인준을 거쳐야 하고, 서로 이해관계를 달리하는 행정부처간의 알력과
조정을 거쳐야 한다. 거부권이 도처에 산재할 경우, 폐지를 저지하는
거부권의 존재는 매우 중요하다. 또한, 프로그램 도입의 과정과 폐지

의 과정은 매우 달라서 기존에 존재하는 복지프로그램이 단숨에 폐지되는 경우는 드물다.

피어슨이 '확장의 정치'와 '축소의 정치'가 질적으로 다른 것이라고 했을 때, 이런 점을 염두에 두었다. 특히, 이익집단의 형성과 작동은 복지정치의 핵심적 고려사항이다. 제도신설은 그것을 옹호하는 이익집단을 만들어 놓는다. 특정 프로그램에 직간접적으로 연관된 이익집단이 조직적 기반과 정치적 영향력을 배양했을 때, 단지 비용절감과 긴축재정을 명분으로 그것을 폐지하는 것은 저항을 초래할 뿐만 아니라 궁극적으로는 집권당의 정치적 손실로 귀결될 경우가 허다하다.

따라서, '축소의 시대'에도 일상생활에 직접적 영향을 미치거나 정치적 영향력이 큰 이익집단이 다수 형성된 복지프로그램들은 삭감대상에서 제외되었다. 그리하여, 에스핑-앤더슨은 "중요한 것은 총사회지출비의 집합적 변동이 아니라 복지국가 재편이다"라고 단언한다(Esping-Andersen, 1996: 118).

재편의 양식은 그가 분류한 복지유형들의 내적 체계와 정치적 구도에 따라 달라진다. 앞에서 살펴보았듯이, 축소의 대상이 된 것은 별로 인기가 없는 프로그램들이다. 큰 틀의 변화는 축소의 관점보다는 재조정의 관점으로 파악하는 것이 적합하다. 축소가 없었던 것은 아니다. 어떤 국가에서는 구조조정과 긴축정책의 효과를 최대화하기 위하여 복지제도의 축소를 단행하거나 사회지출비를 획기적으로 줄이는 정책을 펴기도 했지만(축소), 어떤 국가에서는 사회보장의 수준을 높여 임금생활자에게 가해지는 세계화의 충격을 상쇄하기도 했다(확대). 복지제도의 수준이 높은 국가에서는 제도간의 불일치성을 제거하여 이른바 제도적 동맥경화증을 치유하기도 하고, 수혜의 자격요건을 강화하거나 제도간의 비중을 상호 조정하는 방식으로 세계화에 대응하였다(수정 또는 내부조정). 미국과 영국이 큰폭의 축소를 단행했음을 주목하면서도 골격과 원리에 있어 "변한 것은 거의 없다"고까지 피어슨이 단언하는 이유이다(P. Pierson, 1994).

유럽국가들의 사례를 분석한 연구에서 후버와 스티븐스는 1980년대
와 1990년대에 복지축소가 광범위하게 일어났지만, 영국을 제외하고
는 체제적 변환에 해당하는 것은 발견되지 않는다고 결론짓는다(Huber
and Stephens, 2001a: 300). 연금과 같이 노후생활의 안정을 좌우하는
중요한 프로그램은 거의 모든 국가에서 보호되었다. 따라서, 이 기간
에 복지축소와 삭감이 일반적으로 관철되었다는 주장은 다음과 같은
두 가지 논점으로 보완되어야 한다. 첫째, 영국과 뉴질랜드를 제외하
고 거의 대부분의 OECD국가에서 1990년대 복지혜택의 크기가 1970
년대 중반의 그것보다 작은 경우는 발견되지 않는다. 둘째, 여러 가지
변화에도 불구하고 각 유형별 기본원리와 특성은 온전하다. 단, 영국
과 뉴질랜드는 황금기의 성장패턴과 원리로부터 단절적 변화를 보였다
는 사실을 부가할 수 있다. 그러나, 여기서 복지국가의 미래에 주목할
만한 조짐을 놓쳐서는 안 된다. 어쨌거나 실행되었던 삭감조치들, 연
금 슬라이드 방법의 수정, 자산조사나 부분적 민영화 조치가 황금기에
닦았던 복지국가의 기반을 무너뜨릴 위험성, 그리하여, 수준 높은 복
지국가를 잔여적 형태로 전락시킬 위험성을 진지하게 고려해야 한다는
점이다(Huber and Stephens, 2001a: 302).

이는 세계화의 도전에 대하여 유럽국가들이 복지국가의 기본골격을
지켜내는 데에는 일단 성공하였지만, 이런 형태의 변화들이 누적되면
결국 복지국가의 하향평준화 또는 '바닥으로의 질주'가 가시화될지도
모른다는 경고이다.

그렇다면, 세계화의 어떤 요인들이 복지국가의 요소를 어떻게 변화
시키는가를 분석할 필요가 생겨난다. 앞에서 지적한 바대로, 세계화
는 여러 가지 요인의 복합적 양상이다. 그것은 일종의 우산개념(um-
brella concept)이어서, 세계화와 복지국가를 직접 연결하는 어떤 유형
의 상호관계도 추상적이거나 실체를 가릴 위험이 존재한다. 많은 연구

자들은 양자가 직접적 인과관계에 놓여 있다는 일반적 가설을 부정하고, 오히려 양자 사이에 개입하는 매개변수에 주목하고자 한다. 그렇다면, 세계화가 복지국가의 축소를 촉발한다는 일반적 가설은 어떻게 수정되고 보완될 수 있을까? 양자 사이에 개입하는 매개변수들의 영향은 무엇인가? 이 질문은 곧 복지국가의 변화를 초래하는 변수들에 대한 탐색이자, 그것들의 영향력을 보다 정확히 파악하여 변화의 총체적 양상을 조명하는 데에 필수적인 것이다. 이제 변화를 촉발하는 각 요인들에 대하여 고찰할 순서이다.

제 4 장

복지국가 재편의 요인과 복지정치

    세계화의 외압이 없었더라도 복지국가는 그 자체 재편의 요인을 안고 있다. 고령화, 실업, 산업구조의 변화, 여성노동참가율의 증가, 가족구조의 변화 등이 그런 요인들인데, 이것들은 모두 복지수요를 증대시키고 재정에 압박을 가한다. 재정적 제약과 수요폭증에 직면한 국가는 프로그램의 정비와 삭감 조치를 단행하려고 할 것이다. 재정적 제약(*fiscal constraints*)과 그에 따른 긴축재정이 복지국가의 최대 당면 과제가 된 것은 이런 배경에서이다.

    세계화는 국가의 이런 행위에 명분을 제공한다. 국가의 경쟁력을 높이려면 시장개입 조치를 철회해야 한다는 것인데, 세계화는 시장으로부터 후퇴하려는 국가의 이런 정책기조를 정당화한다. 복지수요를 증폭시키는 국내적 요인들은 직간접적으로 세계화와 연관된다. 복지국가의 재정압박을 초래하는 요인들이 세계화와 그렇게 직접적 연관이 없다고 주장하는 논자들도 있지만(P. Pierson, 2001b: 82), 예를 들어, 무역규모의 증대가 산업구조를 서비스 중심으로 재편하고 이것이 다시 여성노동의 참가율을 높인다고 한다면, 복지수요를 높이는 국내적 요인들이 세계화와 관련되었음을 부정하기는 어렵다. 고령화와 가족구조의 변화처럼 세계화와 별로 관련이 없는 현상들도 다수 존재한다. 그러나, 재정압박 현상이 국내적으로는 조세자원의 위축에서 비롯되고, 조세자원의 위축은 다시 세계화의 영향에 의한 것이라면 양자의 관련성은 어느 정도 분명해진다.

앞에서 살펴보았듯이, 세계화는 경제적 세계화와 정치적 세계화로 구분하여 고찰할 수 있다(Yeats, 1999). 경제적 세계화는 세계가 단일 시장으로 통합되는 가운데 이루어지는 자본이동, 무역, 생산체제의 변동을 지칭한다. 경제적 세계화의 일반적 지표들로는 무역규모, 외국직접투자와 같은 자본이동, 다국적기업, 국제금융기구들이 있다.

한편, 정치적 세계화는 정치행위, 정치의식, 정치적 쟁점들이 세계적 차원에서 이루어지는 것을 지칭하는데, 국가라는 단위행위자의 중요성이 감소하고 초국가기구들의 비중이 커지는 현상이다. 다시 말해 복지국가의 정치기제들, 예를 들면, 조합주의적 교섭기구, 여기에 참여했던 이익집단들, 그것을 조정, 관리하는 국내의 정치적 규칙들이 해체되거나 정치적 비중이 하락하는 제반현상을 뜻한다.

세계화의 이런 요인들은 국가의 사회지출비의 증감에 구체적으로 어떤 영향을 미치는가? 세계화 구성요인들의 영향력을 측정하는 연구가 대단히 활발하게 진척되었다. 그런데, 연구자의 관점과 시각에 따라 연구결과가 달라지기 때문에 어떤 일관성 있는 결론을 도출하기는 쉽지 않다. 연구결과가 엇갈리기 때문이다. 그러나, 이 분야에서 비중 있는 주요 연구들을 검토하는 작업은 필요하다. 이는 향후 연구를 진척시키는 데에 중요한 지침이 되기 때문이다. 그렇다면, 세계화를 구성하는 각 요인들은 무엇이며, 이들은 복지국가의 재편, 또는 사회지출비의 증감에 미치는 영향은 어떠한가?

1. 재편의 요인들

1) 경제적 개방 : 무역과 자본이동

경제적 개방(*economic openness*)이 사회지출비에 긍정적 영향을 미친다는 사실은 이미 오래 전에 카메론과 카첸스타인의 연구에서 비롯되었다(Cameron, 1978; Katzenstein, 1985). 카메론은 무역개방과 공공부문(*public economy*)의 규모간에는 긍정적 관계가 성립된다는 것을 입증했다. 정부는 무역개방에 의한 부정적 영향력을 상쇄하려고 강력한 시장개입을 실행하는데, 사회보험과 조세체제가 경기변동을 부드럽게 만드는 안정장치 역할을 한다고 주장한다. 적극적 노동시장정책, 실업지원, 실업자를 고용하는 기업에 대한 지원정책, 공공부문유지정책 등이 시장개방에 따르는 폐해를 축소하는 조합주의국가들의 조치들이다. 시장개방도가 큰 나라에서 이러한 개입조치들이 강하게 나타나고, 따라서 사회지출비가 자연스럽게 커진다는 것이다.

한편, 카첸스타인은 유럽의 소국들을 대상으로 한 연구에서 경제적 개방도는 사회지출비뿐만 아니라 생산성 및 경제성장과 인과적 관계에 있음을 발견하였다. 카메론의 인과관계에서는 조합주의적 교섭제도가 필수적이었음에 반하여, 카첸스타인은 노동조합의 경제적, 정치적 세력화 정도를 중시했다. 카첸스타인은 노동조합의 세력수준을 기준으로 '사회적 조합주의'와 '자유주의적 조합주의'를 구분하고, 전자에서는 경제개방과 사회지출비 간에 매우 강한 정(正)의 관계가 성립함을 보여주었다. 경제적 개방도와 사회지출비 간에 정의 관계가 존재한다는 것이지만, 양자를 매개하는 매개변수를 설정했다는 점이 두 연구의 공통점이다.

양자간의 정의 관계는 최근에 로드릭의 연구에서 다시 확인되었다

(Rodrik, 1997). 로드릭은 무역증대가 큰 정부(*big government*)를 창출한다는 긍정적 인과관계를 제시하였는데, 양자의 매개변수로 노동조건의 악화를 든다는 것이 다르다. 로드릭은 무역증대가 노동시장에 미치는 영향이 균등하지 않다는 점을 분석적으로 보여주면서, 미숙련, 반숙련노동자, 여성노동자와 청년노동자 등 경쟁력이 없는 취약계층의 기반을 와해한다고 주장하였다. 세계화가 초래하는 사회적 전치현상(*social displacement*)을 치유하려면 작은 정부가 아니라 오히려 큰 정부가 필요함을 역설한 것이다. 이런 규범적 주장은 교역이 커질수록 사회지출비가 늘어나는 일반적 추세에 의해 경험적으로 뒷받침된다는 것이다.

로드릭은 세계화와 교역증대가 노동시장에 미치는 영향을 세 가지로 집약한다. 첫째, 교역과 투자장벽을 낮추는 것은 국제적 경계를 넘나들면서 경쟁력을 유지할 수 있는 집단과 그렇지 못한 집단간의 불균형을 초래한다. 그 결과, 경쟁력이 낮은 집단의 교체가능성이 증가한다. 둘째, 세계화는 국내적 규범과 사회제도를 둘러싸고 국가 간, 국가 내 갈등을 증폭시킨다. 제조업 기술이 표준화되면 될수록 그 표준에 맞추려는 노력이 경쟁적으로 일어나고, 국가들 간 제도적 공통점이 늘어난다. 셋째, 세계화는 각국의 사회보장제도의 기반을 침식한다. 그런데, 이런 외압에 직면한 국가들은 사회적 통합과 정치적 지지기반을 강화하려는 목적에서 오히려 복지제도에 더욱 집착하는 경향이 발견된다는 것이다(Rodik, 1997: 6).

정부는 과잉경쟁에 노출된 집단들을 보호하기 위해 재정적 수단을 더욱 강화한다. 그 결과, 경제적 개방도(*economy's exposure to foreign trade*)와 복지국가의 규모간에는 매우 강한 인과관계가 성립한다.

'교역증가는 곧 사회지출비의 증대'를 낳는다는 로드릭의 명제는 여러 가지 논쟁을 낳았다. 교역증대가 외견상 사회지출비의 증대를 낳는 것처럼 보이지만, 사실은 매개변수의 성격에 따라 그 관계가 입증될 수도 있고, 허구적 관계일 수도 있다는 주장이 그것이다. 아이버슨은 양자 사이에 탈산업화라는 변수를 개입시키면 교역의 영향이 사라진다 는 것을 근거로 로드릭명제는 입증되지 않는다고 주장한다(Iversen, 2001: 47). 탈산업화란 제조업과 농업종사자 규모가 현격하게 줄어드 는 현상을 지칭한다. 같은 견지에서 후버와 스티븐스는 자신들이 만든 데이터의 회귀분석에서 무역개방도(trade openness)의 영향은 다른 12 개의 독립변수군으로 흡수되어 전혀 유의미하게 나타나지 않는다고 주 장한다. 다시 말하면, 무역개방도가 사회지출비에 미치는 영향은 허 구적 관계이며, 오히려 정치적 지지시장의 성격을 나타내는 정당분포 (partisanship)가 가장 강력한 독립변수로 밝혀졌다는 것이다. "무역개 방도의 영향에 관하여 말하자면, 모든 회귀분석에서 유의미하게 나타 나지 않는다"(Huber and Stephens, 2001a).

그래서, 이들은 분석결과를 이렇게 제시한다. 첫째, 무역개방도는 사회지출비의 변동을 설명하는 좋은 지표가 아니고, 둘째, 수출부문 의 활성화가 사회지출비에 어떤 직접적 영향을 미치는 것도 아니라는 점이다. 예를 들면, 북유럽의 사민주의국가들이 복지국가를 발전시킬 당시 수출부문은 호황이었으며, 마찬가지로 1990년대 독일과 스웨덴 에서 프로그램별로 복지삭감을 단행할 때에도 수출부문은 여느 때보다 도 경쟁력이 컸다는 사실이 그것을 반증한다는 것이다. 즉, 교역은 직 접적으로 영향을 미치지 않는다. 오히려 교역에 의해 재편되는 노동시 장의 조건들과 그에 대한 사회집단의 대응전략과 정치적 과정이 중요 하다. 크게 보면, 로드릭의 명제에 동의하는 것처럼 보이는 이 견해는 결과적 현상보다는 과정상의 변화에 초점을 둔다. '교역/보호부문 가 설'(exposed/sheltered sectors thesis)이 전형적이다(Manow, 2001: 151). 이에 관해서는 다음 2)절에서 서술할 예정이다.

한편, 자본이동의 영향은 어떠한가? 세계화의 진전에 따른 자본이동은 정부 재정정책의 공간을 위축시켜 정부의 시장개입력을 약화시킨다는 것이 일반적 견해이다. 그것은 곧 복지국가의 위축으로 나타난다. 해외투자와 자본의 활발한 움직임은 투자이윤이라는 사적 이익의 극대화를 목적으로 하는데, 시장통합이 이루어진 상황에서 정부가 그것을 막을 방법은 별로 없다. 케인스주의적 시장개입의 수단은 국가경계를 넘나드는 다국적기업의 활발한 움직임과 국제자본의 유동성 앞에서 무용지물로 변한다. 이런 경우 복지국가의 재정적 규제력은 약화되고 따라서 정부는 자본과 다국적 기업의 논리에 굴복한다는 것이다. 복지국가의 축소는 세계화시대의 자본의 논리가 관철된 결과이자, 경쟁력을 높이려는 정부의 적응전략의 소산이다. 그런데, 신자유주의적 가설에 부합하는 이러한 일반론적 해석이 현실에 부합하는가?

스윙크는 국제적 자본이동의 충격에 관한 일반론적 견해를 다음과 같이 요약한다(Swank, 2002: 21).

> 자산보유자들의 이익극대화 전략과 정부의 자본유치 전략, 자산보유자들이 행사하는 '언제든지 이탈할 수 있는 고유권한', 국제경쟁력 향상과 기업환경 개선에 역점을 두는 신자유주의적 이론의 위력 등에 의하여 국제적 자본이동은 정부의 시회복지정책 능력을 침해한다.

그러나, 스윙크의 이러한 일반론은 논리적으로는 그럴듯하지만, 그렇게 단순하지 않다. 예를 들면, 자본이동과 사회지출비의 관계를 분석한 연구에서 가렛은 신자유주의적 가설의 수렴론은 오류이며, 오히려 금융시장의 통합이 사회지출비의 증대를 낳는 사례들이 다수 발견된다고 주장한다(Garrett, 1998a). 수렴보다는 다양성(*divergence*)이, 작은 정부보다는 큰 정부가 나타나는 것이 보다 일반적이다. 그런데 자본이동의 관점에서 본 세계화가 정부의 정책에 미치는 제약은 일반론이 주장하는 것보다는 매우 미약하다는 것이다. 그 이유는, ① 금융시장의 통합은 생산자와 투자자의 이탈조건을 촉발하지는 않는다. 정부는 금융시장의 통합에 의해 발생하는 사회적 폐해와 불안정 요소를 줄이려는 노력하게 되는데, 이것 때문에 자본과 기업의 이탈유혹이 낮아진다. ② 많은 정부들은 이동하는 자본과 기업에 매혹적인 경제적 혜택을 제공하는데, 재산권 보호, 인적자본 투자 및 풍요로운 하부구조의 창출이 그러한 혜택에 해당한다. 때로는 불평등을 낮추려는 정부의 노력은 자본과 기업이 활동하는 사회의 안정성을 높이기도 한다. 그래서, "세계시장과 개입정부는 '충돌경로'를 걷지 않고, 오히려 2차대전 이후 복지국가의 황금기에 그랬듯이 양자는 평화로운 공존의 기간을 보내고 있다"고 결론짓는다(Garrett, 1998a: 789).

그런데, 이 '평화로운 공존'을 만들어내는 정치적 기제가 존재한다는 점은 주목을 요한다. 그것은 바로 정당정치(*partisan politics*)이다. 가렛은 이와 관련된 몇 편의 연구논문에서 좌파정치의 존재를 중요시한다. 교역과 자본이동에 내재된 본래의 부정적 영향이 긍정적 관계로 바뀌는 것은 좌파정치의 작동 때문이라는 것이다. 금융시장의 통합과 국제적 자본이동은 본질적으로 좌파·노동정부의 정책공간을 위축시키는 부정적 기능을 내포하지만(Koehane and Milner, 1996), 데이터에 기초한 일련의 연구에서 가렛은 교역, 자본이동, 금융시장의 통합이 특히 좌파·노동정부에서 사회지출비와 강한 긍정적 관계를 맺음을 밝혀냈다. 같은 견지에서, 스윙크는 사민주의국가에서 그런 관계가 뚜렷이 나타나는 것에 반해, 자유주의 복지국가에서는 그것이 부정적 관계로 변한다고 주장했다(Swank, 2002). 스윙크의 논지는 조금 복합적이다. 금융세계화가 사회지출비에 긍정적 관계를 미친다는 일반론은 데이터분석에 의해 입증되지는 않기 때문에 "오히려 세계화의 부정적 영향이 억제되거나 무화된다고 하는 표현이 사실과 부합한다"는 것이다.

후버와 스티븐스가 가렛과 스윙크의 분석으로부터 정치적 지지시장의 특성과 정당정치의 중요성을 이끌어내는 것도 이러한 배경에서 이다(Huber and Stephens, 2001a). 그들이 만든 정치경제적 데이터를 토대로 복지국가의 확장과 축소요인을 분석한 연구의 결론은 바로 정당정치에 초점이 놓여있다. 교역과 자본이동 등 정부의 정책역량과 원리에 영향을 미치는 세계화요인들의 구체적 작용양상은 정부의 정치적 대응전략에 따라 매우 기복이 심하다. 국가의 정당구조 및 국가구조가 중요해지는 까닭이다. 말하자면, 경제적 세계화가 복지국가에 미치는 영향에 관한 분석을 정치적 차원으로 해석해야 한다는 말이다. 그렇다면, 정당정치는 복지국가의 재편에 어떤 영향을 미치는가? 복지국가의 재편양상은 정당정치에 따라 어떻게 굴절되는가?

2) 생산체제와 정당정치 : 경쟁적 조합주의

정치는 경제를 조직한다. 정부 성격에 따라 시장개입방식이 달라지고, 자본과 노동의 관계 및 노동시장의 구조가 결정된다. 경제에 참여하는 주요 행위자간의 관계구조를 생산체제라고 한다면, 생산체제는 경제의 정치적 조직양식을 의미한다. 조직양식은 정당정치(partisanship)에 의해 좌우된다.

홀과 소스키스는 최근 연구에서 자본주의가 다양한 형태로 나타나는 이유를 생산체제 개념으로 분석한다(Hall and Soskice, 2001). 자본주의에 대한 접근시각으로 근대화론, 조합주의론 그리고 사회적 생산체계론(social systems of production)을 제시하면서 사회적 생산체계론의 유용성을 설명한다. 프랑스의 규제학파(regulation school)가 창안했던 사회적 생산체계론은 국가마다 발전시킨 독자적 제도, 규제, 집단간의 관계를 생산체제에 접목시켰다는 점에서 독창적이다. 생산체계론은 생산의 주요 행위자간의 세력관계와 그것을 관할하는 제도들의 내적 구조를 다각적으로 조명하여 국가의 정책적 특성을 이해하려 한다. 따라서, 사회체계론은 세계화의 외압에 대응하려는 국가의 전략, 특히 복지국가의 재편양상을 분석하는 데에 유용하다는 것이다. 이들은 자본주의 경제를 두 유형으로 구분한다. 국가가 가급적 시장 개입을 자제하고 기업, 자본, 노동의 상호작용을 시장경쟁의 게임규칙에 내맡기는 '자유시장경제'(*liberal market economy*)와, 국가의 시장 개입을 통해 행위자간의 관계를 통제하고 규제하는 '조정된 시장경제' (*coordinated market economy*)가 그것이다. 후자에서 자본주의의 형태는 정부를 위시하여, 자본, 노동 등과 여타의 주요 행위자들 간의 특정한 상호작용의 산물이 된다. 대부분의 유럽국가들과, 아시아에서는 일본과 한국이 전형적 사례이다.

에스핑-앤더슨의 유형분류도 사실은 생산체제의 차이에 근거한다 (Esping-Andersen, 1990). 사민주의모델은 "보편적, 포괄적, 시민권 중심적, 소득안정, 성평등, 노동동원적" 복지국가이고, 보수주의모델 (혹은 기독교 민주주의모델)은 "분절적, 고용중심적, 포괄적, 사회적 이전에 비중을 둔(*transfer-heavy*), 남성부양자, 소극적" 복지국가이다. 자유주의모델은 "잔여적, 편파적, 수요중심적이고, 서비스가 빈곤한 복지국가"이다. 여기에 후버와 스티븐스가 별도로 분류한 또 다른 유형인 임금생활자 복지국가(*wage earner welfare state*)는 "조정체계를 통해 제공되는 혜택과 임금을 기반으로 한 남성부양자 중심의 사회보호 체계로서, 소득조사 중심의 서비스가 빈곤한 잔여적 사회정책 체제이다"(Huber and Stephens, 2001a).

각 유형은 서로 차별성을 갖는, 그러나 유형간에는 공통점이 많은 독자적 생산체제를 발전시켰으며, 이것이 복지국가의 성장과정은 물론 축소과정까지도 설명한다는 것이다. 즉, 복지국가의 성장과 축소는 생산체제의 내적 구조와 특성으로 설명해야 올바른 이해에 도달한다는 주장이다.

생산체제의 결정에 가장 중요한 변수는 정당정치이다. 따라서, 복지국가의 여러 지표들, 예를 들면, 사회지출비, 혜택의 포괄성과 관용성, 프로그램의 지속성 등은 정당정치의 성격과 직결된다. 세계화의 여러 요인들이 미치는 영향력도 결국 정당정치의 내적 구조를 거치면서 서로 다른 결과를 만들어 놓는다. 정당정치는 교역, 자본이동, 국제적 금융기구 등의 경제적 세계화가 미치는 외압을 특정 방식으로 수용하고 굴절시키는 여과기제이다. 앞에서 서술하였듯이 자본이동과 교역이 복지국가의 규모변화에 미치는 영향력을 논하는 가렛과 스윙크의 연구에서 정치적 변수가 매개변수로 설정된 것은 이런 이유에서이다.

무역이나 자본이동과 같은 경제적 세계화 요인이 복지국가에 영향을 미치는 경로와 그 과정에서 변용되어 나타나는 모습은 실로 다양하다. 예를 들면, 자본가는 복지혜택을 축소하려는 정부의 정책에 항상 호응하는 것은 아니다. 노동자의 생활안정과 소득안정이 생산성 향상에 직결되는 상황이거나 노동시장정책이 종업원들로 하여금 고숙련기술을 습득하거나 재취업훈련을 하는 데에 도움을 준다면, 기업은 비싼 보험료를 감수하고라도 복지정책의 유지를 선호하게 된다(Wood, 2000). 기업의 이윤추구적 행위는 변화하지 않는데, 복지국가의 유지와 확대가 생산성향상과 이윤극대화에 반드시 해가 되는 것은 아니기 때문이다.

고임금 상태라도 그것을 견디면서 저임금국가로 이탈하지 않는 기업이 존재하는 이유는 그것이 정보습득, 소비시장의 선점, 기술혁신 등에 있어 훨씬 더 낫다고 판단하기 때문이다(Hall and Soskice, 2001). 그렇다면, 자본이라는 하나의 동일한 범주로 취급했던 기업을 이제는 제도 환경에 다양하게 반응하는 독자적인 유기체적 행위자로 개념을 바꾸어 복지국가 분석의 중심부에 위치해야할 필요성이 생겨난다. 그래서 홀과 소스키스는 복지국가의 변동분석에 '기업 불러오기'(*bringing the firms back in*)의 중요성을 환기시킨다.

이와는 초점을 달리해서 부문간 편차에 주목하는 연구들이 있다. 교역과 자본이동에 노출된 기업과 노조의 이해관심은 그렇지 않은 부문과 너무 달라지고, 그 결과, 부문간 정치적 갈등이 발생하는 데에 주목하는 연구들이 그것이다. 예를 들면, 무역이 늘어날수록 교역에 노출된 수출부문과 국내 보호부문 간의 불균형이 커지는데, 여기에 연루된 노조와 기업의 이해관계는 급격히 달라지고, 그 결과 기존의 정치적 교섭제도가 바뀌어 복지제도의 수정, 또는 사회지출비의 변동으로 연결된다는 설명이 설득력을 얻는다. '교역/보호부문 명제'(*exposed/sheltered sectors thesis*)로 불리는 이 가설에 의하면, "시장개방도가 높아지고 국제경쟁이 치열해질수록 노출부문의 노동자와 자본가는 공공부문과 복지국가에 내포된 비용상승의 힘을 억제하려 한다"(Clayton and Pontusson, 1998: 97).

공공부문은 복지국가의 팽창으로 생겨난, 그 자체 복지국가의 혜택에 안주하는 보호된 부문(*sheltered sector*)이지만, 생산성이 낮아 국가경쟁력 내지 수출경쟁력에 저해요인으로 작용한다. 그렇기에, 수출부문의 자본과 노조는 비임금노동비용(*non-wage labor cost*)을 낮추기 위해 국가경제력을 해치지 않는 범위 내에서 공공부문에 대한 복지혜택을 축소하기를 희망한다. 바로 이때, 수출부문과 보호부문간에 정치적 균열이 발생한다는 것이다. 이는 민간부문과 공공부문간의 심각한 정치적 투쟁으로 번진다. 민간부문은 고율의 세금, 고사회지출비, 고혜택의 폐단을 줄이기를 원하는 반면, 공공부문의 노조는 역으로 복지비용을 늘리고 조직적 자원인 복지부문의 양적 확대를 희망한다(Garrett and Way, 1999). 이런 정치적 갈등을 해결하는 것이 조합주의적 기제이고, 조합주의적 기제라는 정당정치의 특성은 다시 복지국가의 재편에 결정적 영향을 미친다.

로드의 경쟁적 조합주의(*competitive corporatism*) 개념은 바로 이런 관점에서 이론적 근거를 획득한다(Rhode, 1998, 2001). 경쟁적 조합주의란 기존의 신조합주의적 시각을 변형한 것으로서, 경쟁력회복이라는 당면목표를 위해 정부, 자본, 노동이 사회적 합의를 통해 승자게임을 실현시켜나가는 것을 지칭한다. 경쟁적 조합주의는 세계화의 외압과 부정적 영향력을 최소화하기 위해 단기적 희생을 무릅쓰고라도 양보합의를 행하거나 최선의 해결방식을 찾는다. 그러므로, 세계화의 직간접적 충격은 사회적 합의를 거치면서 여과된다. 사회적 합의와 그에 맞춘 연대결성의 능력이 있는가의 여부는 역시 정당정치의 특성에 따라 좌우된다.

이탈리아, 포르투갈, 스페인, 아일랜드, 앵글로색슨 변방국들은 삼자타협 복지개혁(tripartitely negotiated welfare reform)을 실행하는 데에 예외 없이 성공했다. 그러나, 성공할 것으로 기대되었던 보수주의국가들은 의외로 어려움을 겪는 중이다(Manow, 2001: 151). 보수주의 국가에서는 사회보험 수혜자와 노동시장의 인사이더를 중첩시킨 복지제도의 최초 설계가 사회협약을 어렵게 만든 장애물 중의 하나이다. 아웃사이더를 포용해야 한다는 사회적 요구는 인사이더의 저항에 부딪혀 난항을 겪는데, 두 그룹간의 균열을 어떻게 극복할 것인가가 복지정치의 과제로 등장한다.

아무튼, 경쟁적 조합주의의 작동은 복지국가가 비용의 관점에서 경쟁력 저해요인이 되는 것이 아니라, 그 자체 경쟁력의 촉진요인이 될 수 있고 경쟁력을 함양하는 제도적 비교우위의 중요한 구성요인이 된다는 주장으로 귀결된다. 이런 관찰은 세계화에 관한 긍정적 명제로 이어지기도 한다. "세계화는 복지국가에 대하여 재정적 압박을 가하고는 있지만, 동시에 경제적으로 유익한 사회정책의 부수효과를 촉진하기도 한다"(Manow, 2001: 147).

3) 탈산업화와 실업

탈산업화 명제는 원래 복지국가의 확대성장을 설명하는 이론으로 제시되었지만, 오늘날 진행되는 복지국가의 재편양상을 탈산업화의 종료시점에서 발생하는 현상으로 이해한다는 점에서 특징적이다(Iversen and Wren, 1998). 탈산업화란 농업과 제조업 인구가 서비스산업으로 대거 이동하는 현상, 그래서, 농촌과 제조업 종사자의 규모축소와 공동화현상을 지칭한다. 1960년 당시 OECD국가의 농업 및 제조업 종사자는 전체 경제참가자의 59%를 차지하였는데, 지난 45년 동안 약 30% 미만으로 급속히 줄어들었다.

산업 간 인구이동이 대규모로 발생한 데에는 생산기술발전과 시장구조의 변화가 놓여 있다. 특히, 세계화와 더불어 가속화되는 정보화시대의 도래는 제조업 고용인구를 서비스부문으로 이동시켰다. 첨단과학기술과 정보기술의 발전에 의하여 생산성은 증가하지만 일자리가 늘어나지 않는 성장이 가능하게 되었다. '고용 없는 성장'(jobless growth) 은 결국 서비스부문의 확대를 낳았고, 제조업부문에서 서비스부문으로 이동하지 못하는 사람들에게는 실업의 위험을 증대시켰다(실업률은 부록의 〈표 4〉 참조).

제조업 종사자가 서비스부문으로 이동하는 것이 그리 쉬운 일은 아니다. 양 부문 간에는 일반적으로 생각하는 것보다 훨씬 높은 이동의 장벽이 가로놓여 있는데, 생산기술과는 전혀 성격이 다른 '사회적 기술'(social skill)이 그것이다. 서비스직종은 사람들과 항시적으로 대면하는 소통의 기술, 판매기술, 고객관리기술 등의 사회적 기술을 필요로 한다. 그러므로, 서비스부문이 아무리 빠르게 팽창하더라도 제조업인력을 수용하는 데에는 한계가 있다. 1980년대 중반 이후 유럽 국가들이 고실업에 직면했던 것도 이러한 이유 때문이다. 그러므로, 탈산업화와 실업은 불가분의 관계에 있다.

  아이버슨과 렌은 복지국가의 성장을 설명하는 주요한 이론들의 적
실성을 부정하면서 탈산업화를 가장 중요한 요인으로 설정한다. 무역
이나 경제적 개방도와 같은 요인들이 복지국가의 성장을 촉진했다는
주장은 이론적 근거가 부족하며, 변수들의 영향력을 검증하는 데이터
분석에서 유의미한 영향력을 보이는 것은 탈산업화가 유일하다고 주장
한다. "무역개방도와 사회지출비가 연관되었다는 주장의 이론적 근거
는 희박하며, 오히려 탈산업화라는 변수를 고려하면 그 관계는 사라진
다"(Iversen, 2001: 47). 탈산업화 명제의 초점은 산업간 대규모 인구
이동 또는 산업재편에 따라 발생하는 사회적 위험부담을 국가가 완화
해주기를 요구하는 복지수요가 급증했고, 복지국가의 성장은 이런 요
구에 국가가 응답한 결과라는 것이다. 제조업에 비하여 서비스부문은
미숙련과 저임금 직종이 많아서 그만큼 생산성도 낮고 노동조건이 상
대적으로 열악하다. 이 경우 다음의 문제가 발생한다.

  ① 불평등을 완화시켜야 한다는 평등주의적 요구를 수용하려면 서
    비스부문에 대한 국가의 지원을 늘려야 하는데, 이것은 효율성
    논쟁을 낳는다. 왜냐하면, 상대적으로 생산성이 낮은 산업부문
    에 재정지원을 하는 것은 평등주의적 원리에는 맞지만 경쟁력
    향상에는 위배되기 때문이다.

  ② 서비스부문에 대한 지원은 두 유형이다. 종사자들에 대한 혜택
    확대가 하나이고, 복지혜택의 산업간 호환성을 촉진하기 위한
    기업지원이 다른 하나이다. 전자는 아동보호, 유아복지, 교육지
    원을 포함하여 임금격차를 줄이는 조치가 필요하고, 후자는 퇴
    직금, 연금 등의 사회보험의 제도적 호환성 및 민간복지에 해당
    하는 부가혜택(fringe benefits)의 대폭적 상향조정이 필요하다.

③ 서비스부문은 주로 공공부문과 중첩된다. 국가는 제조업부문에
   서 밀려나는 인력을 공공부문으로 흡수하고, 생산성이 낮은 공
   공부문을 유지하는 과정에서 막대한 재정수요에 부딪힌다.

실업률 증가가 국가재정에 어느 정도 압박요인이 되는가를 측정한
연구에서 스웡크는 1%의 실업률 증가가 GDP 대비 사회지출비의 비
율을 0.33% 증가시키는 경향이 있음을 발견했다(Swank, 2001: 200).
그것은 노동시장정책의 비용과 실업보험, 적응훈련 및 재취업훈련에
소요되는 복지비용일 것이다. 이런 비용증가를 포함하여 실업은 경쟁
력 하락을 수반하기 때문에 국가재정은 더욱 어려운 국면에 부딪히게
될 것이다. 실업자를 공공부문으로 흡수하여 사회적 리스크를 분담하
는 데에는 효율적이지만, 공공부문의 비대화와 불평등 완화정책이 장
기화되면서 결국 국가는 늘어나는 공공부문 부채와 재정적 압박을 해
소해야만 한다. 스웡크의 지적대로, "복지국가의 확대와 경제적 침체
는 급격한 공공부문 부채 증가를 낳는다"(Swank, 2001: 201).
같은 맥락에서, 아이버슨은 복지국가의 재편에 관한 일반적 논의를
반박하면서 탈산업화 명제의 중심성을 다음과 같이 강조한다.

① 지난 45년 동안의 복지국가의 성장과정을 보면, 무역증가, 시장
   개방도, 자본이동과 같은 변수들은 복지국가 성장과 별로 관계
   가 없다(더불어, 복지국가 축소와도 무관하다).

② 세계화와 복지국가 축소를 둘러싼 담론들도 별로 유의미하지 않
   다. 세계화 변수들이 오늘날 진행되는 복지국가 재편에 영향을
   미친다는 결정적 증거는 빈약하다.

③ 복지국가 성장과 재편과정에서 탈산업화 명제가 유일한 설명변

수이다. 서비스부문(공공부문)의 확대 팽창과 재정적자 그리고
생산직 노동계급의 양적 축소가 복지국가 재편을 촉발하는 결정
적 요인이다.

탈산업화 현상은 복지정치에 두 가지 문제를 촉발한다. 하나는 노동
자와 사무직간 새로운 갈등(생산성이 높은 민간부문과 생산성이 낮은 공
공부문), 다른 하나는 실업률, 재정적자, 소득불평등 간의 새로운 균
형점을 찾아야 하는 정책적 딜레마이다. 이 세 가지 요인간의 균형점
찾기 과정에서 부딪히는 정책적 난제를 아이버슨과 렌은 '서비스경제
의 트라이레마'(trilemma of the service economy)로 부른다(Iversen and
Wren, 1998).

트라이레마(三者擇二의 딜레마)란 정책목표간의 서로 상충하는 모순
을 지칭한다. 경제성장을 통한 실업률 축소, 소득평등, 재정 건전화라
는 세 가지 목표를 동시에 만족시키지 못하는 상태에서 각국은 세 가
지 중 어느 한 가지를 희생시켜야 하는 불가피한 선택상황에 직면한다
는 뜻이다. 그 이유는 이렇다. 일자리 없는 성장 때문에 제조업은 일
자리를 더 창출하지 못한다. 그러므로, 실업률을 낮추려고 할 때는 서
비스부문의 확대에 기대를 걸어야 하는데, 여러 가지 시장규제가 작용
하는 상황에서 서비스부문의 확대는 결코 용이하지 않다. 시장규제를
완화하면 파트타임, 비정규직과 같은 불완전취업이 늘어나게 되고,
그것은 소득보전정책이 뒷받침되지 않는 한 소득불평등을 악화시킨
다. 저성장하에서의 소득분배정책은 다시 국가재정을 악화시키게 되
므로, 위 세 가지 목표 중 어떤 것을 희생시킬 것인가는 결국 정치적
선택에 따를 수밖에 없다. 그런데 최종선택에는 유권자들의 동의가 있
어야 한다.

정책선택은 생산부문 간, 계층 간 이해충돌을 촉발한다. 민간부문은
고생산성으로 창출한 경제적 성과를 생산성이 낮은 부문으로 이전하는

분배정책에 저항하게 되는데, 이것이 성장기 동안 다져진 복지이념으로부터 중산층의 이탈을 재촉하기도 한다. 임금노동을 통해 복지비용을 부담하는 취업자(인사이더)와 복지혜택을 수혜하는 실직자(아웃사이더)간의 갈등도 첨예하다. 복지동맹의 분열로 이어질 위험이 있는 이러한 이해충돌을 어떻게 중재할 것인가가 복지정치의 관건으로 부상한다. 복지정치는 에스핑-앤더슨이 분류한 유형에 따라 매우 달라진다. 여기서도 정당정치의 중요성이 부각되는 것이다. 우파강세 국가에서는 지위유지적 소득이전 정책(*status-preserving transfer payment*)을 선호하는 반면, 좌파강세 국가는 평등지향적 사회임금을 강화하고, 정부지원의 증대를 통한 저생산성부문의 보호정책을 선택한다. 그렇다고, 서비스경제의 트릴레마가 해결되는 것은 아니다.

각 유형의 국가들은 고용증대, 소득평등, 재정건전화라는 세 가지 목표를 동시에 달성하고자 하는데, 탈산업화가 거의 완료되는 현재의 상황에서 이 세 가지를 동시에 충족시킨다는 것은 대체로 불가능하다는 사실이 바로 트릴레마이다. 말하자면, 이 세 가지 목표는 서로 충돌한다. 그래서, 각 유형의 복지정치 구조에 따라 정책적 선택이 달라진다.

미국과 영국은 시장경쟁을 통한 민간부문의 환경을 개선하여 긴축재정과 고용성장을 성취하는 쪽으로 정책적 방향을 선회하였다. 이들 국가들에서는 노동시장의 유연화를 통해 민간부문 서비스업의 활성화와 고용의 증가를 추구한 것이다. 그러나 이 전략은 저임금 근로자와 근로빈곤층을 양산한다는 점에서 소득불평등을 확대하는 결과를 낳는다. 물론 소득불평등은 공공부문의 사회서비스 창출을 통해 축소될 수 있지만, 공공부문의 고용증가는 작은 정부와 건전재정에 대한 강조로 인해 채택되지 않는다. 한편, 스칸디나비아 국가들은 노동시장을 유연화하여 고용증대를 도모하지만 소득불평등은 최소화된다. 이는 두 가지의 제도적 장치를 통해 가능한데, 우선 적극적 노동시장정책과 보편적 사회복지제도는 자기계발과 상향적 직업이동 그리고 생활의 보장을 가능케 한다. 또한 시장가격 이상의 임금지불과 공공부문의 사회서비스 영역 확대는 '괜찮은 일자리'의 창출을 가능케 한다. 그러나 이 전략은 공공부문의 근로자들에게 시장가격 이상의 임금을 지급한다는 점, 사회복지제도가 관대하다는 점 때문에 높은 조세부담을 전제로 하며, 그만큼 공공부문의 적자와 재정압박에 시달린다.

한편, 독일과 같은 대륙 유럽국가들은 시장의 불평등을 사회악으로 보는 가톨릭 사회주의의 전통과, 여성의 가정적 역할을 강조하는 보수주의 이념을 가지고 있다. 이는 남성가장 중심의 고용과 사회보장제도를 유지하게 하는 배경이 된다. 하지만 경직된 노동시장은 고용증가를 어렵게 하는데, 기업과 근로자의 기여에 의해 운영되는 관대한 사회보험은 노동비용을 상승시켜 고용의 증가를 더욱 힘들게 만든다. 또한 건전재정에 대한 강조는 공공부문의 확대를 통한 사회서비스 영역의 고용창출을 제약한다. 결국, 이 전략은 건전재정과 소득평등을 유지하게 하지만 균형실업률의 증가와 장기실업의 문제를 낳는다(Iversen and Wren, 1998).

4) 국내적 요인 : 여성노동, 고령화, 가족구조

복지국가 재편에 대한 세계화의 영향력이 과도평가 되었다고 믿는 연구자들은 국제적 요인보다 국내적 요인에 주목한다. 여성노동참가율의 증가, 고령화의 진전, 가족구조의 변화가 그것이다.

우선 여성노동의 규모확대는 후버와 스티븐스가 복지국가 재편연구에서 특히 관심을 두는 요인인데 이는 아동수당, 아동보호, 교육, 탁아소와 유치원, 의료혜택의 확대 등 공적 지원의 증대를 촉발한다. 더욱이, 여성노동이 연금과 의료비용의 급증을 유발한다면, 복지국가는 여성노동의 증대와 함께 급속한 재정적 압박에 직면한다는 것이다.

　OECD국가의 사회지출비 중 연금과 의료만 거의 3분의 2를 점하고, 연금만으로도 40%에 육박한다. 제 3장에서 보았듯이, 여성노동 참가율은 사민주의국가에서는 50%에서 75%로, 다른 유형의 국가에서는 45% 수준에서 65% 수준으로 늘어났다(부록의 〈표 5〉 참조). 여성노동은 사민주의국가의 경우 주로 공공부문에, 보수주의와 자유주의 유형에서는 민간 서비스부문에 집중되는 경향이 있는데, 다른 부문에 비해 근로조건이 열악하다. 그래서, 여성노동의 증가는 복지국가의 성장을 촉진한 주요한 요인이자, 긴축재정의 필요성에 직면한 오늘날에는 복지축소를 거부하는 힘으로 작용한다. 왜냐하면, 재정적자 위험에도 불구하고 여성노동은 여러 가지 복지혜택을 필요로 하기 때문이다. 후버와 스티븐스는 여성노동자들은 복지국가의 확대를 여전히 요구하는 복지동맹의 주요 구성원이라는 것이다.

　　취업여성자의 증가는 더 나은 복지서비스를 요구함으로써 복지국가
　　성장에 직접적 영향을 미쳤으며, 정부 내 복지옹호 집단들과의 상
　　호작용에 간접적 영향을 발휘했다(Huber and Stephens, 2001a: 5).

　취업여성은 재정적자와 효율성 저하에도 불구하고 복지국가 유지를 주장하는 옹호론자들과 정치적 지지세력을 형성하고 있다.

　둘째, 인구고령화 역시 복지국가 확대를 촉진한 또 다른 요인이자 축소와 삭감조치들을 어렵게 만드는 요인이다. OECD국가의 경우, 65세 이상의 고령층은 1960년 9.4%에서 1990년 13%로, 2000년은 14%로 늘었으며, 2035년까지는 약 23%에 달할 전망이다. 이는 사회지출비에서 고령층 지원관련 복지비가 급증했고 앞으로는 더 빠른 속도로 급증할 것임을 의미한다. 현재 베이비붐 세대의 기여로 지탱되는 고령층 복지는 앞으로 베이비붐 세대가 고령화되면 이들을 부양할 젊

은층의 부담은 더욱 증가할 것이다. 그런데, 고령층을 부양할 젊은층 인구가 점점 축소된다면 이것이 초래할 문제는 매우 심각하다. 인구추계에 따르면, 1960년과 1990년 사이에 3명의 젊은층이 1명의 고령인구를 부양했다면, 1990년과 2040년 사이에는 이 비율이 반으로 줄어들 것으로 예상된다. 이로 인한 급속한 재정압박을 줄이기 위해서라도 고령자복지의 축소가 필연적으로 제기된다(P. Pierson, 2001a: 93~96).

고령자 연령층의 증가는 연금과 의료분야에서 막대한 재정을 요한다. 스윙크는 복지국가 성장기에 고령자 인구의 1% 증가가 GDP 대비 사회지출비를 0.65%씩 증가시켰음을 밝혀냈다(Swank, 2001). OECD국가 전체로 보면, 연금지출은 2000년에서 2030년 사이에 평균 약 3.9% 증가할 예정이며, 의료비는 GDP 대비 1.7%가 더 늘어날 예정이다. 두 가지를 합하면 고령층의 증가에 따른 사회지출비 증가분은 GDP 대비 5.6% 정도에 달한다.

세수자원의 완만한 증가속도에 비하면 고령층확대에 따른 사회지출비의 급증은 그렇지 않아도 절박한 국가재정에 중대한 압박요인이 될 것임은 분명하다. 따라서, 재정파탄에 직면하기 전에 고령층에 제공되는 복지혜택을 삭감해야 한다는 주장이 설득력 있게 들리지만, 이것을 구체화할 정치적 수단이 궁색하고 그런 조치가 촉발할 정치적 리스크는 매우 커서 각국의 정부가 궁지에 몰리고 있다.

셋째, 가족구조의 변화이다. 이것은 여성노동확산에 따른 남성부양 가족모델의 비중축소, 출산율의 저하와 가족규모의 축소, 새로운 가족유형의 확산 등으로 표현된다. 이러한 변화는 너무나 급격해서 국가, 시장의 이분법에 근거한 과거의 복지국가정책의 유효성을 떨어뜨리고, 동시에 국가, 시장, 가족의 삼분법이라는 새로운 원리로 교체해야함을 의미한다(P. Pierson, 2001a: 98). 에스핑-앤더슨은 최근의 저서에서 가족(family)을 복지국가 형성의 새로운 변수로 설정해야 함을 역설하고 "'신'가족과 '구'복지국가 간의 원리적 부조응을 수정해야 한

다"고 주장한다(Esping-Andersen, 1999). 전통적 복지국가모델이 가
족 구조의 변형이 만들어내는 문제를 담아낼 수 없을 정도로 새로운
형태의 가족이 출현하였고 확산일로에 있다는 것이다.

피어슨은 새로운 복지수요와 문제점을 네 가지로 요약한다(P. Pierson,
2001a: 80~106).

① 가족 지원정책의 다양화와 그에 따른 비용증대이다. 여성노동의
급증은 여러 가지 형태의 가족지원정책을 필요로 하기에 그만큼
많은 비용이 소요된다. 1995년에 사민주의국가들은 GDP의 3%
를 여성보호자가 없는 경우 지원되는 고령층보호와 장애자복지
에 할애했다. 공공복지시설이 부족할 경우 민간부문을 활용할
수밖에 없는데, 아동과 고령자보호에 지불한 비용에 세금공제나
이전지불과 같은 방식을 통하여 복지서비스를 제공한다.

② 출산율 저하의 문제는 앞에서 고찰한 바 있는 고령자 대비 부양
인구의 부담증가를 의미한다. 고령자를 부양하고 복지비용을 부
담할 젊은층이 감소하는 것이다.

③ 편부모가족(single-parent family)이 늘어난다는 점이다. 이것은 이
혼율의 증가 내지 동거부부의 증가에서 비롯되는데, 통계에 의하
면, 이혼율은 1960년 4.1%에서 1986년 10.8%로 늘어났고, 동
거 인구는 5.4%에서 21.4%로 각각 늘었다. 편부모가족은 대체
로 편모가족일 경우가 많은데, 이들은 주로 빈곤층의 주요 대상
집단이다. 이들을 대상으로 한 복지프로그램은 그동안 꾸준히 늘
어났고, 따라서 사회지출비에서 차지하는 비중도 늘었다.

④ 가족규모의 축소이다. 평균가구원수는 1960년 3.3명에서 1980년

대 말 2.6명으로 줄어들었다. 축소된 가족은 복지수요를 낮춰주는 전통적 보호임무를 수행할 능력이 한층 낮다고 보는 것이 일반적이다. 그렇다면, 가족이 담당할 복지수요가 대부분 국가로 전가된다면, 사회지출비의 증가세는 완화되지 않는다. 가족구조의 분절, 규모축소, 내적 구조의 변화 등은 결국 복지국가의 역할증대가 여전히 필요하며, 사회지출비의 삭감조치를 거부하는 목소리를 강화해줄 전망이다.

2. 복지정치의 구조

세계화가 미치는 변동력이 동일한 성격의 것일지라도 그에 대한 각국의 대응전략은 매우 다양하다. 세계화에 대응하여 복지국가가 수렴현상을 보인다는 세계화론자들의 주장은 경험적 현실과는 거리가 멀다. 오히려 수렴이 아니라 다양성이 보다 일반적이다. 그렇게 되는 이유는 바로 복지정치(*welfare politics*) 때문이다. 복지정치는 긴축이나 축소의 필요성에 당면한 국가가 복지제도의 기본골격을 바꾸거나 아니면 재정적자에도 불구하고 기존원리를 그대로 유지, 발전시키려는 정치전략을 지칭한다.

모든 국가는 세계화의 외압에 노출되어 있다. 그러나, 복지제도를 재편하는 방식은 앞에서 살펴본 국내적 요인과 정치제도의 특성에 의해 달라진다. 복지정치의 개념을 발전시킨 피어슨은 축소와 감축의 필요성에 당면한 국가라 할지라도 여론, 복지동맹의 지지, 거부권, 정치적 지지시장의 변화 등에 의해 정부의 시도가 심각하게 제약받아 실제로 도달하는 결과는 원래의 위치에서 그다지 멀지 않은 지점이라고 주장한다. 다시 말해, 영국과 뉴질랜드를 제외하고는 축소의 결과가 그렇게 현격하지는 않다는 것이다. 그렇게 보면, 세계화론자들이 당연시하는 축소의 필요성과 실질적 성과는 과장되었다(P. Pierson, 2001b: 419).

흥미로운 점은 복지국가의 축소정치(*politics of retrenchment*)는 확장정치(*politics of expansion*)와는 많은 점에서 다르다는 사실이다. 복지국가의 황금기를 설명하는 많은 요인들과 변수들은 복지국가의 축소를 설명하는 데에 한계가 있다. 그것은 성장과 축소의 경로가 다르기 때문이고, 축소의 필요성을 제기하는 쟁점과 문제들은 성장과는 전혀 다른 차원의 것들이기 때문이다. 예를 들어, 복지국가 성장에 결정적 역

할을 수행했던 노조는 축소의 시대에 별다른 영향력을 행사하지 못한
다. 세계화 과정이 노동조합을 충분히 약화시켰다고 해서 복지국가의
축소가 자동적으로 일어나는 것은 아니다. 노조가 약화되고 큰폭의 축
소가 실제로 일어난 영국이 있는 반면, 노조의 세력이 변하지 않았음
에도 축소가 진전된 뉴질랜드나 호주와 같은 나라도 존재한다. 캐나다
는 노조의 세력화 수준과는 관계없이 연금과 의료보장에 있어 자유주
의유형에서 사민주의적 특성을 보강한 국가이다.

　한편, 대통령제는 내각제보다 복지국가 성장을 더 촉진하는 요인으
로 간주된다. 내각제는 성장정책의 결정과 시행이 느린 반면, 대통령
제는 권력집중을 통해 빠른 속도로 큰폭의 성장정책을 추진할 수 있
다. 그렇다고, 미국과 같은 대통령제가 영국의 내각제보다 복지축소
를 더 효율적으로 수행할 수 있는 것은 아니다. 미국의 대통령은 의회
의 견제를 받는 반면, 영국은 내각에 권력이 집중되어 있다. 성장정책
은 ‘신용을 쌓는 정치’이지만, 축소는 ‘비난을 피하는 정치’이다.

　비난을 피하는 방법은 여럿이다. 정책의 목적과 본질을 호도하는 것
(obfuscation), 이익집단을 분리하는 것(division), 손실을 입는 집단에
보상을 제공하는 것(compensation)이 그것인데, 이런 전략에는 항상
위험이 따른다(P. Pierson, 1994: 19~24). 정치인들이 비난을 피하려
는 것은 차기선거에서 낙선될 위험을 줄이려는 데에 목적이 있다. 그
러므로, 축소정치에서는 권력집중도와 책임성 간의 비중을 가늠해야
한다. 정치체제의 유형과는 상관없이 책임성이 권력집중에 우선하는
체제에서는 축소의 정치가 큰폭으로 이루어지기 어려운 이유이다. 피
어슨은 복지축소의 정치에 대하여 이렇게 서술한다. “축소정치는 확대
정치와는 전혀 다른 성격을 갖는다. 정치적 적수들은 자신들의 정책적
능력에 대한 대중적 호응을 얻기 위해 상대방을 비방하는 데에 혈안이
되어 있다”(P. Pierson, 1994: 19). 그래서, 축소의 정치는 복합적, 다
면적 과정이다.

앞에서 고찰한 많은 연구자들이 복지축소를 초래하는 여러 가지 세계화 요인들을 주의 깊게 분석하면서도 결국 국내정치의 특성에 주목해야한다고 했던 것은 이런 이유에서이다. "복지국가에 미치는 세계화의 영향력은 정치제도에 의해 변형된다"는 것이 몇몇 주요 연구자들의 공통적 주장이다. 예를 들면, 무역과 자본이동의 영향력을 분석하는 스윙크는 재정적자를 위시하여 경제적, 정치적 세계화가 가하는 축소압력은 민주주의적 정치제도의 국가별 차이에 의해 좌우된다고 역설한다. 정치제도의 특성이란 구체적으로 이익대변의 구조, 정책결정의 조직체계, 복지국가의 제도적 설계이다. 이익대변의 구조는 조합주의의 다양한 변이를 지칭하고, 정책결정의 조직체계는 정책입안과 실행, 때로는 특정 정책을 거부하는 거부권의 소재 등을 지칭하는데, 정치체제가 연방제인지, 양원제인지, 아니면 대통령제인지에 따라 거부권의 소재와 강도가 달라진다.

복지국가의 제도적 특성은 최초의 설계가 어떤 것인가에 초점을 두는데, 축소정치는 최초의 설계에 지대한 영향을 받는다는 의미에서 피어슨이 강조하는 경로의존성(*path dependency*) 개념과 부합된다(Swank, 2001: 206~212). 로드, 후버와 스티븐스도 복지정치의 중요성을 강조하는 면에서 동일한 시각을 공유한다. 로드는 경쟁적 조합주의 개념을 제시하면서 기존의 조합주의적 행위자들이 사회적 합의를 통해 세계화의 외압을 나름대로 극복하는 것을 강조한다. 이때 사회적 합의는 바로 정치적 산물이다. 정당정치의 중요성이 여기에서 나온다. 후버와 스티븐스가 성장과 축소의 정치에서 지속적으로 유의미한 결정변수로 부각시킨 정당정치(좌파 및 우파정권의 구조)는 세계화의 압력을 걸러내는 여과기제이자 적응기제이다.

복지정치는 이런 정치적 요인을 모두 고려한 포괄개념이다. 거시적 관점에서 복지정치는 세 가지 측면으로 조명된다(P. Pierson, 1996, 1994). 이 세 가지 측면은 (흔히 논의되는) '복지국가의 축소'가 결코 쉽지 않다는 것을 밝히는 데에 초점이 놓여 있다. 즉, 세계화의 충격이 복지정치를 거치면서 축소지향적 정책과는 다른 유형의 정책을 낳는다는 사실이다. 복지정치의 세 가지 측면은 여론과 선거정치, 제도적 집착성, 정책환류(policy feedback)이다.

첫째, 여론과 선거정치는 말 그대로 정부정책에 대한 대중적 지지를 획득하여 다음 선거에서 유리한 고지를 점령하려는 정치적 고려를 지칭한다. 대중들은 복지혜택을 원한다. 복지국가에 대한 긍정적 여론이 부정적 여론을 훨씬 상회한다. 스웨덴, 독일, 미국에서 연금, 의료, 교육지원 등을 받는 수혜자들은 어림잡아 유권자의 절반 정도에 해당한다면, 어려운 재정에도 불구하고 정치인들이 이들의 호응에 반하는 삭감조치를 하기는 매우 어렵다(Flora, 1989: 154). 더욱이, 대중들은 혜택보다 손실에 더욱 민감한 반응을 보인다는 것이다. 이것을 피어슨은 부정적 편향(negativity bias)으로 불렀다. 복지국가의 선거기반은 매우 넓고 축소시도에 대해서는 투표를 통해 정치적 처벌이 가해진다. 그래서 축소시도는 더욱 어렵다.

둘째, 제도적 집착성은 '경로 의존성'과 '거부권'(veto power)의 측면에서 조명된다. 경로의존성은 어떠한 제도적 개혁조치들도 최초의 설계와 제도적 연속성의 영향을 받는다는 것 그리고 다른 대안을 선택할 경우 비용을 증가시키고 현재의 경로를 벗어나는 출구를 막아버리는 경향을 지칭한다. 그래서 일단 도입된 제도들은 그 자체 지속성을 갖고 연속적 궤도를 거쳐나간다. 제도적 지속성이라고 해야 할 이런 관성 때문에 개인과 집단들은 그것이 차선책이라고 인식할지라도 다른 대안이나 '역코스'를 만들어내기 어렵다. 제도들은 시간이 갈수록 자체 보강(self-reinforcing)적 운동을 한다(North, 1990). 제도론자인 노스의 지적처럼, 처음 도입될 당시 잘 정비된 제도들은 단절적이 아니라 점진적 변동을 하는 이유이다.

피어슨은 경로의존성을 잠김효과(lock-in effect)로 설명한다. 제도가 일단 도입되면 개인과 집단은 그것에 적응하기 위해 많은 노력과 경비를 투여하고, 자신들의 행위를 그것에 맞춰나간다. 그렇기에, 그 제도에 역행하는 행위를 하기란 점점 더 어려워진다. 상호의존성이 높은 제도나 역사적으로 장기간 발전된 제도들이 특히 그러하다(P. Pierson, 1994: 45). 노스는 경로의존성이 강화되는 이유를 최초 설립 당시의 고정비용, 학습효과, 조정효과, 적응적 기대 등으로 설명한다. 개인과 집단은 이미 투자한 이런 비용을 여간해서는 포기하지 않는다. 그렇게 정착된 제도들은 안정적 발전을 보강하는 강력한 유인책을 생산해내는 것이다. 노스의 지적처럼, "상호연결된 제도망에 안주하면 매우 큰 보상을 선사받는다"(North, 1990: 95). 복지국가의 지속성 혹은 불가역성(*irreversability*)을 입증하는 설명이다.

셋째, 거부권은 새로운 정책도입을 거부하거나, 정치적으로 반향이 큰 개혁조치들을 거부하는 권한이다. 샤프와 체벨리스가 제시한 이 개념은 대체로 다수결주의를 따르는 정치적 게임규칙 속에서도 정책개혁을 저지하는 정치적 소수자의 권한이 실질적으로 행사된다는 점에 착안한 것이다(Scharpf, 1984; Tsebelis, 1995). 연방제, 강력한 사법부, 양원제, 찬반투표제도, 초과반수(*super-majorities*) 원칙, 연립정부와 정치적 동맹의 존재 등이 거부권의 소재와 행사기제를 설명한다.

각국의 정치제도는 각양각색의 거부권구조를 발전시켰다. 거부권이 다수이고 분산적이라면, 급진적 정책개혁은 거의 불가능하다. 마치 중앙집권제보다 지방분권제에서 개혁조치가 어려운 것처럼, 거부권이 도처에 존재하는 한 개혁조치를 단행하고자 하는 통치권자나 내각은 수많은 장애물에 부딪혀 좌절된다. 의료제도의 개혁을 단행하고자 했던 클린턴 대통령의 시도가 좌절된 것, NHS(*National Health Service*)에 내부시장(*internal market*)을 도입하면서 정부개입을 완화하고자 했던 대처수상의 노력이 절반의 성공으로 끝난 것도 거부권의 문제다. 피어슨, 로드, 스윙크, 후버와 스티븐스 등과 같이 제도론적 접근을

하는 연구자들은 거부권의 존재와 구조를 중시한다. 그러나, 거부권의 존재가 연구자들이 강조한 것만큼 실제적 결과에 많은 영향을 미치는 것은 아니라는 견해도 있다(Kitschelt, 2001: 302).

넷째, 정책환류의 문제는 정책이 배태한 이익집단의 영향력에 주목한다. "모든 새로운 정책은 새로운 정치를 창출한다"는 것인데, 제도도입은 그것을 옹호하는 집단들을 생성시켜 그것에 반대하는 집단들과 새로운 갈등관계를 형성한다. 정책은 곧 이익집단의 정치가 되는 것이다. 복지정책이 복합적 균열구조를 촉발한다는 것은 잘 알려진 사실이다. 그래서 복지정치에 있어서 인사이더와 아웃사이더, 수혜자와 배제된 집단, 납세자와 수혜자, 민간부문과 공공부문 간의 다중적 균열과 갈등을 조정하고 해결하는 것이 필요하다.

이익집단이 분열되어 있으면 개혁조치가 훨씬 용이해진다. 영국의 연금수혜자 대변집단은 분절적이고 발전수준이 미약했다. 그렇기에, 대처는 별다른 저항에 부딪히지 않고 연금개혁을 추진했다. 이에 반해, 미국의 연금수혜자 조직(AARP)은 매우 강력한 정치력을 발휘할 정도로 단합력이 컸기에 정부 주도의 연금개혁은 좌절되었다. 따라서, 정책개혁에는 이익집단과 시민운동단체의 압력을 고려해야 한다. 정책환류의 다른 요인은 정책시행에 따른 '사회적 학습'이다. 특정 정책은 시민들을 특정한 방향의 인식과정으로 유도한다. 스웨덴과 영국의 복지정책 연구에서 헬코가 지적한 것처럼, 일단 도입된 제도들은 시민들로 하여금 그 방향으로 사고하고 행동하도록 하는 인지확정(*cognitive framing*) 효과를 창출한다는 것이다(Helco, 1981). 정책의 복합성이 커질수록 정치인, 정책입안자들, 시민들은 기존에 학습한 인지확정으로 회귀하는 경향이 있다. 사회적 학습효과는 특히 새로운 제도를 도입하고자 할 때, 그것이 매우 소란스런 갈등과 이해충돌을 수반할 경우 더욱 위력을 발휘한다.

복지정치의 이런 측면에 주목하는 논자들은 결국 복지국가의 회복성(*resilience*)이 크다는 결론에 도달한다(Swank, 2001; Myles, 1998; Myles and P. Pierson, 2001; Kitschelt, 2001). 복지정치의 저항성 때문에 축소나 감축노력은 흔히 허사로 돌아간다. 기껏해야, 수혜자들이 눈치를 못 채거나 너그럽게 수용할 수 있는 정도의 점진적 개혁 조치들이 가능하다(P. Pierson, 2001a: 417). 그렇다면, 이런 형태의 복지정치가 이루어지는 상황에서 복지국가의 재편은 구체적으로 어떤 양상을 띠는가?

3. 복지국가 재편의 세 가지 유형

우리는 앞에서 세계화의 정치경제에 적응하기 위한 각국의 사회정
책은 대단히 다르게 나타난다는 사실을 확인하였다. 세계 국가들은 세
계화와 격화된 시장경쟁이 부가하는 압력에 대하여 서로 다른 방식으
로 대응한다. 로드릭의 지적대로라면, 국가는 세계화가 초래하는 취
업불안정과 소득불안정 그리고 계층간 경제적 불평등의 확대를 완화하
기 위해 큰 정부를 구축하려 할 것이다. 그러나, 로드릭의 명제가 반
드시 모든 국가의 기본원리로 수용되는 것은 아니다. 제1장에서 지적
하였듯이, 어떤 국가는 복지체제의 전면적 감축을 통하여 재정위기를
완화하고 임금생활자들로 하여금 시장경쟁에 나서도록 독려한다. 이
른바 신자유주의적 정책기조를 선택한 국가들은 복지제도의 축소가 성
장효율성을 가져올 것이라고 믿는다. 그러나, 복지제도는 경제적 침
체의 우려에도 불구하고 쉽사리 철회되거나 축소되는 성질의 것이 아
니다. 사민주의적 전통이 강한 국가에서는 복지제도의 경제성장 기여
도가 낮아진다고 해서 전면 축소의 전략을 택하지는 않았다. 다만, 앞
에서 지적하였듯이, 복지제도의 내부 수정을 통하여 적응력과 현실적
합성을 높이는 방향으로 사회정책을 재편하는 것이다.

한편, 1970년대 초반 이후 전세계적으로 발생한 '제3의 물결'에 속
하는 국가들, 즉, 민주화 이행을 겪은 국가들 역시 민주화와 세계화
라는 이중적 변동 속에서 사회정책을 큰폭으로 개혁하였다(송호근,
2001b). 남미의 경우는 복지정책의 민영화가 두드러지고, 스페인과
포르투갈은 '유럽화'의 경로를 걸었으며, 한국과 대만은 복지국가의
소폭확대 과정을 걸었다(Ku, 1997). 남미는 민주화가 일어나기 전에
이미 국가재정의 악화와 심각한 경제침체에 직면하였기에 부채에 허
덕이던 사회보험 재정을 부분적 내지 전면적으로 민영화함으로써 재

정난을 벗어나고자 하였다. 남미는 신자유주의적 원리가 심도 있게 적용된 사례이다. 스페인과 포르투갈, 그리스는 유럽의 영향을 받아 저발전된 복지국가를 선진화하는 데에 역점을 두었다. 방식은 다르지만, 한국과 대만처럼 민주화 과정에서 복지국가의 확대가 일어난 사례이다. 이 경우, 세계화의 외압이 복지국가의 확대를 둔화시키는 억제력으로 작용하기도 하였지만, 원래 남유럽국가들은 뒤처진 복지국가를 유럽의 평균 수준으로 끌어올려야 한다는 유럽화에의 국민적 공감대가 형성되었다는 점 그리고 한국과 대만은 경제발전 수준에 비해 뒤처진 복지제도의 격차를 메워야 한다는 시민사회의 요구를 민주정부가 수용하였다는 점이 이 지역의 복지국가의 확대성장을 설명한다.

OECD국가를 대상으로 한 연구에서 피어슨은 사회정책의 재편양식을 다음과 같은 세 가지 원리로 분류한다. 재상품화, 비용억제, 재조정이 그것이다(P. Pierson, 2001b: 419~431).

(1) 재상품화

에스핑-앤더슨의 '탈상품화'(*decommodification*) 개념은 임금생활자의 실질생활이 노동력 판매에 거의 의존하게 되는 자본주의적 시장경쟁의 법칙을 복지제도를 통하여 완화해주는 정도를 의미한다(Esping-Andersen, 1990: 21~22). 이에 따르면, 노동시장에서 결정되는 자신의 노동력 가격에 의존하지 않고 인간다운 생활을 누릴 수 있게 하는 것이 바로 복지제도인데, 보호의 정도에 따라 복지체제는 세 가지 유형으로 구분된다. 그런데, '재상품화'(*recommodification*)는 바로 탈상품화의 역과정이다. 즉, 노동자에게 제공되는 사회적 임금을 삭감하거나 수혜자격을 강화하여 노동력 가격에의 의존성을 높이는 것이 재상품화의 기본 원리이다. 노동자에게 제공되던 보호기제를 철회하여 시장경쟁에 노출시키는 것 그리고 기업가의 수요에 맞춰 노동력가격

을 결정하는 것을 의미한다. 미국의 가장 전통적 복지제도인 AFDC
를 취업 연계와 수혜기간 제한을 둔 TANF로 바꾼 클린턴 행정부의
조치와, 직업과 연계된 복지혜택을 대거 삭감한 중남미의 개혁조치가
그러한 사례에 속한다(송호근, 2001).

그러나 기업가들이 항상 복지제도에 반대하는 것은 아니라는 점에
주의를 요한다. 홀과 소스키스의 최근 연구가 강조하듯, 기업인들은
생산성 및 기술혁신에 도움이 되는 프로그램이나 취업안정과 근로의욕
향상을 촉진하는 프로그램들은 비록 기업인들의 비용부담을 증가시킨
다고 해도 유지되기를 희망한다는 것이다. 그러므로, 재상품화의 원
리가 어떤 프로그램에 어느 정도 적용되는가는 '다양한 자본주의'와 사
회보장의 교차점을 세밀히 관찰해야 정확한 파악이 가능하다.

(2) 비용억제 (*cost-containment*)

세계의 주요 국가들이 사회정책의 개혁을 추진한 것은 국가의 재정
적자를 줄이기 위한 것이다. 국가의 재정위기는 곧 국가경쟁력의 악화
를 낳고, 이는 다시 경제위기와 실업률상승, 물가인상, 실질소득하락
이라는 악순환으로 이어진다. 그러므로, 시장경쟁이 격화된 세계화의
추세 속에서 세계의 국가들은 국가재정을 압박하는 가장 중대한 요인
인 사회지출비를 축소하기 위한 전쟁을 수행하고 있다. 유럽국가들은
유럽통화연합(EMU)에 가입함으로써 재정적자를 GDP 3% 미만으로
축소하라는 EMU의 규정을 따라야할 의무를 안았으며, 남미국가들은
긴축정책과 민영화를 통하여 사회지출비를 대폭 줄였다. 미국이 1980
년대 세 차례의 법안개정을 단행한 것도 재정적자를 축소하려는 데에
목적이 있었다. 일본의 개호보험과 독일의 조세개혁이 재정적자를 줄
이려는 정치적 의도에서 추진되었음은 두말할 나위가 없다. 사회지출
비의 억제야말로 사회정책 개혁의 가장 중요한 이유이다.

복지국가의 황금기에는 누구도 사회지출비의 증가를 우려하지 않았음에 반해, 오늘날에는 모든 시민이 재정적자에 비상한 관심을 표명한다. 사회지출비의 수요는 폭증한 반면, 조세자원은 한정되어 있기 때문이다. 높은 사회지출비는 고율의 세금을 뜻한다. 시민들은 높은 복지혜택을 받고 싶어하면서도 고율의 세금을 내는 것을 꺼리는 경향이 있다. 조세저항은 복지국가의 성장에 상한선을 설정한다. 특히, 복지국가가 팽창하고 재정수요가 늘어날수록 조세자원은 중산층에 집중된다. 이 경우, 매우 너그럽고 보편적인 성격의 복지국가를 중산층이 더는 용인하지 않으려 한다면 복지국가의 축소조치가 불가피하게 된다. 복지국가의 축소를 원치 않는 심리와 고율의 세금에 대한 저항심리가 교차하는 것이 오늘날의 현실이다. 비용억제의 절박성을 복지국가의 성장을 둔화시키면서 대중적 인기가 별로 없는 프로그램들을 선별적으로 철회하도록 만든다.

(3) 재조정 (*recalibration*)

상황과 환경변화에 맞추어 복지제도의 내부 기제와 제도적 설계를 새롭게 수정하는 것을 의미한다. 여기에는 두 가지 유형이 존재한다. ① '합리화'(*rationalization*) : 복지제도의 본래의 취지와 목적을 달성하기 위하여 새로운 아이디어로 내부 수정을 기하는 것과 ② '최신화'(*updating*) : 가족구조, 생애주기, 노동시장구조, 인구구조의 변화에 맞추어 새로운 복지수요를 수용하고 사회의 전반적 변화에 부응하려는 것이 그것이다.

전자는 변화된 사회적 상황을 고려하여 제도적 효율성을 높이기 위한 여러 조치를 포함한다. 네덜란드의 장애인 프로그램, 프랑스와 이탈리아의 공공서비스연금 개혁, 스웨덴의 질병수당이 그러한 예이다. 스웨덴에서는 질병수당이 남용되어 무단결근자를 증가시켰다는 비판

여론이 비등했다. 사회적 리스크를 관리한다는 원래의 취지와는 어긋나게 결근자를 양산해서 생산성과 근로의욕을 저하시켰다는 비판이 확산되자, 스웨덴 정부는 자격요건을 바꾸고 근로감독 및 감시를 강화했다. 복지제도의 남용은 신자유주의자들의 비판의 표적이 된다. 사회지출비가 소기의 목적을 달성하기는커녕 부작용을 양산한다는 것이 그것이다. 해당 프로그램을 유지하면서 제도적 효율성을 높이려는 노력은 그런 비판을 의식한 정부의 대응이었다.

한편, 최신화는 사회변화에 따라 새롭게 발생하는 복지수요를 충족시키려는 조치들이다. 여성노동참가율이 증가함에 따라 성차별을 완화하려는 조치, 과거에는 배제되었던 집단에 대한 새로운 고려, 평균수명의 증가에 따른 고령자복지의 다양화, 의료기술 발전에 대응하는 의료보장 혜택의 확대와 새로운 규제가 여기에 포함된다. 연금의 부분적 민영화(호주), 고령자를 위한 장기요양보험의 신설(독일), 주부의 비임금노동에 대한 새로운 배려 등도 중요한 사례이다.

OECD국가들은 프로그램별로 이 세 가지 원리를 선택적으로 활용하면서도 어떤 원리에 비중을 둘 것인가는 역시 복지정치의 큰 틀 속에서 결정되었다. 어떤 원리를 중심적으로 설정하는가의 여부는 곧 복지정치에서 새로운 균열이 발생함을 의미한다. 정치적 행위자, 이익집단, 정부의 정책입안자, 각 부처의 이해관심을 조정할 수 있는 범위 내에서 각 프로그램들이 특정한 원리에 맞춰 개편과정을 겪었다.

대체로 보아서, 에스핑-앤더슨의 복지체제 유형이 이 세 가지 원리에 대응한다. '비용억제'는 모든 국가들이 가장 높은 비중을 두는 핵심항목이다. '재상품화'는 미국과 중남미 등 신자유주의적 정책기조를 채택하는 국가에서, '재조정'은 복지전통이 오랜 유럽국가들이 추진하는 개혁원리이다. 재조정을 다시 두 개의 하위유형으로 구분하면, '합리화'는 주로 복지제도의 효율성을 높이려는 데에 역점을 두는 스웨덴을

위시한 사민주의국가, '최신화'는 새로운 복지수요를 수용하고 공공복
지의 내실화를 기하려는 독일을 포함하여 중부 유럽의 개혁원리에 각
각 부합한다. 이러한 유형화를 제1장에서 제시한 복지제도의 확대,
재조정, 축소라는 세 유형과 다시 대비하면 〈표 4-1〉이 도출된다(송
호근, 2001). 이 표는 유럽 국가들과 세계의 복지국가 재편의 대체적
양상을 집약한다.

〈표 4-1〉 사회정책의 개혁유형 : 확대, 재조정, 축소

재편유형	국 가	기본원리	복지동맹	비 고
확 대	한 국	비용억제 **최신화** 점진적 조정	약 함	집권자의 의지로 추진
재조정	스웨덴 (사민주의국가)	비용억제 **합리화** 점진적 조정	대단히 강 함	중앙집권적 개 혁
	독 일, 이탈리아, 중부유럽	비용억제 **최신화**	강 함	노정합의
축 소	미국, 영국, 중남미	비용억제 **재상품화**	약 함	집권당/집권 자의 의지

출처: 피어슨의 유형별 분류 및 특징을 논지에 맞춰 수정했음(P. Pierson, 2001b: 455).

제2부

복지국가의 태동

한국의 복지제도와 복지정치
1987년~2005년

제 5 장

복지국가의 태동

문제의 제기

　한국은 1987년 민주화 이후 복지제도의 비약적 발전을 이룩했다. 아직 본격적 '복지국가'를 자처하기에는 부족한 상태이지만, 1998년을 고비로 사회지출비가 GDP 대비 10% 수준으로 상승하고 사회보험의 제도적 기반이 어느 정도 갖추어졌다는 사실은 일반 국민은 물론 사회과학자들의 관심을 촉발시키기에 충분하다. 더욱이, 한국의 복지발전이 세계화와 민주화의 이중적 긴장이 중첩된 기간에 이루어졌고, 글로벌 이코노미에 적응하려는 선진국들이 축소지향적 재편을 단행하는 추세 속에서 한국은 오히려 '소폭 확대'라는 코스를 선택했으며, 그것도 외환위기 사태 속에서 추진되었다는 점 등은 한국 복지제도의 성격규명과 관련하여 많은 시사점을 던져준다. 권위주의정권에 의해 지연되었던 복지제도가 낙후성을 벗고 성장궤도에 올랐다는 사실은 한국에서 '복지국가의 태동'을 논의할 수 있는 근거가 된다. 그러나, 1990년대 이후 현재까지의 복지제도 발전상이 복지국가의 태동을 논할 수 있을 만큼 충분한 것인가는 논자마다 견해가 다르다.

　사회보험이 전 국민을 대상으로 확대되었다는 것이 복지국가의 최소요건을 만족시킨다는 점을 들어 복지국가의 태동을 말할 수 있다는 입장으로부터(적극적 긍정), 그런 성장은 인정되지만 경제역량과 복지제도 간에 존재하는 큰 격차 때문에 여전히 부진하고 소극적 상태를 벗어나지 못했다는 견해(중간적 입장), 그리고 유럽의 복지제도에 비추면 한국의 복지수준은 복지국가를 논할 수 있는 상태가 아니라는 부정적 견해(적극적 부정)에 이르기까지 매우 다양하다.

우리는 위 세 가지 견해 중 중간적 입장을 취하고자 한다. 즉, 복지국가는 시동을 걸었다. 그러나 '복지국가의 탄생'이라고 할 이 현상을 여유 있게 바라볼 수 없다는 것이 문제다. 이를 적극적으로 긍정하기에는 아직 복지국가의 중요한 요건이 갖춰져 있지 않고, 무엇보다 그것을 견인할 비전과 전략 그리고 구체적 실행능력은 미약한 반면, 반복지 이념이 매우 강해 복지국가로의 발전이 이뤄지더라도 매우 더디게 진행될 것이라는 점 때문이다. 그렇다고 민주화 이후 십수 년 동안의 성장을 과소평가해서는 안 된다는 판단이다. 더욱이, 복지친화적 이념이 그다지 세력화되지 않은 상황에서 이 정도의 발전을 이뤘다는 사실 자체는 복지국가의 태동을 기대하도록 만든다.

우리는 한국이 적어도 제도적으로는 '복지국가'의 초기 단계에 진입했으며, 복지제도의 발전을 촉진할 수 있는 사회적 요인들이 과거에 비해 훨씬 늘어났다는 점에 주목하고자 한다. 말하자면, '본격적 복지국가'에 도달하기에는 많은 시간이 소요될 터이지만, 복지국가를 향한 시동은 이미 걸었다고 판단한다.

그렇다면 한국의 복지제도의 성격은 무엇인가? 유럽과 비교하여 발전궤도의 특성은 무엇이며, 향후 어떤 경로로 발전할 것인가?

1부에서 고찰한 '세계화와 복지국가의 재편'은 이런 질문을 풀어나가는 데에 유용한 이론적, 현실적 준거틀을 제공한다. 복지국가 재편의 세계적 동향이 한국의 복지제도에 던지는 함의는 무엇인가? 세계 국가들의 개혁조치는 한국의 복지정책의 발전에 어떤 함의를 갖는가? 한국

은 민주화와 세계화의 동시적 변동 속에서 복지제도를 어떻게 수정했
는가? 그 추동력은 무엇인가? 이런 질문들이 2부에서 규명하고자 하는
문제의식이다.

한국의 사회정책은 양적(사회지출비/GDP, 또는 정부의 복지예산),
질적으로(프로그램의 보편성과 포괄성/부담과 수혜) 발전했다. 그러나
발전의 방향, 원리, 결과, 복지이념과 제도의 성격을 둘러싸고 의견
이 분분한 상태이다. 지난 19년간의 성과에 대하여 학계의 평가가 엇
갈리는 이유도 이 때문이다. 사회정책이 확대되었음을 인정하면서도
그것의 본질은 신자유주의적 성격을 띤다는 견해와, 사회정책의 비중
이 높아진 김대중정권의 경우 경제적 구조조정의 성공을 위한 안전장
치에 불과하다는 혹평에 이르기까지 다양한 견해가 제기되었다(김연
명, 2002).

한국의 복지정책이 어떤 원리에 입각해 있는가, 또는 선진복지국가
와 비교하여 어떤 성격을 띠며, 어떤 상태에 도달해 있는가 등의 기본
적 질문에 답하기 어려운 이유는 이러하다. 우선, ① 복지국가를 구성
하는 정책영역이 수십 가지에 달해서 총체적 면모를 종합적으로 평가
할 측정도구가 아직 미흡하고, ② 정책수단의 실제효과가 서로 상반되
는 경우가 종종 있어서 개별영역의 관점에서 보면 평가가 달라질 수밖
에 없으며, ③ 보다 현실적 문제로서, 복지정책론자의 실제 전공이 여
러 정책영역 중 1~2개에 국한되기 때문에 총체적 평가를 내리기가 사
실상 어렵다는 점이 그것이다.

종합적 평가의 난점은 ─ 사실은 연구 부족 탓으로 돌려야할 ─ 한국
의 복지체제를 유형화하는 데에도 그대로 적용된다. 예를 들면, 현재
한국의 복지체제가 에스핑-앤더슨의 복지체제 분류에서 어디에 해당하
는지 또는 적어도 어떤 유형과 유사성을 공유하는지(Esping-Andersen
1990), 후버와 스티븐스가 제시한 최근 유형과는 어떻게 다른 것인지
를 가름할 정확한 기준과 지표가 아직 마련되지 못한 상태이다(Huber

110

and Stephens, 2001a). 유형화가 중요하다는 것이 아니라, 지난 19년 간의 발전과정에서 한국의 복지체제는 선진복지국가와 비교하여 어떤 특성을 갖게 되었으며, 세계화의 외압에도 불구하고 복지제도의 소폭 확대를 추진한 정치경제적, 사회적 배경과 실제 결과는 무엇인지, 복지정책의 결정요인, 새로운 복지수요를 수용하거나 비용절감을 위해 복지삭감을 추진하는 복지정치의 내부 기제, 주요 행위자 그리고 그 결과물로서의 복지제도의 구체적 양상은 어떠한가를 규명하는 것이 더 절실하다는 뜻이다.

세계화와 복지국가의 동향을 고찰한 1부의 목적이 바로 이것이다. 즉, '복지국가의 재편'이라는 세계적 추세와의 긴밀한 연관 속에서 한국의 복지정책의 구조변화와 그것을 추동한 복지정치의 내부 기제를 분석하려는 것이다.

굳이 구별하자면, 한국의 복지국가는 일종의 '혼합형'(*mixed regime*)에 해당한다. 사회보험의 기본설계는 '보수주의 복지국가'와 유사한데 그 혜택요건은 '임금생활자 복지국가'(*wage-earners' welfare state*)와 공통점이 많다. 또한 노동시장정책(사회복지서비스를 포함하여)과 공적부조(빈곤정책)는 '자유주의 복지체제'와 유사성을 공유하는 반면, 재정부담과 수혜기준은 '가톨릭 보수주의 복지체제'를 따른다. 한편 정책 입안자 내지 복지정책과 관련된 여론주도자 가운데는 사민주의적 성향이 강하게 표출된다. 다시 말해, 제도 설계, 수혜요건, 재정, 복지행정, 정책이념 등이 어떤 하나의 원리로 파악되지 않는 다중적 성격을 갖는다는 말이다.

에스핑-앤더슨은 이런 점 때문에 한국을 일본과 더불어 동아시아모델로 분류할 것을 제안하기도 했는데(Esping-Andersen, 1996), 동아시아모델은 경험적 실체로 뒷받침되지 않는 개념적 구성물일 뿐이다. 일본, 대만, 한국, 싱가포르, 홍콩 그리고 경제개방 이후의 중국 간에는 유교주의적 요소 외에는 이렇다할 만한 제도적 공통점을 발견할 수

없다는 것이 필자의 견해이다(Goodman, White and Kwon, 1998). 이
에 대해서는 이 책의 결론 부분에서 다룰 예정이다. 아무튼, 이것은
아직 가설적 견해이기에 충분한 검증을 거쳐야 하지만, 바로 그 때문
에 한국의 복지체제를 어떤 하나의 유형으로 특화하기에 많은 난점이
있다고 판단된다.

　민주화와 세계화의 이중적 전환을 거치면서 가족과 기업에의 의존
성을 낮추는 과정에서 한국의 복지체제는 대단히 복합적 성격을 갖게
되었다고 볼 수 있다(Song, 2003). 다시 말해 지난 19년간의 발전과
정은 선진복지국가들과의 제도적 공통성(보편성)의 증대와, 다른 한편
으로는 한국 특유의 제도적 관행(특수성)의 약화현상이 중첩된 것이
다. 이러한 혼합체제를 만들어낸 결정요인과 행위자들 간의 권력적 상
호작용(복지정치)은, 예를 들면, 조합주의적 정치에 기반을 둔 선진복
지국가와는 사뭇 다르다. 그것은 무엇인가? 한국의 복지체제/복지정
치는 세계 주요 국가들과 비교하여 어떤 공통점과 차이점을 보이는가?
차이점이 있다면, 그것은 한국의 '복지정치'의 결과인가, 아니면 복지
이념, 경제구조, 노동시장, 또는 제도적 관행의 편차 때문인가? '복지
정책의 정치경제학'(political economy of welfare policies)이라고 해야 할
이러한 질문들은 복합적 성격을 띠는 한국의 복지체제 특성분석에 있
어 반드시 규명되어야 한다.

　2부는 앞에서 고찰한 복지국가의 보편적 특성과 재편양상을 준거로
삼아 한국 복지제도의 특성을 분석하는 데에 초점이 있다. 이를 위해
서는 복지제도를 수정/개폐하는 요인들과 내부 기제(복지정치)에 대한
분석이 필요하고, 그것을 '복지국가의 재편'이라는 세계적 맥락 속에
위치시키는 것이 중요하다. 이런 관심으로부터 2부 연구의 세부 주제
들이 나온다. 그것은,

　첫째, 무엇이 변하였고, 그것은 어떤 변화인가? (6장),

둘째, 변화의 요인은 무엇인가? 보다 구체적으로 세계화와 민주화는 한국 복지제도의 변화와 어떤 관련을 가지는가?(7장), 또한 그 과정에서 복지정치의 구조는 어떻게 변화하였는가?(8장)

셋째, 한국의 복지제도는 각각 어떤 구체적 결과를 낳았는가? 변화된 복지제도가 어느 정도의 소득이전 효과를 가져왔으며 사회서비스 부문의 확대를 동반하는가(9장), 또 노동시장 영역에서는 어떤 결과를 초래했는가?(10장)

이러한 세부 주제들을 크게 세계화 맥락, 제도, 정치라는 세 가지 관점으로 묶어 고찰하면 다음과 같다.

주제 1. 맥락
세계화와 어떤 관련을 갖는가?

1987년 이후 복지정책은 민주화와 글로벌 이코노미(세계화)의 함수이다. 그런데, 사회보험(social insurance)은 주로 글로벌 이코노미와 그에 따른 구조조정전략의 변수이며, 복지서비스는 민주화가 주요 결정요인이라고 할 수 있다. 말하자면, 사회보험은 경제적 구조조정에 의해 초래되는 사회적, 경제적 위기를 관리해야 할 필요성이 개혁의 배경을 이루는데, 그렇다면, 복지정책의 발전은 경제성장, 위기관리의 전략에 의해 크게 좌우되었다는 뜻이 된다. 그것은 한국의 복지정책이 사회투자적 전략이 아니라 안전망적 전략에 치중했음을 시사한다. 한국의 복지정치는 성장전략과 세계화의 영향에 대한 대응전략의 함수이며, 경제구조조정을 원활하게 수행하는 첨병역할을 담당한 셈이다. 이런 가설적 관찰이 복지제도의 발전과 부합하는가?

'복지국가 위기론'과 '세계화'가 대두된 이래 복지국가가 어떤 형태로 재편되는가의 문제는 사회정책론자들의 핵심적 관심사였다. 그런데, 복지국가의 위기와 세계화가 '복지국가의 축소'를 낳는다는 신자유주의자들의 견해는 최근 연구들에 의하여 설득력을 잃고 있으며 (Rodrik 1997; Fligstein 1998; Huber and Stephens 2001b), 오히려 복지제도의 '확대'와 '현상유지적 조정'(rationalization)을 행하는 국가들이 다수 발견된다는 점은 이미 1부에서 확인한 바 있다. 즉, 복지국가의 재편양식에는 어떤 일관된 패턴이 존재하는 것이 아니며, 정치체제, 노동시장 구조, 여성의 경제참여, 인구변화, 경제구조, 제도적 전통 등에 따라 대단히 다양한 모습을 보인다. 세계 주요 국가들의 이러한 변화에 비추어 한국의 사회정책의 최근변화를 비교분석하고자 하는 이 연구는 한국이 '복지정책의 확대'라는 큰 흐름 속에서 '따라잡기'적 경로를 밟는다는 점을 강조하고자 한다. 특히, 1997년 이후 단기간에 집약적 발전을 이룬 것은 이른바 복지후진국(welfare laggard)의 위치에서 경제력과 소득규모에 적합한 복지수준으로 도약하고자 하는 '격차 좁히기'의 일환으로 해석하는 것이 적합하다고 판단한다.

그런데, 복지국가 재편에 관한 이런 관찰이 거시적 관점에서 '이해의 지도'를 제공하기는 하지만, 복지국가의 변화를 추동하는 세계의 공통적 요인들이 한국과 어떤 연관이 있으며, 어떤 독자적 원리하에 복지정책을 개혁하는지에 대해서는 본격적 규명작업이 필요하다. 즉, 복지국가의 재편이라는 세계적 추세 속에 한국 복지정책의 구조변화를 위치시키는 일이다. 이를 연구쟁점의 형태로 표현하면 다음과 같다.

① 세계화와 한국의 관련성 (Korean connection)
'복지국가의 재편'이라는 세계적 추세 속에서 한국의 사회정책의 변화를 어떻게 규정할 수 있는가? 한국은 세계화의 영향에 어떻게 대응하였는가? 복지국가 일반론에 비추어 한국의 복지제도가 함축하는 보편성과 특수성은 무엇인가?

114

② 결정요인

복지서비스, 공적 부조, 사회보험의 비중을 결정하는 요인들을 추출하여 각각의 요인이 제도변화에 어떤 영향을 미쳤는지를 분석할 필요가 있다. 결정요인들은,

- 노동시장적 요인(실업률, 여성의 경제참여)
- 인구집단 변동과 새로운 복지수요, 가족구조의 변화(이혼율, 편모가정의 비율)
- 경제성장지표(GNP성장률, 물가, 투자율)
- 그리고 정치적 요인(선거, 집권당의 지배수준, 지지율) 등이다.

③ 공통점과 차이점

세계적 차원에서 '복지국가의 재편'을 촉발하는 공통적 요인들이 발견된다면(Huber and Stephens, 2001b),[1] 그것들은 한국과 어떤 연관성을 갖는가? 1987년~2005년간 한국의 사회정책의 변화는 그러한 요인들에 어느 정도 영향을 받았는가, 아니면, 독자적 요인이 보다 현저한 것인가? 만약 그렇다면, 그 독자적 요인이란 무엇인가?

④ '따라잡기' 혹은 '위기관리국가'의 비교론적 특성

한국의 복지발전을 따라잡기 혹은 위기관리로 특징짓는다면, 그것은 '복지국가 재편'의 일반적 양상에 비추어 어떻게 평가할 수 있는가? 한국은 결국 어떤 유형과 합류할 것인가? 아니면, 독자적 발전경로를 걸을 것인가?

---

1) 후버와 스티븐스의 최근 연구는 이러한 연구의 전형을 보여준다(Huber and Stephens, 2001b). 그들은 1960년부터 1995년까지 각국의 거시적 지표와 정책지표를 통계화한 Comparative Welfare State Data Set을 토대로 복지국가 재편의 공통요인과 특성을 규명하였다. 이 책의 9장에서는 그들이 개발한 데이터에 한국의 지표를 첨가하여 분석할 예정이다.

⑤ 복지발전의 지속성 문제

한국은 최근에 보여준 복지제도의 발전 속도를 지속할 것인가? 아니면, 어느 정도 복지수요가 충족된 후 성장을 멈출 것인가? 'OECD 중위수준'으로 가기 위한 경로와 복지정치의 조건은 무엇인가? 한국의 복지정책의 과제는 무엇인가?

주제 2. 제도
복지제도와 정책의 구조변화 : 무엇이 변했는가?

1987년 이후 2005년까지 복지정책의 발전궤적에는 중요한 변화가 발견된다. 사회지출비가 2000년에 GDP 대비 10%선으로 증가했다가 이후 약간 감소했고, 기업복지의 감소와 정부비중의 증대, 1997년 이후 위험관리 프로그램의 비중 강화, 표적집단 복지서비스 강화, 빈곤정책의 골격과 원리변화 등이 그것이다. 그럼에도, 사회적 권리와 평등이념은 거의 변하지 않았고, 사회지출비의 증가가 복지이념과 제도의 대폭적 개혁을 수반한 것은 아니다. 사회보험을 중심으로 한 보편성은 증대했으나, 소득분배적 프로그램은 여전히 미약한 상태이다. 사회복지의 성격규명을 위하여 다음과 같은 쟁점들을 분석할 필요가 있다.

① 사회지출비 증가의 의미

사회지출비의 증가는 한국 복지정책의 '패러다임적 전환'인가, 또는 지속적 발전을 위한 결정적 계기(threshold)를 넘어선 것인가? 그런데, 2000년 이후 사회지출비의 하향세는 무엇을 의미하는가? 그것은 한국 복지체제의 어떤 성격을 말해주는가?

② 보편성의 증대와 '위기관리국가'

사회보험 중심의 정책 재편(확대)은 사회적 위기관리와 직결된다. 그것의 정책적 의도는 성장을 중시하는 신자유주의적 이념에 기초하는 가? 근로연계복지(*workfare*)적 성격을 띠는 노동시장정책은 사회보험의 확대와 어떤 관련을 갖는가?

③ 복지정책의 구성과 발전궤적

사회보험, 공적 부조, 복지서비스 프로그램의 연도별 발전궤적과 지출비 비중은 어떻게 변화하였나? 연금, 실업, 건강보험의 비중이 사회지출비의 80%를 차지하는 것은 여전히 잔여적, 자유주의적 복지국가의 범주에 속한다는 증거는 아닌가? 다시 말해, 패러다임적 변화의 요건을 충족시키지 못하는데, 그 이유는 무엇인가?

④ 정부 비중의 증대와 가족의존성 소폭 약화

공공복지가 증대한 대신, 기업복지와 가족의존성이 소폭 하락하였는데, 이것의 원인과 의미는 무엇인가?

⑤ 표적집단정책과 자유주의적 체제 특성

'국민기초생활보장법'은 김대중 정부가 추진한 대표적 빈곤정책인데, 그것은 영국, 미국의 빈곤정책과 어떤 유사성을 갖는가? 그것은 여전히 자유주의적 복지국가의 한계를 벗어나지 못했는가, 아니면, '제도적 복지국가'로의 발전가능성을 내재했는가?

⑥ 재정부담, 수혜기준, 제도운영의 원리

제도설계의 기본요소에 해당하는 이런 것들은 가톨릭 보수주의 복지체제와 공통점을 갖는다. 재정은 피고용자와 고용인이 절반씩 부담하며, 행정체계는 직종별로 분산적 구조이다. 그것은 평등이념에 어떻게 위배되고 합치하는가? 분산적 구조는 리스크 풀링 (*risk pooling*) 에 취약하고 계층간 이해갈등을 촉발한다. 국가는 이런 갈등을 어떻게 관리하는가?

⑦ 제도적 연속성의 문제

1987~2005년간의 발전은 1961년에 도입된 초기 제도의 원칙과 골격에 영향을 받고, 그 경계 내에서 작동하는 경우가 많다. 기존제도의 기본골격에 부가되는 형태로 발전한 이유가 그것이다. 특히 기업복지의 비중이 크고, 가족의존성이 강한 한국에서 제도적 전통의 영향력은 발전경로를 결정한다.

⑧ 복지정책의 특성분석과 유형화

'혼합체제'로 규정한 한국의 복지체제는 총체적으로 어떤 특성을 갖고, 어떤 원리에 입각해 있는가? 또한 그것은 유럽의 복지체제와 어떻게 다르고 향후 어떤 발전경로를 밟아 갈 것인가?

주제 3. 정치

누가 정책결정자인가? 복지정치는 어떻게 변했는가?

민주화는 정책결정과정을 시민사회에 개방한다. 1987년 이후 새로 도입된 개혁조치들 중 시민단체, 이익집단, 노동조합, 전문가단체 등의 참여에 의해 이뤄진 것이 다수 존재한다. 시민사회의 정책참여는 민주주의의 수준을 측정하는 지표이기도 하다. 민주화 초기에는 제한적 범위에서 시민사회운동단체의 참여가 허용되었으나, 민주주의의 공고화가 이루어지면서 복지정책의 결정주도권이 관료집단과 소수의 전문가와 지식인들로부터 시민사회로 이전되는 양상을 보이게끔 되었다.

그렇다면, 정책결정과정의 개방은 어떻게 이뤄지고, 그것의 구체적 양상은 무엇인가? 이와 더불어, 정책결정과정에서 이념적 친화성을 갖는 집단끼리 매우 친밀한 연결망을 형성하기도 한다. 연결망 구조는 정책사안에 따라 변화무쌍할 것인데, 대체로 정권의 이념적 성향과 정치적 지지 집단의 구성이 연결망 구조변화에 결정적 영향을 미칠 것이다. 거부권의 향방과 세력수준도 문제다. 거부권의 소재가 분산적인가 아니면 집중적인가, 거부권이 강한가 약한가에 따라 복지정책의 스펙트럼이 달라질 것이다. 이런 질문은 모두 복지정치(*welfare politics*)와 관련된 매우 중요한 쟁점들이다. 민주화 이후 한국의 복지정치는 어떻게 달라졌는가? 보다 구체적으로 살펴보면 다음과 같다.

① 복지정치의 성격

복지정치는 '견제/시혜'(노태우 정권) - '기본선 충족(소극적 정책)'(김영삼 정권) - '따라잡기/시민단체의 동원'(김대중 정권)으로 규정할 수 있다. 그것의 정치적, 제도적, 이념적 특징은 무엇인가? 한국의 복지정치를 분석하는 데에는 세 가지 요인이 중요한 것으로 보인다. 거부권(*veto point*)의 존재, 경로의존성(*path dependence*), 대중적 지지도(*popular support*)가 그것이다. 위의 세 단계에서 각 요인들은 복지정책의 개폐과정에 어떻게 작용했는가?

② 복지동맹의 구조

새로운 프로그램을 도입하거나 기존의 정책을 확대하는 과정에 개입하는 주요 행위자들은 어떤 제도적 규칙 아래 움직였으며, 그들의 집단적 이해를 관철시키는 방법과 한계는 무엇이었는가? 주요 행위자는 노조, 경제인단체(전경련), 시민단체, 전문가단체, 언론, 지식인, 집권당과 야당 그리고 대통령의 리더십이다. 이들의 행위를 관리하는 규칙은 무엇이었으며, 이들은 각각 어떤 이념을 표방했고, 이들 간의 동맹 및 적대관계가 어떻게 이루어졌는가?

　이 연구서가 2부에서 규명하고자 하는 문제는 지금까지 언급한 것들의 극히 일부분에 지나지 않는다는 점을 미리 밝혀두고자 한다. 이런 질문은 한국 사회복지의 성격규명과 향후 발전경로를 분석하는 데에 필수불가결한 것이지만, 많은 것들을 향후 과제로 미뤄둘 수밖에 없다. 다만 2부에서는 한국 사회복지의 전반적, 포괄적 성격을 규명하고, 몇 가지 주요 쟁점들을 파헤치는 데에 만족하려고 한다. 이를 위해 우선, 한국 사회복지의 변화양상과 성격규명으로부터 시작하자.

제 6 장

민주화 이후의 복지제도

1. 복지국가의 태동

　1987년 민주화 이후 한국의 복지제도는 질적, 양적 측면에서 큰폭
의 성장을 보였다. 분배론자 내지 복지옹호론자들의 기대를 충족시킬
정도는 아닐지라도 1987년 이전까지의 보잘것없었던 모습에 비추어
괄목할 만한 성장을 이루었다는 데에 이견이 없을 것이다. 그렇다고
한국이 유럽적 복지국가군에 합류했다는 뜻이 아니고, 복지후진국의
상태를 벗어난 정도에 불과하다고 보면 될 것이다. 이 정도의 발전상
을 '복지국가의 태동'으로 규정하는 것은 일종의 희망사고적 발상이
만, 권위주의시대에 지속되었던 반복지이념의 정당성이 퇴조되었고
복지를 중시하는 사회정책적 환경이 조성되었다는 점에서 과도한 평가
는 아닐 것이다.

　반복지적 이념에 강하게 지배했던 한국의 상황에서 민주화 이후 현
재까지 복지제도의 발전이 이 정도나마 이루어졌다는 사실은 매우 의
미가 크다. 정치적 관점에서 그것은 국가복지의 발전을 최대한 억제해

왔던 반복지적 지배이념이 약화되고 복지가 정치적 정당성의 중요한 원천으로 주목받기 시작했음을 의미한다. 경제성장을 위해서도 사회적 안전망이 필수적임을 국가와 시민사회가 인정하기에 이르렀다. 경제력에 비해 지극히 낮은 수준의 사회복지를 유지한 한국의 과거 상황을 고려할 때 국가복지에 관한 공적인식과 정책관심의 변화는 매우 중대하다.

사실상, 민주화 이후 복지문제는 전 국민의 관심이자 공공성과 대중성을 확보하고자 했던 사회운동의 주요 현안으로 부상했다. 해방 이후 한국의 현대사에서 '복지의 정치화'가 이렇게 활발하게 이루어진 적은 없었다. 집권세력도 국가복지의 정치적 의미를 활용하기 시작했으며, 시민운동단체도 복지문제를 쟁점정치(issue politics)의 중심에 위치시켰다. 직접선거를 치렀음에도 불구하고 군부정권의 속성을 이어받을 수밖에 없었던 노태우 정권이 집권 초기 최저임금제와 국민연금제를 재빨리 시행에 옮겼다는 것은 민선정부의 지지기반을 확대하려는 정치적 의도와 직결된다. 김영삼 정권이 1995년 국민복지구상안을 입안했던 것도 세계화에 대한 대응전략을 수립하였던 초기 국면에서 복지제도의 중요성을 인식했다는 증거다. 그것이 어느 정도 실행에 옮겨졌는가는 논외로 치더라도 세계화의 대응전략에 국가복지의 확대가 필수적이며 민주정부의 체제정당화에 기여한다는 정치적 판단이 작용했다는 것은 의심의 여지가 없다. '복지의 정치화' 또는 복지제도의 정치적 활용은 김대중 정권에서 가장 적극적으로 이뤄졌으며, '평등과 분배'를 국정목표로 설정한 노무현 정권 역시 국가복지의 확대를 통해 체제정당성을 높이려는 전략을 취했다.

그렇다면, 민주화 이후 복지제도의 발전을 어떻게 평가할 것인가? 복지제도의 확대는 어떤 성격을 갖고 있으며, 복지국가의 구축에 필수적인 복지정치의 틀은 만들어졌는가? 사회정책 담론의 중심부에 복지쟁점이 놓여 있는 것만은 분명한데, 복지정치의 공간을 통과하면서 어떻게 변화되거나 증폭되었는가? 한국의 복지제도의 발전은 복지선진국의 패턴과 어떻게 다른가? 이런 질문들이 이 장의 주요 관심사이다. 이 장에서는 1987년 이후 복지제도의 발전에 대한 종합적 고찰을 통하여 그 변화의 본질을 파악하려고 한다. 복지제도 중 무엇이 변하였고, 변화의 동인은 무엇인가? 또한, 그 결과적 특징은 무엇인가?

민주화 이후 이뤄진 복지제도의 비약적 발전이 복지국가의 태동을 알리는 증거라는 점을 지적했지만, 그것이 제도원리 자체를 바꾸는 시스템적 개혁, 혹은 한국 복지체제의 성격과 목표까지를 바꾸는 3차원적 변화에 해당하는 것은 아니라는 것이 이 글의 기본시각이다(홍경준, 2004; 송호근, 2001b).

복지재정의 골격이 변화되거나 공공복지의 민영화가 진행된다면 시스템적 개혁을 말할 수 있다. 그러나 기존 프로그램의 확대 내지 축소, 수혜자의 규모와 혜택의 크기를 조정하는 것 등은 제도적 경계를 벗어나지 않는다. 가령, 프로그램 수준에서의 변화는 존재하지만 정책의 목표와 그 달성을 위한 정책수단은 동일하게 유지되거나 정책목표는 변화하지 않지만 그 달성을 위해 새로운 정책수단이 도입되는 변화는 체제의 전환을 초래하는 변화로 평가할 수 없다.

제도적 경계 내에서의 이루어지는 이러한 조정이 바로 프로그램적 개혁인데, 민주화 이후 추진된 복지제도의 변화가 바로 그러했다. 최근에 논의되는 연금제도의 개혁도 급여액의 하향 조정, 기여금과 지급연령의 상향 조정에 한정된 것이어서 프로그램적 개혁에 속한다. 2000년 의사파업을 초래했던 의약분업 역시 건강보험의 골격을 변화시키지 않은 채 조제권을 약사에게 넘긴 조치에 불과하였기에 프로그램적 개혁이다. 노무현 정권에서 내놓는 각종 사회서비스들도 새로운 수요의 충족이라는 점에서 주목할 만하지만 여전히 취약계층을 표적집단으로 하는 사회복지서비스 중심이라는 점에서 정책목표의 변화를 발견하긴 어렵다.

　시스템적 개혁은 새로운 복지동맹의 형성과 그에 따른 복지정치의 획기적 변화를 필요로 한다. 민주화 이후 지금까지 양적, 질적 측면에서 이뤄진 복지제도의 발전은 그런 요건을 수반하지 않았다. 가장 빠른 속도로 복지제도가 확대된 김대중 정권하에서도 외환위기와 그에 따른 IMF의 개입 영향이라는 상황적 요인이 매우 중요했다. 이에 비해, '분배와 평등'을 남달리 강조하는 노무현 정권이 시스템적 개혁은 엄두를 못 내고 소폭의 프로그램적 개혁에만 주력해온 것은 설명을 요한다.[1] 아무튼 프로그램적 개혁의 구체적 내용과 성격은 무엇인가? 복지제도의 변화를 가져온 요인은 무엇이고, 그 결과 한국의 복지제도가 어떤 수준에 도달하였는가? 민주화 이후 한국의 복지제도가 밟아온 경로는 무엇이며, 어떤 유형적 특성을 띠게 되었는가 하는 종합적 성격의 질문에 대한 답을 모색하려 하는 것이 6장의 목적이다.

---

[1] 이는 복지정책결정 구조 때문인데, 이에 대한 실증적 논의는 8장에서 이루어질 것이다.

2. 복지제도 성장의 특징 : 점진주의 혹은 절반의 변화

유럽의 복지국가는 1950년대와 1960년대의 황금기를 거쳐 1970년대 말에 현재의 수준에 도달했다. '현재의 수준'이라고 하는 이유는 이후의 정치경제적 환경변화에 따라 유럽의 복지제도가 내부적 수정과정을 거쳤음에도 제도의 기본원리와 골격은 바뀌지 않았음을 강조하기 위함이다. 그렇기에 1980년대까지 복지국가의 발전양상을 종합적으로 고찰한 에스핑-앤더슨의 복지체제 유형론은 이 시점에서도 아직 유효하다고 말할 수 있다. 에스핑-앤더슨 자신도 여성들의 노동시장 참여와 가족구조의 변화를 포함하여 복지국가의 내부특성을 새롭게 조명한 1999년의 저서에서 이 점을 재차 확인한 바 있다(Esping-Andersen, 1999). 이 글에서 주목하고자 하는 바는 그의 유형론의 적합성 여부가 아니라 서구의 복지국가들로 하여금 서로 다른 발전경로를 선택하도록 만든 요인 그리고 1970년대 말 이후 현재까지 복지국가의 재편과정에서도 유형적 특성을 그대로 유지하게 된 요인에 관한 것이다.

복지체제(*welfare regime*)를 세 개의 유형으로 분화시키고, 이후의 재편과정이 체제의 경계를 벗어나지 않도록 만들었던 배경에는 제도의 초기설계와 연속성이라는 사실이 놓여 있다. 복지국가의 재편양상을 분석하는 여러 가지 논의 가운데 제도의 초기설계에 주목하는 제도론적 시각이 강조하는 요인은 제도의 연속성과 경로의존성이다(P. Pierson, 1994, 1996; Pierson and Skocpol, 2000).

제도론자들은 어떤 특기할 만한 정치경제적 사건에 의하여 복지국가의 폭발(*big bang*)이 일어날 수는 있지만 대체로 초기적 설계가 허용하는 경계 내에서 진화와 발전을 거듭하며 1980년대 이후의 축소과정조차도 경로의존성에 제약받는다는 점에 주목한다. 제도적 연속성 내지 초기설계의 제약이라는 관점은 1987년 이후 한국의 복지제도의

126

성장과 확대과정을 규명하는 데에 가장 우선적으로 고려되어야 한다는
것이 이 글의 주장이다. 제도론적 시각이 함축하는 이론적 유용성도
그렇거니와, 1987년 이후의 확대과정에서 1960년대에 기획되거나 이
후 정치적 목적으로 인해 새롭게 도입된 복지제도들의 기본설계를 넘
는 조치는 그다지 발견되지 않기 때문이다.

　복지동맹의 세력화가 어느 정도 이뤄졌다거나 복지담론이 공론화되
고 사회정책이 경제정책과 함께 국가운영 원리의 한 축을 이루기 시작
했다는 매우 고무적이고 획기적인 현상을 평가절하하려는 것은 아니
다. 또한, 한국에서 복지국가가 과연 태동한 것인가, 그렇다면 그것의
성격은 무엇인가를 두고 벌어진 활발한 논쟁들의 의미를 존중하지 않으
려는 것도 아니다(김연명, 2002).

　중요한 것은 1987년 민주화 이후에도 복지국가의 빅뱅이 일어날 조
건들이 여전히 형성되지 않았다는 점이다. 사회지출비가 늘고 '복지의
정치화'가 어느 정도 진전되었다는 사실이 복지국가의 폭증을 입증하지
않는다. 태동은 있었지만, 폭증은 아니다. 한국에서 민주화 기간 동안
복지제도는 '확대되었다.' 그것이 1987년 이전 변화량의 몇 배를 넘는
획기적인 것이라고 할지라도 '복지제도의 폭증'에 해당하는 것은 아니
며, 한국의 초기설계를 넘는 시스템적 개혁은 더욱 아니다. 말하자면,
그것은 제도가 허용하는 범위 내에서 수혜자 규모와 혜택의 확대가 일
어난 것이기에 초기적 설계의 진화과정에 해당하며, 다른 한편으로는
경제발전이 국가의 복지역량을 향상시킨 결과 일어난 필연적 현상이기
도 했다.

　경제수준의 관점에서 보면 1987년 이후 복지제도의 변화는 '따라잡
기적 확대과정'(expansionary catching-up)이며, 제도론적 관점에서 보
면 초기설계의 성숙과정이다. 그러므로, 외환위기 사태를 계기로 복
지제도의 비약적 발전이 있었다는 일부 학자들의 주장에도 불구하고
1987년 이후 복지제도의 변화는 점진주의적 확대로 규정할 수 있다.2)

점진주의(*incrementalism*)야말로 한국의 복지정치를 관통하는 가장 중요한 원리이다. 점진주의는 프로그램적 개혁을 통해 이뤄진다. 노태우 정권을 필두로 노무현 정권에 이르기까지 매우 활발하게 추진된 복지제도의 개혁은 초기설계를 성숙시키는 시도로서 점진주의적 방식을 취했다는 점에서 공통이다. 네 개 민주정부의 노력에도 불구하고 한국의 복지제도는 포괄성(수혜자의 규모)과 관대성(혜택의 정도)의 측면에서 아직 충분히 성숙되었다고 평가할 수 없으며 단지 포괄성, 관대성, 보편성을 높이는 프로그램적 개혁이 그 어느 때보다도 빠르게 추진되었다고 할 수 있다.

민주화 이후 추진된 복지개혁이 점진주의적 방식을 취했고 초기설계를 성숙시키는 프로그램적 개혁에 해당한다는 사실은 개혁정책의 내용을 집약한 〈표 6-1〉에서 확인된다. 사회복지를 사회보험, 사회서비스, 공공부조의 세 범주로 구분하여 각 정권에서 이뤄진 개혁 내용 중 특기할 만한 것을 열거하였다(부록의 〈표 6〉).[3] 여기에 각 정권이 지향했던 복지정치의 특성을 ① 제도적·이념적 특성과 ② 정치적 특성으로 구분하였다. 이 표를 기반으로 민주화 이후 19년 동안 복지개혁의 총체적 추세를 다음과 같이 몇 가지로 집약할 수 있다.

---

2) 비약적 발전을 주장한 연구자들의 예를 들면 김연명(2002), 성경륭(2001), 이혜경(2002) 등인데, 대부분의 연구자들도 정도의 차이는 있지만 대체로 '상당한 발전'이 있었음에는 동의한다.

3) 각 정권이 추진했던 복지개혁의 총괄 리스트는 부록의 〈표 6〉에 첨부하였다.

〈표 6-1〉 정권별 국가복지 개혁내용(1987~2005)

항 목		노태우 정권(1988~1992)	김영삼 정권(1993~1997)
정책개혁내용	사회보험	국민연금법 확대개정(1988) 건강보험확대(1988) 산재보험확대(1988) 직업안정 및 고용촉진법제정 (1989) 최저임금제(1988) 법정퇴직금도입(1989)	농어촌연금(1995) 급여수혜연장(1997) 산재확대(1996) 직업안정법제정(1994) 고용보험실시(1995) 근로자생활향상과 고용안정(1997) 퇴직보험(1997) '국민복지구상안'(1996) 사회복지기본법(1995)
	사회서비스	장애인, 고령자고용촉진법 (1990) 모자복지법제정(1989) 영육아보육법(1991) 노령수당, 장애인수당지급 (1991)	재가노인복지(1995) 경로우대(1997) 장애인보호시설(1997) 사회복지공동모금법(1997)
	공공부조	생활보호법 지속	생활보호법 지속 공공근로사업 제한적 확대 실업정책 제한적 시행
제도/이념 특성		비용억제 사회보험 중폭 확대	비용억제 사회보험 중폭 확대 국민복지구상안 마련
복지정치		견제와 포섭 (politics of inclusion)	국민기본선 (politics for basic needs)

항 목		김대중 정권 (1998~2002)	노무현 정권 (2003~현재)
정책개혁내용	사회보험	도시자영자연금 (1999) 건보 지역, 직장통합 (1998) 의약분업 (1999), 산재확대 (2000) 고용보험확대 (1998) 노동시장정책 (1998) 사회복지5개년발전계획 (1998)	연금개혁 논의중 건보혜택 확대 (2003~2005)
	사회서비스	모성보호법 (2001) 경로연금 (1998) 노인보건복지종합대책 (2002) 산전후휴가 (1999) 유급질병휴가 (2001) 가정폭력방지법 (1998) 모, 부자복지법 (1998) 장애인복지5개년계획 (1998) 장애인복지법개정 (1999) 부랑인·실직자를 위한 사회안전 망 확대	공공의료 확대 (2005) 건강가족기본법 (2003) 노인요양보험 (2005) 경로금 인상 (2005) 출산장려금 (2004) 여성복지정책 (2003~2005) 파산자구제 (2004) 영유아보육법개정 (2004) 장애인복지 5개년계획 (2003) 장애수당 확대, 노숙인상담보호센 터 (2003)
	공공부조	국민기초생활보장법 (2000) 실업정책, 공공 사업확대 소득지원	빈곤층 소득지원 청년실업, 장애인시설지원
제도/이념 특 성		'생산적 복지', 사회적 권리의식 확 산, 보편성강화, 사회안전망 가동	하층, 빈곤층지원 사회서비스 확대
복지정치		위기관리정치, 따라잡기 정치 (*politics of catching-up*)	분배정치 (*politics for distribution*)

출처: 《노동부백서》(각 연도), 《보건복지부백서》(각 연도), 노동부와 보건복지부 홈페
이지를 참고하여 작성함. 상세한 내용은 부록의 〈표 6〉을 참조.

1) 제한적 성장과 확대

가장 특징적인 것으로서 세 개의 범주로 구성된 사회복지의 양적 확대와 질적 성장이 이루어졌다는 점이다. 각 범주별 발전양상을 고찰하면 다음과 같다.

(1) 사회보험

우선, **사회보험**(*social insurance*)의 제도적 성숙을 지적할 수 있다. 국민연금법 확대(1988), 건강보험 확대(1988), 고용보험 도입(1995)을 계기로 제한적 성격의 사회보험이 비로소 제 모습을 갖추기 시작했다. '제 모습'을 갖추었다는 표현에는 의료와 연금이 군인, 공무원, 교사 등 공공부문에 한정되었던 복지제도가 일반 국민에게 확대 적용되고, 민간부문에서도 산재와 고용보험이 대기업에서 중소기업으로 확대되었음을 강조하는 의미가 들어있다. 다시 말해 4대보험의 도입완료와 전 국민 보험시대가 개막되었다는 뜻이다. 그런데 이것이 초기적 제도설계와 배치되는 것은 아니다. 군부가 1961년~1963년에 의료, 연금, 산재보험을 도입할 때 채택했던 수혜자 부담원칙과 운영원리는 가장 마지막으로 1995년 제정된 고용보험에까지 그대로 적용되었으며, 연금의 경우도 농어촌(1995년)과 도시지역자영자(1998)로 확대적용할 때 1962년 공무원연금법과 1963년 군인연금법의 기본 원리가 그대로 연장되었다.

연금과 의료는 직역과 부문에 따라 국가지원금, 급여액, 자격요건이 조금씩 다르다는 점은 주지하는 바이다. 그러나 보험재정이 고용주와 피고용자의 기여금으로 충당되고 국가는 행정비만을 부담하는 초기의 운영원칙, 즉, 소득원이 분명하고 안정적인 대기업부문을 우선적 수혜의 대상으로 확정하고 점차적으로 중소기업부문으로 확대한 재정안정의 원칙은 고용보험을 위시하여 이 기간 동안 취해진 연금, 의료, 산재보험의 일련의 확대 조치들에 그대로 관철되었다. 따라서 민주화 이후 복지개혁은 사회보험의 완비단계에 해당하고 이는 1960년대에 이뤄진 초기적 제도설계를 '일단락한 것'으로 볼 수 있다. '일단락'이란 표현은 고용보험을 도입할 당시 정부가 강조한 '선진국형 복지제도의 완성'과는 사뭇 다른 의미를 함축한다.

(2) 사회서비스

사회서비스는 건강과 교육, 일련의 보호제공 활동들(*care-giving activities*)을 포함하는 서비스 영역으로 생산서비스나 유통서비스, 개인서비스와 함께 서비스산업의 영역을 구성한다. 하지만 한국의 경우 사회서비스는 주로 사회적 취약계층을 대상으로 하는 사회복지서비스 위주의 협소한 범주로 이해되었다.[4] 군부정권에서 사회서비스는 매우 제한적이어서 주로 자활지도사업과 문제집단의 갱생사업에 한정되었다. 장애인과 윤락여성이 주요 대상이었으며, 국가유공자와 같은 공로집단은 별도의 법률을 제정해 혜택을 주었다. 65세 이상 노인에 대한 경로금 지급도 중요한 사회서비스에 속한다. 그런데, 1987년 이전까지 사회서비스가 자활·갱생·경로사업에 국한되었다면, 1987년 이후에는 사회서비스의 수혜대상을 노인·여성·영유아 및 아동·장애인으로 확대했다는 점과, 혜택의 유형도 다양화하여 출산장려금과 같

---

4) '사회복지사업법'의 대상집단별 법률(2조)이 이러한 특성을 가진 한국 사회서비스의 대체적 내용이다. 생활보호법, 아동복지법, 노인복지법, 장애인복지법, 모자복지법, 영유아복지법, 윤락행위 등 방지법이 그것인데, 사회서비스의 대체적 윤곽을 알 수 있을 것이다. 그러나 유럽의 복지국가들은 사회서비스의 주요 표적집단이 중산층이며, 이들의 다양한 욕구를 충족시키기 위해 삶의 다양한 영역에서 보편적 사회서비스를 제공한다는 점에 주목할 필요가 있다.

132

은 현금지급 프로그램, 빈곤층과 저소득층을 대상으로 한 면세조치, 장애인을 위한 각종 시설 구축, 취약계층 고용의무화 조치 등을 활발하게 추진했다는 점이 특징적이다.

노태우, 김영삼 정권이 사회서비스에 별다른 노력을 보이지 않은 것에 비해, 김대중, 노무현 정권은 나름대로 각별한 관심을 보였다는 점이 대조적이다. 특히 노무현 정권에서는 사회적 취약계층으로 한정된 사회서비스의 표적집단을 중산층까지로 확대해야 한다는 인식이 확대되고 있다. 사실 사회서비스의 확충과 발전은 현 시점에서 한국사회에 제기되는 중요한 문제들을 풀어나가는 데 활용될 수 있다. 우선 한국의 산업구조에서 사회서비스산업의 비중이 매우 낮다는 점(독일의 45%, 미국의 40%, 스웨덴의 34% 수준)을 고려하면 사회서비스의 발전을 통한 일자리 창출전략은 현재 제기되는 고용문제를 해결하는 수단이 될 수 있다. 또한 사회서비스에 대한 욕구도 탈산업화와 탈가족화의 진전에 따라 급격하게 커지는 상황이다. 그러므로 현시점에서 사회서비스의 확충과 발전은 '괜찮은 일자리'를 확보하는 전략임과 동시에 사회복지를 확대하는 전략이며, 여성의 노동시장 참여를 촉진하는 전략이기도 하다. 그러나 사회서비스의 확충과 발전 필요성에 대한 노무현 정권의 이러한 인식이 구체적 정책수단이나 프로그램을 통해 구체화되는 과정을 살펴보면, 사회보장법의 한 부분으로서 그것이 입안되고(1963년) 제정될 때(1970년)의 내용과 목표를 넘어서는 것은 분명 아니라는 점을 알 수 있다. 아무튼 사회서비스를 보더라도 이 기간 동안 '국가복지의 획기적 발전'을 입증할 근거는 매우 미약하다.

(3) 공공부조

공공부조(public assistance)는 소득액 등의 경제적 능력이 특정수준 이하에 있는 사람들을 정부재정을 통해 보호하는 프로그램들을 지칭한다. 여기에는 통상적 빈곤층 지원프로그램 외에도 사회적 위기가 증폭되는 특정 시기에 한시적으로 시행되는 프로그램도 포함된다. 공공부조 역시 민주화 이전과 이후를 구분하는 어떤 뚜렷한 프로그램적 특징이 발견되는 것은 아니다. 생활보호법을 근간으로 한 절대빈곤층의 보호, 취약계층을 위한 공공사업, 빈곤층을 대상으로 한 면세점의 재조정 등이 민주화 이후에도 상시적, 일시적으로 시행되었다.

다만 김대중 정권에서 제정된 국민기초생활보장법(1999년)과 노동시장정책의 일환으로서 추진된 대규모의 실업자구제정책은 여러 가지 측면에서 특기할 만하다. 국민기초생활보장법은 연령과 인적자본의 특성에 따른 자격요건을 철폐하고 단지 소득과 자산을 기준으로 수혜집단을 정하였다는 점과, 최저생계비 개념을 도입하여 절대빈곤층에게 현금을 지급한다는 점은 빈곤정책의 패러다임적 전환을 이룰 정도의 의미를 갖기 때문이다(문진영, 1999; 박능후, 2001). 실업정책은 노동시장정책의 일환으로서 '적극적 노동시장 정책'(*active labor market policy*) 개념을 지향했고, 유례없이 막대한 재정이 투입되었다는 점이 민주화 이전 시기에는 볼 수 없었던 특징적 면모이다.

그러나 김대중 정권에서 제도적 기반을 갖추었던 적극적 의미의 실업정책이 이후에도 상시적으로 가동되는가는 의문이다. 실업률의 하락과 함께 실업문제가 사회적 관심을 덜 받게 되자 사회정책에서 차지하는 실업정책의 비중도 동시에 하락하였기 때문이다. 위기관리라는 복지제도의 중대한 기능이 정치적 의도에 의해 좌우되는 한국적 특성을 암시한다. 공공부조의 경우에도 사회서비스와 마찬가지로 정치적 계산이 강하게 작용한다고 한다면, 민주화 이후 발전과정을 '국가복지의 확대'로 규정해도 그것이 제도적으로 어느 정도 단단하게 정착하였는가의 문제를 남긴다.

2) 초기설계의 규정성

사회보험의 확대와 성숙, 사회서비스의 다양화, 노동시장정책의 본
격화 등에도 불구하고 초기설계의 경계를 벗어나는 개혁조치는 별로
발견되지 않는다. 말하자면, 이 시기의 복지개혁이 초기적 제도설계
가 허용하는 범위 내에서의 프로그램적 개혁에 해당한다는 이 글의 주
장을 입증한다. 수혜자 부담의 원칙과 재정안정의 원칙은 모든 조치들
을 관통하는 불변의 기준이었다. 몇 가지 벗어나는 것을 든다면 모두
김대중 정권 아래 시도된 것으로서 건보재정의 통합, 보험의 통합시
도, 국민기초생활보장법, 실업대책이 유일하다. 직역, 지역, 공교보
험으로 분리 운영되던 건보재정의 통합은 새로운 시도임에 틀림없다.
그런데 4대보험 통합은 서비스의 일원화와 행정비용의 절감을 위한 대
안으로 제안되었을 뿐 아직도 모색단계에 있다. 앞에서 지적하였듯이,
국민기초생활보장법은 국가가 제공하는 혜택을 시혜로부터 권리로 바
꾸는 인식전환을 꾀함과 동시에, 부양의무자의 유무와 관계없이 최저
생계비 이하의 소득자에게 자산조사를 바탕으로 일정액의 현금급여를
제공하고, 여기에 주거급여, 긴급급여를 비롯한 일곱 가지의 급여를
포함시켰다는 점에서 전통적 빈곤정책의 틀을 벗어났다는 평가를 받는
다(문진영, 1999; 박윤영, 2002).

한편, 실업대책은 김대중 정권이 정치적 명운을 걸고 추진했던 위기
관리전략이었다. 그것에는 IMF가 명했던 신자유주의적 기조의 경제
정책(예를 들면, 긴축재정, 고이자율, 기업도산, 정리해고)이 몰고 온
사회적 충격을 흡수해야 한다는 절박감도 작용했고, 고실업에 의한 사
회적 붕괴를 수습해야 할 정치적 당위성도 작용했다. 따라서 실행기제
를 갖추지 못한 고용보험에만 의존하기에는 해결해야 할 짐이 너무 벅
찼으므로 김대중 정권은 정치적으로 동원할 수 있는 가용한 수단을 총
체적으로 활용했다. 이것이 1998년~2000년에 실업정책에 소요된 비

용이 거의 보건복지부의 총예산을 넘을 정도로 커졌던 이유이며, '적극적 노동시장정책'과 같은 선진적 의미의 실업정책을 넘어서는 조치들이 선을 보였던 이유이기도 하다(송호근, 1999).

3) 비용억제

민주화 이후 복지개혁을 관통하는 하나의 원리가 존재했다. 비용억제(cost containment)가 그것인데, 이런 측면에서 보면 서구복지국가들이 1980년대 이후의 재편과정에서 가장 중시했던 원칙과도 부합한다(송호근, 2001b). 사회지출비를 최대한 억제하면서 동시에 정치적 필요성이 점차 증대하는 국가복지를 확대하는 길, 이 두 개의 목표는 상호 모순적이지만, 한국의 민주정부들은 수혜자 부담원칙과 재정안정원칙을 고수하면서 충돌가능성을 좁히려 했다. 수혜자의 기여금으로 충당되는 재정운영방식이므로 수혜자 확대는 곧 재정자원의 확대를 의미한다. 국가는 단지 운영비와 행정비를 충당하고, 프로그램에 따라서 국고보조금을 지급하는 것만으로 국가복지의 확대조치가 가능하다는 점은 초기 제도설계에 이미 내재되어 있었다.[5]

정부부담의 최소화 또는 비용억제는 복지확대가 이루어진 1990년대에 그대로 관철되었다. 복지재원을 정부, 사회보험, 민간부문으로 구분하여 전반적 추이를 관찰한 〈그림 6-1〉에 이런 사정이 명백하게 나타난다. 정부부담의 비중은 거의 변화가 없다가 1997년에 소폭 하락, 이후에 소폭 상승을 보여 전체적으로는 25% 선에서 안정세를 나타낸

---

[5] 이런 원칙은 김영삼 정권이 마련한 '국민복지구상안'에 천명되어 있다. 사후 복지와 소비형 복지가 아닌 '예방적 복지'와 '생산적 복지'를 지향한다는 목표 아래 네 개의 기본원칙이 제시되었는데, 최저수준의 보장, 소극적 노동시장정책, 자조와 수익자 부담원칙, 공동체 참여의 원칙이 그것이다.

136

다. 다시 말해, 복지확대에도 불구하고 정부부담의 비중은 늘리지 않고 사회보험과 민간부문으로 부담을 이전시키는 방식을 취한 것이다.

　사회보험의 확대과정에서 국가의 주요 관심은 혜택의 크기를 억제하는 것에 맞춰 있었다. 왜냐하면, 혜택의 규모를 늘리지 않는 한 전국민 보험시대라는 형식적 틀의 완성이 가능하기 때문이다. 혜택을 늘리려면 기여금 인상조치가 따라야 하는데 기여금을 준조세로 인식하는 국민들의 저항심리를 자극할 것이 명백하기에 정치적으로 매우 위험한 선택이다. '혜택의 동결'은 사회지출비의 억제와 국가복지의 확대라는 두 개의 상충된 목표를 달성하는 관건이다. 건강보험이 전 국민을 대상으로 확대되었어도 개인부담이 진료비의 51%에 달하는 낮은 수준의 보험이 될 수밖에 없는 사정이다. 전 국민 보험시대로 진입했음에도 물가인상을 감안한다면 혜택은 거의 1987년 이전 수준에서 동결된 형태의 조치였다(송호근, 2001a). 이것이 골격과 원칙의 변화를 수반하지 않은 프로그램적 개혁의 골자이다.

<그림 6-1> 복지재원별 비중의 변화(1990~2001)

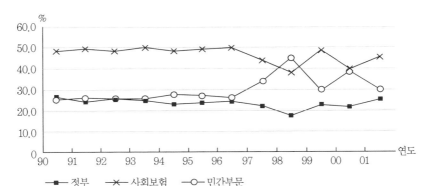

4) 복지의 정치화

민주주의는 '복지의 정치화'를 촉발한다. 앞에서 언급하였듯이, 1987년 이후 민주화 시기는 한국의 정치사에서 최초로 복지정책을 정치적으로 활용한 때였다. 집권세력을 위시하여 시민과 임금생활자들은 국가복지가 체제정당화와 체제안정에 매우 중대한 정치적 의미가 있음을 인식하게 되었다. 정치체제가 민주적 정당성을 중시하면 할수록, 그리하여 민주주의가 성숙하면 할수록 복지정치에의 의존성은 더욱 높아진다(Kitschelt et al., 1999).

민주화 초기의 민선정부였던 노태우 정권의 경우 체제 정당성의 쟁점은 노동계급의 도전을 효과적으로 포섭하는 일이었다. 연금·산재보험, 직업안정법, 최저임금제와 같이 노동자들의 이해에 직접적으로 관련 있는 개혁조치들이 대거 출현한 것은 민주화투쟁의 최전선에 서 있던 노동계급의 요구를 수용하려는 목적에서였다. 따라서, 노태우 정권의 복지정치는 '견제와 포섭', '당근과 채찍'을 동시에 구사하는 '포섭의 정치'(*politics of inclusion*)였다. 그러던 것이 김영삼 정권에서는 노동계급을 포함하여 임금생활자 일반에 적용되는 국민기본선의 충족이라는 목표로 이동한다. '국민기본선 충족을 위한 정치'(*politics of basic needs*)는 국민복지구상안에서 밝힌 최저수준의 보장이라는 보편적 원리와 부합한다.

이에 비해 김대중 정권의 복지정치는 '위기관리'에 초점을 맞출 수밖에 없었다. 사회적 재난으로 규정되었던 위기상황은 국가복지의 발전을 가로막았던 재정적 제약과 반복지세력의 거부권을 약화시키기에 충분했다. 위기관리정치의 절박성은 국가복지의 기반을 급속히 확대해야 한다는 필연성을 키웠는데, 경제발전의 수준에 비해 상대적으로 저발전된 국가복지의 '따라잡기' 또는 '격차 메우기'가 위기관리정치의 의도치 않은 결과로 얻어졌다는 것은 특기할 만하다. 김대중 정권에서

이뤄진 복지개혁은 1990년대에 일어난 변화량의 절반 이상을 차지할
정도로 크다.

　이와는 대조적으로 분배와 평등을 국정목표로 내세운 노무현 정권에
서 사회서비스 분야의 몇몇 개혁조치 외에 정권목표에 부합하는 복지
정책은 별로 눈에 띄지 않는다는 점은 이해되지 않는다. 아직 집권기
간이 남아 있기 때문에 평가하기가 시기상조인 감이 있으나, 〈표 6-
1〉에서 보듯 김대중 정권의 정책노선을 잇는 정도로 국민연금의 개혁
등 사회보험 분야에 요구되는 개혁조치는 거의 없고, 사회서비스 분야
에서만 몇 가지 미시적 정책메뉴가 제시될 뿐이다. 아무튼 김대중 정
권의 적극적 개혁과 노무현 정권의 소극적 대응을 합한 총체적 정책효
과는 IMF사태 이후 급증한 소득불평등을 소폭 하락시키는 데에 그쳤
다. 2005년 5월 통계청 발표에 의하면, 1990년대 말부터 한국사회의
소득불평등은 악화일로에 있으며 최근 더욱 격차가 벌어졌다는 것이
다. 국가복지가 평등구현의 핵심기제라고 한다면, 민주화시기에 추진
된 한국의 복지개혁은 급증하는 소득불평등을 억제하는 데에 별로 도
움이 되지 않았거나 도움이 되었어도 지극히 미미한 수준에 그쳤다.[6]

　아무튼 여기서의 초점은 복지정치가 ‘포섭의 정치’, ‘국민기본선의
충족’, ‘위기관리정치’, ‘분배정치’로 초점을 이동하였는데, 서로 다른
‘복지의 정치화’ 과정에서 프로그램들이 ‘부가적으로 덧붙여지는 형
태’(additional development)로 국가복지의 확대가 일어났다는 점이다.
마치 화폭의 빈 공간을 여러 색으로 채색해 메워나가듯, 각 정권의 정
치적 필요와 새롭게 부상한 복지수요를 충족시키는 정책적 시도의 결
과로 복지제도의 부가적 발전이 일어났다. 1990년대의 복지확대는 점
진주의적 발전(incremental development)의 결과다.

---

6) 복지정책의 소득불평등 완화효과는 나타나기는 하지만 매우 작다. 이 책의
　9장 참조.

3. 사회지출비로 본 제도적 특징

1) 사회지출비의 추세 : 유럽, 남미, 한국

〈그림 6-2〉는 1980년 이후 현재까지 GDP 대비 사회지출비의 평균
치의 추세를 그린 것이다. 유럽과 남미의 전반적 추세에 대비한 한국
의 발전궤적이 매우 선명하게 나타난다. 유럽의 복지선진국들은 1970
년대 말에 평균 17%선에 도달해서 1980년대에는 다소 정체되다가
1990년대에 들어서는 비교적 빠른 증가세를 보인다. 남미는 평균 6%
선에서 출발하여 1990년대 초반까지 증가세가 정체되다가 이후에는
상승세가 약간 빨라졌다.

반면, 한국은 1980년대 말까지 2~3%선에 머물다가 1990년대 초에
들어 겨우 3%선에 도달하고, 이후 김영삼 정권 말기인 1990년대 중반
부터 증가세가 다소 빨라진다. 1998년에는 사상 최고인 10.8%선에
도달하고 1999년에는 10%, 2000년 이후에는 8%선으로 약간 하락한

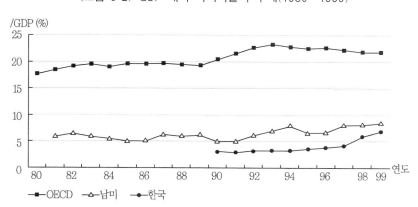

〈그림 6-2〉 GDP 대비 사회지출비 추세(1980~1999)

다.[7] 말하자면 앞에서 논의했던 국가복지의 확대는 GDP 대비 사회지출비가 5%선을 넘어 10%에 달하는 과정을 염두에 둔 것이다.

기업복지와 연복지(relation-based welfare)[8]가 중요한 역할을 했던 한국에서 사회지출비가 10%선을 넘어섰다는 사실은 국가복지의 확대를 논의할 수 있는 매우 중요한 증거이다. 그러나 남미에 비해 월등한 경제력을 배양한 한국의 사회지출비가 지금까지도 남미보다 훨씬 낮은 수준이었다는 점, 외환위기라는 역사상 초유의 위기사태를 경과하면서 겨우 남미와 격차를 좁혔다가 다시 벌어졌다는 점은 '복지국가의 확대'라는 해석에 다음과 같은 몇 가지 전제를 덧붙여야 함을 뜻한다.

① 한국의 복지제도는 기업복지와 연복지에의 의존도가 높고 국가복지의 수준은 매우 낮았으며, 권위주의체제에 의해 이런 상태가 오랫동안 지속되었다. 사회지출비가 4% 미만에서 10%선까지 상승했다는 것은 '확대'라기보다 복지제도의 조건을 비로소 갖추기 시작했다고 해석하는 것이 적합하다.

② 경제발전과 국가복지는 대체로 비례한다. 그러나 한국의 복지는 경제발전의 수준에 비해 현격하게 뒤처져 있다. 경제발전과 사회발전 수준을 동시에 고려하면, 한국의 GDP 대비 사회지출비 비율은 적어도 17%선이 적합하다(김철수, 2003).[9] 그렇다면,

7) 한국의 프로그램별 복지예산의 추이는 부록의 〈표 7〉 참조.
8) 연복지(緣福祉)는 가족을 비롯하여 연줄망으로 엮어진 공동체가 혈연, 지연 등을 매개로 제공하는 각종의 복지급여를 말한다. 이 개념에 대한 보다 상세한 논의는 홍경준(1999)을 참조.
9) OECD 국가를 포함한 중상위 소득국 78개 국을 대상으로 했을 때 한국의 복지지출비는 52위에 머물고, 경제수준과 사회수준을 감안할 때 기대지출(기대값)의 33%에 머문다는 것이다. OECD 국가 중에서는 실제지출이 30개 국 중 29위, 기대값의 28% 수준이다(김철수, 2003). 이는 국가복지

민주화 이후 복지제도의 확대는 적정 수준과의 '격차 메우기', 또
는 '따라잡기'에 해당한다.

　말하자면, 그것은 '복지제도의 조건을 비로소 갖추기 시작한' 형태의
확대이다. 왜 이렇게 해석하게 되는가? 한국의 국가복지는 경제력과
사회발전 수준을 감안한 기대치와 왜 현격한 격차를 보이는가? 그 이
유는 말할 것도 없이 기업복지와 연복지에 의존해 온 한국적 특수성과
그런 특성을 십분 활용한 권위주의체제의 복지정치에서 찾을 수 있다
(송호근, 1994, 1996; 홍경준, 1999). 복지총량에서 국가가 40%, 시
장이 50%, 가족이 10% 정도를 각각 차지한다면(신동면, 2001), 비
용절감을 목표로 하는 국가가 구태여 국가복지를 확대할 필요성은 작
아진다.[10] 또한, 이런 상태에서 국가복지가 확대되었다고 해도 시장
과 가족 부문이 위축되었다면, 국민에게 제공되는 복지총량은 변하지
않았거나 늘어나도 소폭에 그칠 가능성도 있다.[11]

　가 어느 정도 낙후되어 있는가를 입증한다. 그러나 국민이 실제로 누리는
　복지총량은 이와는 다를 것이다. 기업복지와 사복지가 여기에 더해져야 한
　다. 달리 말하면 '혼합복지체제'에서 기업복지와 사복지가 존재하기 때문에
　국가복지가 낮은 수준에 머문다고 봐야 한다.

10) 노인집단을 대상으로 할 때 공적 소득이전보다 사적 소득이전의 빈곤감소
　효과가 훨씬 크게 나타난다. 이는 공적 연금의 미성숙과 밀접한 관련을 가
　지지만, 어쨌든 현재까지는 연복지가 국가복지보다 더 큰 역할을 수행하는
　것을 뜻한다(홍경준, 2003).

11) 신동면의 연구에 따르면, 1990년에서 1997년간에 복지혼합의 총량에서 국
　가가 차지하는 비중은 36.9%에서 39.1%로 다소 증가하였고, 시장은
　34%에서 30%선으로 다소 축소, 기업은 12.2%에서 17.2%로 증가하였
　고(시장과 기업을 합해서 시장부문은 증가), 가족은 14%에서 11.7%로
　줄었다는 것이다. 여기서 '시장'은 민간보험과 기업을 포괄적으로 지칭한다
　(신동면, 2001).

2) 기업복지의 축소

기업은 국가와 함께 한국의 복지제도를 구성하는 중요한 행위자이다. 기업이 복지 주체로 등장하게 된 이유는 무엇보다도 기업을 '제2의 가정'으로 규정한 유교적, 가부장적 이념 탓이지만, 산업화를 위해 노동력을 동원하면서 노동자의 생활보호 기능을 기업에 전가시킨 권위주의체제의 통치양식에 더 근본적 원인이 있다. 국가주도 자본주의(*state-led capitalism*)의 개념을 적용하면, 기업을 지원하고 기업가를 양성하는 모든 역할을 국가가 담당한 대가로 종업원에 대한 복지기능을 기업이 담당하도록 역할분담을 제도화시켰다는 해석이 가능하다. 이른바 기업에 대한 국가의 지대추구행위(*rent-seeking behavior*)의 결과였다(송호근, 1994; 최균, 1992). 물론 국가의 이러한 지대추구행위가 가능했던 데에는 기업조직이 종업원들과의 거래과정에서 직면하게 되는 거래비용의 문제를 완화시키는 효율적 수단이었기 때문이기도 하다(홍경준, 1996). 특히 권위주의체제가 붕괴된 이후 민간부문의 자율성이 커진 1990년대에 기업이 차지하는 복지비중은 12%(1990년)에서 17%(1997년)로 늘어났는데, 이는 같은 기간에 37~39%를 차지했던 국가 다음으로 그 비중이 컸다. 같은 기간에 가족이 차지하는 비중은 12~14%에 달했다(신동면, 2001). 다시 말해, 민주화에 의해 정치경제적 조건이 변화하고 세계화에 따라 시장환경이 바뀐 1990년대에도 한국의 복지제도는 국가, 기업, 가족이라는 세 개의 범주로 구성되어 있었다.

여기서 주목할 것은 국가와 기업의 역할변화의 문제이다. 국가복지의 확대는 우선적으로 사회지출비의 증가로 나타난다. 〈그림 6-3〉은 사회지출비와 기업복지의 추세를 보여준다. 사회지출비는 GDP 대비 비율이고, 기업복지는 전체 노동비용에서 차지하는 비율을 법정복지와 비법정복지로 구분하였다. 법정복지는 기업이 의무적으로 납부하

는 사회보험비와 근로기준법에서 정하는 여러 가지의 급여(예 : 유급휴
가)를 합한 것이고(대체로 15가지가 있다), 비법정복지는 종업원들의
복리후생과 기업헌신도를 높이기 위해 기업이 임의로 지급하는 혜택으
로서 교통비, 식사비, 경조사비, 주택수당, 휴가시설 등 기업에 따라
서는 40~50가지 프로그램이 시행되고 있다(송호근, 1996). 몇 가지
변화를 요약하면 다음과 같다.

　① 사회지출비는 노태우 정권(1988~1993)과 김영삼 정권(1993~1997)
　　　에서는 느린 증가세를 나타내고, 다시 김대중 정권에서는 가파

<그림 6-3> 국가복지와 기업복지의 변화추세(1990~2002)

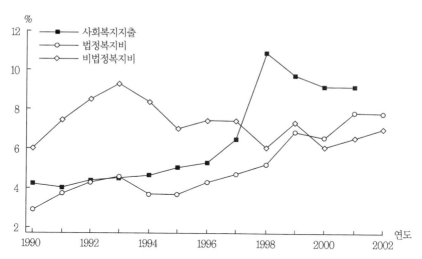

주 1)　사회복지 지출은 ① 노령현금급여 ② 장애현금급여 ③ 산업재해 및 직업병 급여
　　　④ 질병급여 ⑤ 노인과 장애인 복지 서비스 ⑥ 유족급여 ⑦ 가족현금급여 　⑧ 가족
　　　복지서비스 ⑨ 적극적 노동시장정책 ⑩ 실업급여 ⑪ 보건 ⑫ 주거급여 ⑬ 기타급여
　　　를 모두 더한 것의 GDP 대비임.
　 2)　법정복지비와 비법정복지비는 30인 이상 사업체의 전체 노동비용 대비임.

출처: 홍경준·송호근(2003).

144

른 증가세를 보여 2001년도에 10%선을 넘어선다. 이후 노무현 정권(2002~현재)에서는 다시 8%선으로 하락하였다. 전체적으로 보면 사회지출비는 1990년대를 통하여 빠른 증가세를 보였다고 할 수 있다.

② 기업복지를 두 가지로 구분하면, 우선 법정복지는 사회보험의 확대에 따라 늘어나게 되어 있다. 왜냐하면, 기업은 4대보험의 보험료를 납부해야 하기 때문이고, 그밖에 근로기준법이 정하는 법정복지비를 납부한다. 그러므로 증가추세는 사회지출비와 거의 동일한 양상을 보인다. 그러나 비법정복지는 다르다. 1993년을 정점으로 상승하다가 이후에는 완만한 하락세를 보인다.

기업의 법정복지는 상승하고 비법정복지는 하락하는 이 교차양상이 우리의 관심거리다. 기업은 법정복지가 늘어남에 따라 비법정복지, 즉 임의적 복지를 줄인 것이다. 비법정복지의 축소는 임의적으로 할 수 있는 것은 아니고 노동조합과 단체교섭 대상이다. 주지하다시피, 1988년부터 1993년까지는 노동자 대투쟁의 여파로 노동운동의 공세기간이었다. 이 기간 동안은 노동조합의 교섭력이 급증하였으므로 사회지출비의 확대와 더불어 비법정복지의 증가가 동시에 이루어졌다. 그러나, 1993년 이후부터는 사정이 달라진다. 말하자면, 기업은 법정복지비의 부담이 늘어나면서 지불능력의 한계에 직면하기 시작하였는데, 마침 세계화 담론과 함께 국제경쟁력의 문제가 사회적 쟁점으로 부상하자 기업의 교섭력이 다소 상승세를 타기 시작하였다.

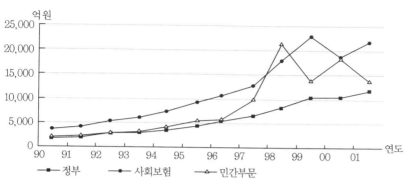

〈그림 6-4〉 복지재원별 비중의 변화(1990~2001)

부록의 〈표 8〉, 〈표 9〉 참조.

   1993년 이후 현재까지 비법정복지비가 지속적으로 하락한 것은 노
동비용의 축소를 통해 기업경쟁력을 높이려는 기업의 전략적 대응이었
다. 그러므로 '기업복지의 축소'는 엄격하게 말하면 비법정복지의 축소
이다. 비법정복지는 임의적 선별적 성격을 갖기에 임금생활자들 간의
소득불평등을 증대시킨다. 좋은 직장에 좋은 복지가 부가되는 것이 비
법정복지의 특성이므로 비법정복지의 축소는 기업복지의 선별성과 임
의성이 줄었음을 뜻한다. 이는 역으로 기업의 복지기능이 보편성을 높
이는 방향으로 변화하였음을 의미한다. 임의적, 선별적으로 지급하던
비법정복지를 줄이는 대신 사회보험비와 각종 법정복지에의 기여를 높
임으로써 기업복지의 공적 기능이 향상된 것이다. 절대액수를 단위로
복지비용을 재원별로 분류한 〈그림 6-4〉를 보면, 기업복지의 동향과
관련하여 두 가지의 흥미로운 점이 추론된다.

 ① 비법정복지의 축소에도 불구하고 기업의 복지비용 부담은 급격
    하게 늘어났다. 특히 1997년부터 시작된 급상승 곡선은 1999년
    에 한풀 꺾여 이후에는 완만한 하락세를 나타낸다. 이 3년 동안

무슨 일이 일어났는가? 그것은 말할 것도 없이 대량해고와 실직 사태에 의해서 퇴직금수요가 폭증했다는 점이다. 기업복지에 퇴직금이 포함됨으로 3년 동안의 급상승은 대량해고와 실직의 결과이다. 이후 실업률이 5%대로 내려앉은 2000년 이후에는 평상적 수요를 충당하는 것으로 반전되었다.

② 1990년대를 통틀어 현재까지 정부의 복지부담액은 민간기업에 비해 낮은 수준을 유지했다는 점이다. 정부의 복지부담액도 절대액수로는 상당히 늘어났다(〈그림 6-4〉에서 상대적 비율에는 변화가 없었다). 국가복지의 확대에 따라 운영비와 행정비, 지원액이 늘어난 까닭이다. 그러나 여전히 정부의 비용이 기업부문보다 낮다는 점은 무엇을 말하는가? 그것은 복지확대에도 불구하고 복지체제(*welfare regime*)는 변화하지 않았다는 사실, 다시 말해, 제도의 골격과 원리는 변화하지 않았다는 점이다. 이는 앞에서 주장한 바, 1990년대의 복지확대가 '시스템적 개혁'이 아닌 '프로그램적 개혁'임을 다시 한 번 입증해준다. 복지비용 재원별로 사회보험, 기업, 정부 순으로 이뤄진 한국의 복지체제는 1990년대의 복지개혁을 거치는 동안 그 규모가 증가했을 뿐 내부 원리는 변화하지 않았다.

3) 고용연계성의 강화

한국의 복지제도의 원리 중 매우 중요한 것은 자격요건이 고용여부에 의해 좌우되는 고용연계성(*employment-based entitlement*)이다. 이 기간의 복지확대는 고용연계성을 더욱 강화시키는 방향으로 추진되었다는 점에서 특징적이다. 고용, 연금, 의료보험 모두 임금소득이 분명한 공공부문과 대기업부문에서 시작하여 점차 소기업과 자영업으로 확대되었다는 것이 그것을 증명한다. 재정안정성이 최우선으로 고려되었기 때문인데, 전 국민으로 확대되는 기간에도 고용유형 즉 정규직과 비정규직을 가르는 구분선이 수혜자격을 결정하는 결과를 초래했다. 취업자의 50%에 근접하는 비정규직은 고용주로부터 4대보험은 물론 비법정복지 혜택을 받지 못한 채 배제되어 있다.[12] 그렇기 때문에 전 국민 보험시대의 개막에도 불구하고 사회보험비가 급증하지 않았으며, 기업이 부담하는 기여금 역시 급상승하지 않았다. 〈그림 6-5〉에서 보듯, 사회보험비와 기업복지비가 거의 같은 기울기로 상승하는 것은 그런 까닭이다.

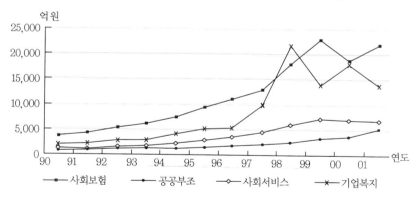

〈그림 6-5〉 기능별 복지비용의 증가추세(1990∼2001)

———

12) 비정규직의 규모가 어느 정도인가는 논쟁의 대상이다. 정부와 노동조합의 기준이 달라서인데, 노동조합은 취업자의 50% 정도, 노동부는 취업자의 29%를 비정규직으로 규정한다. 통계청의 2005년 5월 통계에 따르면, 임금근로자는 1,540만 1,000명, 상용근로자(정규직)는 797만 1,000명, 임시·일용근로자(비정규직)는 743만 명으로 비정규직이 임금근로자의 48.2%에 달하는 것으로 나타났다(통계청 자료실).

148

　고용연계적 복지체제는 취업자를 사회보장의 중심집단으로 설정하
는 반면, 비취업자 및 노동력 상실자와 같은 취약계층에 대한 보호의
수준은 지극히 낮다는 특징을 갖는다. 〈그림 6-5〉에서 보듯, 사회보
험과 기업복지비의 규모가 크고 상승세가 가파른 것과는 달리 사회서
비스와 공적 부조의 그것은 절대액수로도 매우 작고 지극히 완만한 증
가세를 보인다는 사실이 이를 입증한다. 취업하지 못한 자, 그래서 소
득원이 불분명한 집단은 사회보험의 주변집단이 되고, 여기에 미발전
된 사회서비스와 공공부조로 인하여 생계위협까지도 감수해야 할 처지
에 놓인다. 그래서 임금생활자 중심의 복지체제는 소득불평등 완화와
계층연대성 강화라는 복지국가의 중요한 목표를 달성하기에는 많은 한
계점이 있다.
　취업자 중심의 사회보험과 기업복지의 결합은 시장경쟁력 강화에
초점을 둔다는 점에서 에스핑-앤더슨이 말하는 자유주의적 복지체제
와 공통성을 갖는다. 하지만 자유주의적 복지체제에서는 여성의 노동
시장 참여가 활발하며, 이들을 중심으로 한 저임금 노동자들을 흡수할
수 있는 대규모의 민간 서비스산업이 발전해 있다는 점에서 한국과는
매우 다르다.
　한편 후버와 스티븐스는 뉴질랜드와 호주를 임금생활자 복지국가
유형으로 분류하는데, 고용연계성에 기반을 둔 한국의 복지제도가 더
욱 발전한다면 이 유형과 유사하게 될 것으로 예상할 수도 있겠다. 13)

---

13) 후버와 스티븐스는 임금생활자 복지국가 유형의 특성을 이렇게 요약한다
　　(Huber and Stephens, 2001b: 112). ① 사회보험이 임금결정체계와 연계
　　되어 있고 보험혜택이 부분적이다, ② 소득조사가 자격심사의 중요한 기준
　　인데, 수혜자격이 발생하는 소득상한선은 상대적으로 높다, ③ 소득이전
　　효과가 그다지 크지 않다, ④ 교육 외에 공적 사회서비스가 미약하고, 교
　　육과 건강 외에 공공기금으로 운영되는 보험이 없다, ⑤ 남성부양자 가족
　　유형을 강화하고, ⑥ 소극적 노동시장정책을 시행한다. 이 여섯 가지의 특
　　성은 정확히 한국의 복지제도와 부합한다. 한국에서 임금과 사회보험은 직

그러나 임금생활자 복지국가는 노동계급의 정치적 동원과 그에 기초한 좌파정당의 정치적 영향력이 크며, 노동시장에서의 성격 차가 상당히 작다는 특성을 가진다. 즉, 이들 국가들이 가지는 복지정치의 구조나 노동시장의 특성 등을 살펴보면 한국의 차별성은 유사성보다 더욱 크다. 이 점은 결론에서 논의할 것이다.

사회보험이 전국민을 대상으로 확대를 완료한 때는 산재보험이 1인 사업장까지 가입이 의무화된 2001년이었다. 국민연금은 1999년, 건강보험은 1988년, 고용보험은 1998년에 취업자 내지 모든 사업장에 자격이 확대되었다. 4대보험의 확대과정은 자격요건의 완화와 혜택의 소폭 상승을 동반하기에 양적, 질적 발전이 동시에 이루어졌다고 할 수 있다. 그러나 혜택의 확대가 그다지 획기적인 것은 아니어서 수혜자의 확대를 의미하는 양적 발전이 주축이었다.14) 그러나 국민연금은 다른 보험과는 대조적으로 급여의 임금대체율을 하향조정하고 수급개

접 연계되어 있다. 연금과 건강보험료는 임금의 3.9%, 2.1%를 각각 납부하는데, 연금은 기초연금과 소득비례연금으로 구성되어 연금지급액이 달라지고, 건강보험은 전액 무상이 아니라 절반 정도가 개인부담이며, 중병의 경우에는 개인부담액이 더욱 커진다. 혜택이 부분적이고, 고용보험 역시 마찬가지이다. 실업급여액은 실질생계비를 감당할 수 없을 정도로 작으며 9개월 정도 지속될 뿐이다. 한국은 교육 외에 보편적으로 시행되는 사회서비스는 거의 없는 편이며, 표적집단을 대상으로 제한적으로 제공되는 프로그램이 다수 개발되어 있다. 복지혜택의 공여대상은 취업한 가장(家長)을 상정하는 것이 보통이다. 여성취업률이 낮기 때문이기도 한데, 복지제도를 설계할 당시부터 남성부양자 가족모델을 상정하였다. 노동시장 정책 또한 김대중 정권 초기를 제외하고는 소극적임을 면치 못한다.

14) 질적 발전의 사례는 다음과 같다. 의료보험의 경우 진료권 제한제도를 폐지하고, 요양급여일을 270일에서 300일로 상향 조정했고, 급여제한기간 철폐, 산전진찰보험 확대 등이 이뤄졌다. 2005년에는 건강보험(의료보험이 개칭됨)의 수혜혜택이 더욱 늘어나 중증질환의 개인부담액을 현저하게 줄이는 조치들이 이뤄졌다. 한편, 고용보험은 실업급여 지급기간을 최장 210일에서 270일로, 지급기준을 최저임금의 70%에서 90%로 상향조정했다.

시연령을 연장하는 조정안이 마련되어 현재까지 논의중이다. 그러므로 2005년 시점에서 보면 사회보험의 양적 발전이 이뤄진 지 5년 정도가 경과한 셈인데, 4대 사회보험의 적용률을 제시한 〈표 6-2〉를 보면 프로그램별로 미가입자가 아직도 상당비율을 차지함을 알 수 있다. 건강보험의 적용률이 가장 높아 전국민이 실질적으로 혜택을 받고, 그 다음이 국민연금으로 약 75% 수준을 기록하며, 고용보험과 산재보험은 각각 50%와 70% 정도에 머무른다. 그것은 자격요건을 갖춘 사람일지라도 국민연금과 건강보험의 경우 보험료를 낼 수 없을 정도로 빈곤하거나 납부를 기피하는 사람이 다수 존재하기 때문이다. 1999년 도시지역주민과 5인 미만 사업장으로 국민연금을 확대할 때 의외의 저항이 발생한 것도 보험료율의 산정방식과 과다한 보험료에 대한 불만이 주원인이었다.

건강보험 역시 마찬가지이다. 도시 자영업자들의 건강보험료는 소유한 주택과 자동차의 가격을 기준으로 부과하기 때문에 월 최고액이 32만 원에 달하는 사람도 속출했다. 그래서, 건강보험의 징수율이 매우 낮아지고 보험료 납부기피자가 늘어나는 등의 문제가 정책집행의 난관으로 지적된다. 고용보험과 산재보험도 마찬가지이다. 영세기업의 사업주는 임금의 1%와 0.1%에 해당하는 보험료 납부를 매우 부담스러워 한다. 아무튼, 보험확대가 이뤄진 지 5년 정도의 시점에서 보면 아직 전 국민이 사회보험의 보호기제 속에 완전히 편입된 것은 아니다. 이런 의미에서 한국의 사회보험은 여전히 미편입집단을 채워나가는 성숙과정에 있다고 봐야 한다. 이 점에서도 한국의 사회보험이 고용연계성을 기반으로 하는 것을 확인할 수 있다.

〈표 6-2〉 사회보험의 대상자와 적용률 (2005년 5월 현재)

(천 명, %)

항목	국민연금[1]	건강보험	고용보험[2]	산재보험[2]
적용대상자	18세 이상 취업자 22, 956	총인구 48, 294	임금근로자 15, 401	임금근로자 15, 401
적용자 수 적용률	16, 903 73. 6	46, 000 96. 0	7, 759 50. 3	10, 697 69. 4

주 1) 군인연금을 제외한 공적 연금.
　　2) 비임금근로자(자영업자)를 제외한 임금근로자를 대상으로 함.
출처: 통계청 웹사이트, 국민연금공단, 국민건강보험관리공단 웹사이트.

4) 사각지대의 구조화

사회보험의 고용연계성이 강화된 반면, 고용의 불안정성은 더 커졌다. 사회보험 사각지대의 구조화는 이러한 흐름의 당연한 귀결이다. 사회보험에서 배제된 집단이 발생하는 이유는 배제되는 인구집단의 특성에 따라, 사회보험의 구체적인 제도영역에 따라, 또 사회보험이 뿌리내린 국가의 경제·사회·문화적 배경에 따라 상이하다. 하지만 이러한 다양성에도 불구하고 사회보장제도로부터 배제된 집단은 어느 정도의 유사한 특성을 공유한다. 주로 사회보험에 초점을 둔 여러 연구들(Bailey, 1997; Van Ginneke, 1999)에 따르면, 배제된 인구집단은 대부분 열악한 임금, 불안정한 고용상태에 처해 있다.

우선 사회보험의 적용배제는 '구조적 차원'의 원인 때문에 발생할 수 있다. 연금을 비롯한 대부분의 사회보험은 19세기 말 20세기 초에 유럽을 중심으로 발전했다. 노동시장에서 발생하는 각종의 사회적 위험을 분산시킴으로써 소득의 안정성을 꾀하는 수단으로 설계된 것이다. 이러한 과정에서 사회보험은 '정규직 남성근로자'를 표적집단으로 하게 된다. 이것은 이들이 사회적 위험에 노출된 절대다수였을 뿐 아니라, 타 집단에 비해 안정적 고용상태에 있기 때문에 보험료의 지속적 납입이 가능하며 보험료의 징수와 급여지급이 상대적으로 용이했기 때문이다. 따라서 사회보험은 상대적으로 고용상태가 불안정한 근로자와 여성근로자를 배제하기 쉬우며, 이 점이 바로 사회보험 적용배제의 구조적 원인이라고 할 수 있다.

두 번째로 사회보험의 적용배제는 '제도적 차원' 때문에 발생할 수 있다. 제도적 차원의 이유는 주로 사회보험의 확대전략과 관련되어 있다. 제도의 도입시기가 비교적 빨랐던 남미의 여러 국가들에서 적용배제의 문제가 상존하게 된 배경에는 이들 국가에서 택한 사회보험 확대전략이 있다(Mesa-Lago, 1978). 제도의 조기정착을 위해 쉽게 식별되고 관리하기 쉬운 군인이나 공무원집단을 가장 먼저 적용대상으로 하고, 자영자 집단 등을 가장 늦게 적용대상으로 함으로써 사각지대의 문제가 상존하게 된 것이다(박찬용 외, 2000). 제도의 운영과 관련된 행정능력의 부족이나 행정적 병목으로 인한 문제도 제도적 차원의 이유라고 볼 수 있다(최은희, 2002). 가입자를 식별하고 이들에게 보험료를 징수하고 급여를 지급하기 위해서는 상당한 정도의 행정능력이 필요하다. 그러한 능력이 갖추어지지 않은 채 사회보험의 적용범위를 전 국민으로 확대할 경우, 상당기간 동안 일부 집단의 배제는 지속될 수밖에 없다.

사회보험의 적용배제는 또한 개인적 차원의 원인과도 관련된다. 실직과 저소득과 같이 개인이 경험하는 경제적 불안정에 의한 기여능력의 결여나 고용주와 결탁한 기여회피, 개인적 근시안과 사회보험에 대한 불신과 같은 개인적 회피성향, 연복지와 같은 대체재(substitute goods)의 존재 때문에 발생할 수도 있다.

한국은 이와 같은 세 가지 차원의 사회보험 적용배제의 원인이 모두 존재한다. 우선, 사회보험이 가지는 태생적 구조적 한계는 불안정 고용의 증가와 노동시장에서의 성차별이라는 한국의 현실을 통해 더욱 중요해진다. 상당한 규모로 상존해 온 영세 자영업자와 1990년대 중반 이후 증가하기 시작한 임시·일용직 근로자는 외환위기를 거치면서 더 크게 증가하고, 이러한 경향은 노동시장의 유연화 전략에 따라 심화될 가능성이 높다. 노동시장에서의 여성차별 문제도 쉽사리 해소되기 어려운 현실임을 감안하면 구조적 차원의 적용배제 문제는 말 그대로 고착될 가능성이 높다.

'제도적 차원'의 적용배제 문제는 한국 사회보험의 발전과정에 내재되어 있었다. 광범위하게 존재하는 비공식부문과 성장위주 발전전략의 제약 안에서 사회보험 확대전략으로 선택할 수밖에 없었던 것은 남미의 여러 국가들이 취했던 방식이었다. 즉 행정능력이 미치는 공식부문의 안정된 여러 직종들을 우선 적용대상으로 하고 점차로 비공식부문으로 확대하는 것이었다. 이것은 모든 사회보험에서 공통적으로 활용된 전략이다. 가령, 적용확대가 가장 성공적으로 이루어진 건강(의료) 보험의 경우 500인 이상 사업장 근로자를 시작으로 해서 공무원 및 교직원 → 300인 이상 사업장 → 100인 이상 사업장 → 농어촌지역 → 도시지역 순으로 적용대상이 확대되었다. 연금보험과 고용보험, 산재보험과 이와 유사한 방식으로 적용대상 확대가 이루어졌지만, 사회보험 행정능력의 부족 때문에 제도적 차원의 적용배제가 계속 발생했다. 또한, 경제적 불안정에 따른 장기실업과 저소득의 문제가 외환위기 이후 심각하게 제기되었고, 소득계층의 양극화 현상이 점차 심화된다는 점을 생각하면, 기여능력의 결여에 따른 적용배제 문제도 지속될 가능성이 높다.

사회보장급여의 대체재인 연복지가 한국사회에서 상당한 규모로 존재한다는 점 또한 개인적 차원의 적용배제 요인이 쉽게 해소되지 않을 것임을 암시한다. 사회보험에서 적용배제의 문제가 발생하는 이유는 이처럼 다양하지만, 배제된 집단이 주로 어떤 특성을 가질 것인가는 쉽게 예측할 수 있다. 구조적 차원의 배제원인이나 제도적 차원의 원인, 혹은 개인적 차원의 원인들이 겹쳐져서 주로 여성, 비공식부문, 저소득계층, 불안정 고용계층과 관련되기 때문이다.

〈표 6-3〉은 적용대상 모집단의 각 특성별로 사회보험의 적용실태가 어떠한가를 분석한 결과이다(노대명 외, 2003). 적용대상 모집단은 건강보험이 가장 크며, 그 다음이 국민연금, 산재보험, 고용보험의 순서임을 알 수 있다. 또한 적용대상 모집단의 특성에 따른 사회보험의 가입률을 살펴보면, 사회보험에서 배제된 집단이 주로 취약계층임을 알 수 있다. 건강보험의 경우 적용대상 모집단의 99% 이상이 가입한 것으로 나타난다. 하지만 3개월 이상 건강보험료 체납으로 보험혜택이 중지된 가구가 152만 세대(2003년 6월 현재)에 달해 저소득층의 상당수는 실제로는 건강보험의 사각지대에 있다. 이러한 문제는 다른 사회보험의 적용실태를 분석할 경우에 더 뚜렷하고 심각하게 나타난다.

먼저 국민연금을 살펴보자. 제도의 체계상으로는 전 국민을 포괄한다는 국민연금은 직장가입과 지역가입의 구분 규정 및 가입은 되어 있지만 소득이 없는 기간 중 보험료의 납입을 유예받은 납부예외자 규정, 27세 미만의 무소득자, 국민연금에 보험료를 한 번도 낸 사실이 없는 자, 국민기초생활보장제도의 생계급여 수급자, 소득은 있지만 연금을 받는 퇴직공무원 및 퇴직군인 등을 포함하는 임의가입자 규정 때문에 실제적으로는 많은 규모의 인구집단이 배제되었다. 특히 직장가입과 지역가입의 구분에 따른 차별은 지역가입자의 기여회피를 유발하는 중요한 원인이기도 하다.

성별로 적용대상 모집단을 살펴보면, 남성 모집단의 경우는 71.75%가 국민연금에 가입했지만 여성은 그 절반을 조금 초과하는 37.61%만이 가입하여 적용배제의 구조적 요인이 존재함을 짐작할 수 있다. 교육수준별로 살펴보면 학력이 낮을수록 국민연금의 가입률이 낮다는 점을 알 수 있는데, 대졸 모집단의 국민연금 가입률과 중졸 이하 모집단의 국민연금 가입률 격차는 상당히 큰 편이다. 종사상의 지위를 고용형태별로 세분해서 살펴보면, 임금근로자 모집단 내부에서도 가입률의 편차는 매우 크다는 점을 알 수 있다. 상용직 근로자의 경우 가입률이 100%이지만, 임시직 근로자 모집단의 가입률은 그 절반에도 미치지 못하는 42.94%에 불과하다. 일용직의 경우 더 심해서 가입률이 28.46%에 불과하다. 자활 및 공공근로 참여자의 국민연금 가입률도 15.93%로 매우 낮은 실정이다.

비임금 근로자 모집단의 경우에도 세분해서 살펴보면 국민연금 가입률의 편차가 종사상의 지위에 따라 매우 크다. 특히 무급종사자 모집단의 경우 국민연금 가입률은 13.54%에 불과하여 일용직이나 자활 및 공공근로 근로자보다도 더 낮다. 직업별로 살펴보면, 사무직 모집단의 가입률이 87.19%로 가장 높고, 전문기술관리직 모집단과 기능직 모집단의 가입률이 각각 78.79%, 73.91%로 70%를 넘었다. 이와는 대조적으로 판매서비스직 모집단과 농림어업직, 단순노무직 모집단의 국민연금 가입률은 40%에 머무르는 실정이다.

마지막으로 '욕구 대비 소득비'가 큰 집단일수록 국민연금의 가입률은 높은 것으로 분석되었다. 이는 소득수준이 낮은 가구의 가구원일수록 국민연금으로부터 더 많이 배제되어 있음을 의미한다. 이처럼 국민연금의 적용실태를 분석해본 결과 남성보다는 여성이, 상용직보다는 임시 및 일용직이, 고용주와 자영업자보다는 무급종사자가, 고학력 집단보다는 중졸 이하의 저학력 집단이, 사무직이나 기능직보다는 판매서비스직이나 단순노무직이, 고소득 집단보다는 저소득 집단의 국민연금 가입률이 현저하게 낮음이 드러났다. 더 말할 필요도 없이 이들은 우리가 관심을 가지는 취약계층이다. 결국 취약계층은 국민연금으로부터 배제되었다는 것이다.

임금근로자만을 적용대상 모집단으로 하는 고용보험이나 산재보험도 국민연금과 마찬가지로 주로 취약집단을 배제하였다.

〈표 6-3〉 적용대상 모집단의 각 특성별 사회보험 가입률

(명, %)

		건강보험	국민연금	고용보험	산재보험
적용대상 모집단		45,436,318	19,493,864	12,811,668	12,925,177
가입률		99.65	57.70	45.02	76.45
성	남성	99.56	71.75	52.53	79.47
	여성	99.74	37.61	34.12	72.09
교육수준	중졸 이하	99.64	43.55	24.40	51.26
	고졸	99.60	55.68	43.08	78.31
	전문대졸	99.78	67.70	55.80	92.63
	대졸 이상	99.75	75.41	67.10	95.25
종사상 지위	임금	99.68	64.54	45.02	76.45
	상용직	100.00	100.00	86.72	100.00
	임시직	99.40	42.94	23.72	100.00
	일용직	99.39	28.46	4.70	5.10
	자활/공공	100.00	15.93	-	100.00
	비임금	99.88	57.36	-	-
	고용주	100.00	98.72	-	-
	자영업자	99.85	61.62	-	-
	무급종사자	99.88	13.54	-	-
	비경활	99.40	19.18	-	-
	구직자	98.38	18.28	-	-
	비경활	99.57	23.61	-	-

		건강보험	국민연금	고용보험	산재보험
직 업	전문기술관리직	99.79	78.79	63.10	97.82
	사무직	99.94	87.19	75.94	98.76
	판매서비스직	99.81	48.26	19.61	77.17
	농림어업직	99.77	43.85	23.07	53.81
	기능직	99.81	73.91	53.93	84.08
	단순노무직	99.36	41.47	20.64	42.47
욕구 대비 소득비	1.0 이하	98.66	23.91	14.52	38.85
	1.0~1.5 이하	98.88	32.70	25.92	57.74
	1.5~2.0 이하	99.67	54.06	37.31	70.48
	2.0~3.0 이하	99.83	58.41	41.51	75.92
	3.0~5.0 이하	99.93	67.59	58.39	87.84
	5.0~	99.90	77.64	69.95	94.93

주: '욕구 대비 소득비'는 가구소득을 해당가구의 가구규모에 적용되는 최저생계비로 나누어 계산함. 가령, 욕구 대비 소득비가 1.5 이하인 집단이란 가구소득이 최저생계비의 150% 이하인 집단을 말함.

출처: 노대명 외(2003).

고용보험의 가입률은 국민연금보다도 더 낮은데, 좀더 구체적으로 살펴보자. 우선 남성 모집단의 가입률은 52.53%에 불과하다. 이는 4대 사회보험의 가입률 중 가장 낮은 수치이다. 하지만, 여성 모집단의 가입률은 더 낮아서 34.12%에 불과하다. 교육수준별로 보면 역시 고학력 모집단의 가입률이 높다. 대졸 이상 모집단의 67.1%가 고용보험에 가입되어 있는 반면, 중졸 이하 모집단의 고용보험 가입률은 24.4%에 불과하다. 고용형태별 가입률의 편차는 더욱 심한 실정으로, 상용직 근로자의 경우는 86.72%가 고용보험에 가입해 있지만 임시직 근로자는 불과 23.72%가, 일용직 근로자는 4.7%만이 고용보험의 적용을 받는다. 고용의 안정성이 떨어지는 집단일수록 고용보험의 보호로부터 배제되었다는 것이다.

직업별로 살펴보면, 국민연금과 마찬가지로 사무직 모집단의 가입률이 75.94%로 가장 높고, 전문기술관리직 모집단과 기능직 모집단의 가입률이 각각 63.10%, 53.93%인 반면 판매서비스직 모집단과 농림어업직, 단순노무직 모집단의 국민연금 가입률은 20% 내외에 머무른다. 또한 욕구 대비 소득비가 큰 집단일수록 국민연금의 가입률은 높은데, 욕구 대비 소득비가 5.0을 초과하는 모집단의 가입률은 70%에 달하는 반면, 욕구 대비 소득비가 1.0 미만인 빈곤집단의 가입률은 14.52%에 불과한 것으로 나타났다.

산재보험의 경우에도 가입률의 구체적 수치는 차이가 있지만 남성보다는 여성의 가입률이 낮으며, 고학력 집단보다는 저학력 집단의 가입률이, 상용직이나 임시직 근로자보다는 일용직 근로자의 가입률이, 사무기능직보다는 농림어업직이나 단순노무직의 가입률이, 고소득 집단보다는 저소득 집단의 가입률이 더 낮은 것으로 분석되었다.

여성이, 임시 및 일용직과 무급종사자가, 저학력 집단이, 판매서비스직이나 단순노무직이, 저소득 계층이 사회보험에서 주로 배제되는 집단이라는 점은 사회보험이 성숙해지더라도 중산층 이상에 대해서는 소득보장 기능을 수행하겠지만, 저소득층에 대해서는 그 역할이 미흡할 수밖에 없음을 보여준다.

5) 취약계층 중심의 사회서비스

사회서비스는 건강과 교육, 그리고 일련의 보호제공 활동들(*care-giving activities*)을 포함하는 서비스 영역으로 생산서비스, 유통서비스, 개인서비스와 함께 서비스산업의 영역을 구성한다. 하지만 한국의 경우 사회서비스는 주로 사회적 취약계층을 대상으로 하는 사회복지서비스 위주의 협소한 범주로 이해되었다. 즉, 그것은 전 국민이 가진 서비스 욕구에 대응하는 보편적 서비스로 자리매김하는 대신 노인, 장애인, 아동 인구의 일부만을 표적집단으로 상정했다는 것이다. 하지만, 최근에는 보편적 서비스로서의 사회서비스에 대한 관심이 커지고 있다.

한국의 잠재성장률은 지속적 감소추세에 있으며, 기업의 고용창출력은 급속히 떨어지고 있다. 이에 더하여, 급속한 고령화 및 여성의 경제활동 참여 증가로 노인복지·간병, 보육·탁아 등 사회서비스에 대한 수요는 급증하고 있다. 이에 따라 노무현 정권에서는 사회서비스 분야에서의 일자리 창출을 통해 이러한 문제에 대응하려는 시도가 이루어지고 있다. 그러나 현재 진행되는 사회서비스 분야의 일자리 창출을 구체적으로 살펴보면, 여전히 한국의 사회서비스는 취약계층 중심의 잔여적 서비스의 범주를 벗어나지 못했다. 사회서비스 영역에서도 패러다임적 개혁은 발견되지 않는다는 것이다.

노무현 정권에서 사회서비스 분야의 자리 창출은 주로 '사회적 일자리' 창출 사업을 통해 이루어지고 있다. 즉, 민간시장(제 2섹터)과 공공부문(제 1섹터)에서 창출되지 못하는 사회서비스 분야의 일자리를 NGO 등 비영리단체(제 3섹터)가 창출하도록 하여 취약계층 등에게 제공하는 고용정책으로서 사회적 일자리 창출사업이 강조되고(노동부, 2004), 2006년의 경우도 '사회적 일자리' 지원 사업에 투입되는 예산은 올해보다 72% 늘어난 2,909억 원 규모로 확대된다. 노동부(2004)에 따르면, '사회적 일자리'란 사회적으로 유용하지만 수익성 때문에 시장에서 충분히 공급되지 못하는 사회서비스 부문에서의 일자리를 의미하며, 주요 사업유형으로는 〈표 6-4〉와 같이 노동, 안전, 보건복지, 환경, 문화·교육 등이 있다.

문제는 현재 한국의 사회적 일자리 창출 사업이 사회서비스 분야의 발전을 목표로 하기보다는 취약계층의 노동시장 참여(자활근로 및 자활공동체 지원)나 고실업에 대응한 한시적 소득지원에 초점을 맞춘 정책(공공근로사업)의 맥락에 서 있다는 것이다. 이는 사회적 일자리에 종사하는 사람들의 구성을 나타낸 〈표 6-5〉에서도 확인할 수 있는데, 이를 살펴보면 사회적 일자리에 종사하는 사람이 대부분 취약계층에 집중되어 있다. 더욱이 대부분의 '사회적 일자리'는 임금의 수준이 매

〈표 6-4〉 사회적 일자리 사업의 유형

노동	외국인근로자 상담·적응 지원, 산재근로자 간병, 저소득 근로자 및 맞벌이 부부의 자녀 방과후 교실
안전	안전문화 조성, 어린이 안전문화 교육장 운영 등
보건복지	저소득층 보육지원, 노숙자 돌보기, 저소득아동 생활지도, 무료간병, 노인 재가복지서비스 등
환경	재활용품 수거 및 분리, 산림 및 수자원 관리(환경오염 감시 등), 녹지대 재정비, 폐교 등 공공시설물 재활용 등
문화	건전 청소년 문화 육성, 문화재 보존·관리, 지역문화 개발 등

출처: 노동부, 《노동백서》(2004)

〈표 6-5〉 취약계층 및 연령별 비율

(명)

총계	소계	취약계층			소계	국민기초생활보장법 수급자			소계	일반구직자	
		청년층	중장년층	고령자		청년층	중장년층	고령자		청년층	중장년층
2,369	1,603	276	1,028	299	41	8	29	4	725	281	444

출처: 노동부, 《노동백서》(2004)

우 낮을 뿐더러 임시일용직의 형태로 제공되어 사회서비스의 전문성을
훼손하고 질을 떨어뜨리는 결과를 초래한다. 여전히 사회서비스는 잔
여적 범주에 머물러 있는 것이다.

162

4. 소 결

　요약하면, 1990년대에 이뤄진 한국의 복지발전은 재정적 안정성에
역점을 둔 점진주의적, 부가적 양상을 보였는데, 이 과정에서 고용연
계성과 비정규직의 배제라는 특성이 복지확대의 중심축으로 작용했
다. 이는 노동시장 분절선이 국가복지의 자격을 결정하는 가장 중요한
기준이었음을 의미한다. 그리하여, 노동시장 분절이 소득불평등을 촉
진하는 것과 마찬가지로, 국가복지도 수혜집단과 배제집단, 내부자와
외부자 간 심각한 불평등을 낳게 되었다.[15] 국가복지가 확대되는 과정
에서 기업의 비법정 복지가 축소되어 기업복지 기능의 보편성이 높아
지는 방향으로 변화된 것은 매우 바람직한 현상이다.[16] 아무튼, 한국
의 복지제도가 1990년대에 비약적으로 발전한 것은 틀림없다. 그러나
발전패턴은 초기의 제도적 설계에 상당한 제약을 받아 초기부터 내장
된 문제점이 그대로 있다는 것이 6장의 분석결과이다. 초기적 문제점
은 복지제도가 발전을 거듭할수록 커져서 이제는 '구조적 한계'라고 불
러도 좋을 만큼 고착되었다. 그것은 세 가지다. 고용연계적 자격요건,
사각지대의 지속, 취약계층 중심의 사회서비스. 복지제도의 발전이
정치체제의 변혁에도 불구하고 점진주의적 양상을 띠는 것은 이런 초
기적 제도설계에 내재된 제약 때문일 것이다. 그렇다면, 점진주의, 고
용연계성, 비정규직의 배제라는 한국 복지제도의 핵심적 성격이 왜

---

15) 국가복지의 불평등 증대효과는 수혜집단 내에서도 마찬가지이다. 고용보
　　험과 연금의 급여액이 모두 임금의 절대액수와 비례하도록 설계되어 있기
　　때문에 (임금이 클수록 납부액과 급여액이 크다) 소득계층별 급여액도 그
　　만큼 격차가 발생한다.
16) 그렇다고 기업의 총복지비용이 줄어든 것은 아니다. 기업복지의 중요성 하
　　락현상이 기업경쟁력 내지 기업지불능력에 대한 어떤 영향을 미칠 것인가
　　는 별도의 연구가 필요하다.

1990년대의 복지 개혁의 와중에서 그대로 존속하게 되었는가? 초기적 제도설계의 제약을 넘어설 수 있는 개혁은 불가능했을까? 그랬다면, 세계화와 민주화라는 두 개의 거시적 변동요인과 어떤 관련이 있는가? 이것이 7장에서 고찰할 주제이다.

.

<hr>

제 7 장

세계화와 민주화
경쟁, 유연성, 그리고 복지정책

그렇다면, 한국의 복지확대를 촉진한 요인은 무엇인가? 유럽의 복지국가들이 같은 기간 동안 큰폭의 재조정을 단행했던 요인들과 어떤 관련이 있는가? 그리고, 민주화는 복지확대에 어떤 기여를 했으며, 복지정치의 구조는 어떻게 달라졌는가? 이 질문이 이 장에서 다루고자 하는 주요 쟁점이다.[1] 세계화와 민주화가 동시적으로 추진된 한국적 맥락에서 두 개의 거시요인은 서로 얽혀 있지만, 각각의 영향을 두 개의 절로 분리하여 다루고자 한다.

<hr>

1) 이에 대한 연구로는 Song and Hong (2005) 참조.

1. 세계화와 복지정책

세계화를 경제적 세계화와 정치적 세계화로 구분하면, 전자는 시장 개방에 의한 무역 및 투자증대 현상을 지칭하고, 후자는 그에 따른 국내정치적 대응전략을 의미한다. 경제적 세계화를 구성하는 요인은 무역, 금융, 탈산업화, 생산체제의 변화, 노동유연성 등과 그에 대한 기업전략의 변화가 중요하다. 2) 이 요인들이 복지국가에 미치는 영향은 매우 복합적이어서 단선적 인과관계로 파악하기가 매우 어려울 뿐만 아니라, 정치체제의 특성, 다시 말해 제도적 구조와 정당정치 (*party politics*)에 의해 굴절되기 때문에 어떤 분명한 명제를 추론하기가 힘들다는 사실은 이미 밝혀진 바이다. 아이버슨은 세계화와 복지국가의 재편을 연결하려는 어떤 시도도 무용한 것이며, 단지 탈산업화(*deindustrialization*)가 가장 유효한 요인으로 드러난다는 급진적 주장을 내놓기도 했다(Iversen, 2001). 그러나, 이 분야 연구자들이 대체로 수긍할 수 있는 합의점이 존재하지 않는 것은 아니다. 그것은,

① 세계화는 노동시장의 유연성을 촉발시켜 경쟁력이 취약한 집단의 노동조건을 악화시킨다. 이로부터 야기되는 사회적 충격과 폐해를 완화하기 위해 국가는 사회안전망과 사회적 보호를 늘리려는 대응전략을 구사한다〔구사할 필요가 있다〕(Rodrik, 1997).

② 금융시장의 통합과 투기자본의 활성화는 취업불안정과 소득불안정을 낳기도 한다. 그러나, 정부는 경제적 유인요소를 제공해

---

2) 경제적 세계화를 촉진하는 요인 또는 주요 행위자는 무역, 금융(자본이동), 이데올로기, 국제금융기구, 다국적기업 등이다(Glatzer and Rueschemeyer, 2005).

자본과 기업의 이탈욕구를 낮추고 취업불안정을 완화시키려는 여러 가지 조치를 취하게 된다. 그래서, 세계시장과 개입정부는 '충돌경로'(collision course)를 걷지 않고, 오히려 '평화로운 공존'의 기간을 보낸다. 더 나아가, 세계화는 복지국가에 대하여 재정적 압박을 가하지만, 동시에 경제적으로 유익한 사회정책의 부수효과를 촉진하기도 한다(Swank, 2001; Manow, 2001).

③ 시장경제를 '자유시장경제'(free market economy)와 '조정된 시장경제'(coordinated market economy)로 구분하면, 후자의 경우 국가는 어떤 형태로든 세계화의 부정적 효과를 완화시키기 위해 여러 가지 조치를 취하게 된다. 그 조치들의 성격은 정치체제의 특성에 의해 좌우되지만, 세계화가 반드시 사회복지에 부정적 결과를 초래하는 것은 아니다(Hall and Soskice, 2001).

세계화와 복지국가간 긍정적 인과관계를 설정하는 세 가지 가설은 세계화의 시대에 국가의 역할이 적어도 축소되지 않았거나 여전히 중요함을 강조한다. 복지확대 경로를 밟아온 한국의 경우에 대체로 적용될 수 있는 전제들이다. 그런데 세계시장, 국가에 기업과 노조라는 변수를 넣으면 사정은 조금 달라진다. 세계시장과 기업/노조, 국가의 관계는 더 복합적이다. 한국이 홀과 소스키스의 지적대로 '조정된 시장경제'(CME)의 전형적 사례라고 해도 기업의 전략은 국가와는 다르고, 때로는 국가와 기업/노조간 암묵적·명시적 성장협약이 체결되기도 하기 때문이다. 구체적으로 한국은 세계시장, 기업/노조, 국가간 어떤 관계를 보였는가?

168

1) 생산체제의 변화와 노동시장 분절

생산체제(*production regime*)는 뷰라워이(Burawoy)가 생산의 정치 (*politics of production*) 개념을 도입하면서 국가의 규제(시장개입 양식) 와 기업의 대응전략의 결합체제로 정의한 바 있고(Burawoy, 1985), 소스키스가 기업, 피고용인, 재정제도 간의 미시적 관계로 개념화하 기도 했다(Soskice, 1990). 또는 기업과 재정제도의 관계, 이들과 정 부의 관계, 기업·정부·노동의 관계 등 자본주의의 다양한 변형체를 특징짓는 개념으로 제시되기도 했다(Hall and Soskice, 2001). 후버와 스티븐스는 이 개념의 외연을 확대하여 재정제도, 기업간의 관계, 노 동, 국가, 산업정책을 위시한 노동시장정책 등의 복합체를 지칭하는 것으로 넓게 규정한다(Huber and Stephens, 2001b).

생산체제는 매우 광범위한 개념이므로 심도 있는 별도의 분석을 필 요로 하지만, 이 글에서는 행위자들의 전략선택과 이해충돌의 양상에 초점을 두면서 임금, 고용, 투자의 변화가 어떤 복지수요를 발생시켰 으며 그 결과는 무엇인지를 규명하고자 한다.

결론을 미리 밝히면, 세계화, 기업/노조, 국가의 이해충돌이 복지 확대로 귀결되었으며, 그것은 핵심노동자로 불리는 정규직을 편입시 키고 비정규직은 배제하는 형태로 귀착되었다. 이를 '배제적 방식'이라 고 한다면, 왜 보편성을 지향해야 하는 복지국가가 선별적 포섭이라 할 이런 방식을 택하게 되었을까?3)

한국의 생산체제가 1990년대에 걸쳐서 포디즘(*Fordism*)에서 포스트 포디즘(*Post Fordism*)으로 '완전히' 전환했다고는 할 수 없지만, 전환이 빠르게 진행되었다고는 평가할 수 있다(조형제, 2004; 이병훈, 2003;

---

3) 한국에서 양극화 현상은 관리직/생산직, 대기업/중소기업에서 비롯되었지 만, 이것이 1987년 이후에는 노조/비노조, 정규직/비정규직으로 변형되었 다. 이 변형의 사회경제적 배경을 밝히는 일이 중요하다.

이성균, 2003; 유홍준, 2001). 핵심산업의 재편양상이 그것을 입증한다. 1990년대는 의류, 섬유, 봉제, 부품조립 등 일관공정을 주로 하는 산업이 경쟁력을 상실하면서 점차 동남아시아, 중국, 중남미로 탈출하고, 자동차, 전자, 정밀기계, 화학 등 고숙련과 묶음공정(batch job)과 모듈식 생산을 요하는 산업의 비중이 커지는 시기였다. 노태우 정권은 포디즘의 말기에 위치하는 반면, 이후에는 포스트포디즘적 생산체제가 지배적 형태로 정착했다. 이러한 구분은 한국경제가 세계화에 편입되는 정도와 일치한다는 사실은 매우 흥미롭다.

시장개방과 무한경쟁이라는 화두는 기업인에게는 경영혁신으로 나서도록 종용했다. 경영혁신의 초점은 원가절감과 생산성 증대에 맞춰졌다. 재벌기업을 위시한 대부분의 대기업들이 세련된 명칭을 붙인 혁신운동에 나섰다.[4] 명칭은 달랐지만, 원가절감의 방법을 통해서 생산비를 낮추고, 공정의 자동화를 통해서 노동강도를 높이며, 노동통제를 강화하여 생산성을 높인다는 게 공통목표였다. 그런데 경영혁신 운동의 중요한 목적 중의 하나는 노동조합에 대한 통제 또는 경영권 강화에 있었다. 1987년 노동자 대투쟁 이후 수세에 놓여 있었던 경영권은 급격하게 증대된 노동조합의 교섭력을 약화시키는 방안을 모색했는데, 시장경쟁에 대비한다는 목적의 경영혁신이야말로 매우 좋은 명분이자 수단이었기 때문이다.

한편, 노태우 정권은 노동자들에게는 민선정부로서의 면모를 보여줘야 한다는 정치적 필요성과 경영인들에게는 원활한 자본축적을 위한 경제적 환경을 만들어 줘야 하는 이중적 부담이 있었다. 1987년 노동자 대투쟁과 정치적 개방 이후 경제적 환경은 대단히 좋았다. 실업률과 인플레는 낮은 수준이었고, 투자가 활성화되었으며, 생산성도 높아져 경제성장률이 8~10%대를 기록했다.[5] 노태우 정권의 '생산의

---

4) 예를 들면, 3S운동, KS운동, 품질혁신운동, 불량제로운동 등이 그것이다. 삼성은 '신경영전략'으로 불렸고, 대우는 '세계경영'으로 호칭했다.

170

정치'는 국가주도 자본주의의 패러다임을 그대로 유지했기 때문에 정부, 은행, 대기업 연계가 존속되었다. 이 연계는 외환위기사태가 돌발해서 한국경제를 극한적 상황으로 몰고 갈 때까지 지속되었다.

대기업은 정부의 보증 아래 은행으로부터 대규모의 자금을 차입해 확장투자를 순조롭게 추진했다. 따라서, 당시의 기업경쟁력은 억압적 노동정책의 유지 존속과 노동강도의 강화, 생산성 향상, 그리고 투자자금의 대출능력에 달려 있었다. 노태우 정권은 기업의 이런 요구에 부응하면서 노동계급의 저항을 효과적으로 제어할 수 있는 방법을 모색했는데, 국가복지의 확대야말로 좋은 돌파구였던 셈이다. 그래서 국가와 기업 간에는 다음과 같은 '암묵적' 복지협약이 맺어졌다. '암묵적 사정(使政) 협약'이라 함은 정부, 은행, 대기업 간 긴밀한 연계가 존재하는 한, 다시 말해 자본축적의 정치경제학적 조건이 바뀌지 않은 상태에서 국가와 기업의 전략선택은 대체로 일치했다는 뜻이다.

이 과정에서 고용체계와 임금체계가 조금씩 바뀌어 나갔다(김소영, 2001). 기존에는 임금과 고용 모두의 측면에서 관리직/생산직의 구분이 매우 뚜렷했는데, 노동조합의 교섭력이 급증했던 이 시기에는 임금은 직종을 기준으로 단일호봉제가 채택되었으며, 관리직은 물론 생산직의 숙련노동자에까지 평생고용 관행이 확장되었다. 말하자면, 관리직과 핵심 생산직을 포함하는 정규직과 하청·외주부문을 담당하는 비정규직 간의 구분이 형성되기 시작한 것이다. 이 중 노동조합에 의해 대변되는 조직노동자는 생산직 핵심인력에 한정되었다. 관리직, 조직노동자, 하청과 외주에 속한 비조직노동자로 삼분되는 분절구조의 초기 형태가 발생한 것이다. 이 삼분적 분절구조가 1990년대 복지의 정치경제를 일관하는 가장 중요한 축이며, 이후 전개된 국가복지의 확대와 기업복지의 축소도 삼분구조의 동학에 대응한다. 1995년 11월 민

5) 경제성장률 6.2%를 기록했던 1989년만 예외이다.

노총 결성 이후 민노총의 지지기반인 바로 이 대기업 생산직 조직부문
이 복지정치의 '태풍의 눈'이 되었다.

당시의 기업경쟁력은 바로 이 **삼분구조**를 십분 활용했다. 국가복지
와 기업복지의 동시적 확대는 기업부담금을 더 많이 내야 함을 의미한
다. 실제로, 연금, 의료, 산재보험의 확대조치로 기업기여금은 급증
했으며, 여기에 비법정복지의 증가로 기업의 노동비용은 증가일로에
있었다. 물론, 고생산성과 저물가가 기업의 지불능력을 높여주었지
만, 기업은 노동비용 절감의 방안을 모색해야 했다. 사내 하청과 외주
가 대기업의 이러한 필요성에 부응했다. 한국에는 대기업/중소기업의
전통적 분절선이 이미 존재하였으므로 대기업은 이 분절을 십분 활용
하여 사내 하청을 모두 비정규직으로 분류하고 임금과 고용체계를 달
리 설정하였으며, 동시에 법정복지와 비법정복지의 자격을 부여하지
않았다. 비정규직의 배제전략은 핵심 조직노동자의 반발을 피해갈 수
있고 노동비용을 절감할 수 있는 최선의 방책이었다. 소득이 비교적
안정적인 부문을 우선적 수혜대상으로 설정했던 사회보험의 초기설계
도 기업의 이런 전략과 배치되지 않았다. 국가도 1988년 사회보험의
확대과정에서 수혜자격을 중규모 기업까지 끌어내리기는 하였으나 재
정적 제약 때문에 전사업장으로 확대하는 데에는 주저했다. 그 결과,
1990년대 초 취업자의 40%에 달하는 비정규직이 사회보험 혜택에서
제외되어 고용보험도 아직 도입되지 않은 상태에서 그들은 소득불안정
과 취업불안정에 시달려야 했다.

요약한다면, 비정규직의 배제전략은 국가와 기업의 비용절감을 위
한 전략적 선택이었으며, 복지제도의 초기설계가 그것을 허용했다는
사실이다. 노동시장의 삼분구조 — 관리사무직, 핵심노동자, 비정규직
— 는 이후 현재까지 국가복지의 확대과정을 관철하는 가장 중요한 분
절선이며, 한국의 국가복지를 여전히 '미완의 복지'로 만드는 요인이
다. 세계화의 초기 국면에서 작동한 '암묵적 사정협약' 또는 국가와 기

업의 이해 일치는 김영삼 정권에서 '명시적 사정협약'으로 바뀌었다.

2) 해고위험과 명시적 노사협약

노태우 정권에서 세계화에 처음 노출되었던 한국의 생산체제는 기업
의 활발한 확대재투자에 의해 그 충격이 어느 정도 가려질 수 있었다.
충격을 견뎠다는 것이 반드시 좋은 것은 아니었다. 국가주도 자본주의
가 만들어 놓은 생산체제가 세계화에 부딪혀 발생하는 모순과 재편의
필요성은 김영삼 정권에 들어서 점차 가시화되었기 때문이다. 그 모순
을 김영삼 정권은 '경쟁력 강화' 전략으로 풀고자 했다. '경쟁과 효율성'
은 김영삼 정권의 개혁정치를 특징짓는 가장 중요한 화두였다.

경쟁과 효율성 담론의 실행개념이 규제완화(deregulation)이다. 정부
부문에서 규제완화는 정부기구의 축소와 통폐합, 조직합리성의 제고,
공기업의 민영화 논의 등으로 발전하였으며, 경제영역에서는 국가개
입의 철회로 나타났다. 정부는 '작고 강력한 정부'를 선언했고, 경제계
는 개입철회를 통한 '시장경제'를 전면적으로 환영했다. 규제완화는 그
심도에 있어 의견대립이 있었으나 정권과 재계 간의 성장연합을 성사
시키는 정책수단이었다. 이것이 노태우 정권에서의 암묵적 사정협약이
명시적 사정협약으로 가시화될 수 있었던 배경이다. 명시적 사정협약
은 두 개의 협약으로 구체화된다. 하나는 임금양보와 고통분담론에 입
각한 1993년 4·1 임금합의이고, 다른 하나는 1996년 12·31 노동법
개정이다. 양자는 모두 노동계의 동의를 얻지 못한 상태에서, 다시 말
해, 전자는 무력화된 한국노총만을 상대로 체결한 것이고, 후자는 한
국노총과 민노총 모두를 배제한 상태에서 집권여당의 단독처리로 이뤄
진 '명시적 사정(使政)협약'이었다.

   그러므로, 김영삼 정권의 복지개혁은 경쟁과 효율성 담론에 충실한 '명시적 사정협약'의 한계를 벗어나지 못했다. 이 기간 동안 사회지출비가 GDP 대비 4%에서 6% 수준으로 꾸준히 증가한 것과 기업복지비가 더불어 증가한 것은 노태우 정권에서 이뤄진 사회보험의 부분적 확대와 김영삼 정권의 소폭 확대에 따른 것이었다. 6) 특기할 만한 것은 김영삼 정권이 한국적 복지체제의 발전방향을 재차 확인하고 발전방안을 마련하였다는 점과 경기침체가 시작되는 초기국면에서 고용보험을 전격적으로 도입하였다는 사실이다. 1996년 5월 공표된 '국민복지 구상안'은 국가복지의 목표를 '국민기본선의 충족'에 한정하고 그 이상의 것은 공동체와 민간부문에 책임을 둔다는 김영삼 정권의 복지정치의 본질을 천명한 것이며, 고용보험의 전격도입은 정리해고의 합법화를 원하는 대기업의 요구에 부응하는 '교환의 정치'의 일환이었다. 대기업에게 고용보험의 비용을 부담시키는 대신 1996년 말 노동법개정을 통해 재계가 원하는 정리해고와 파견근로제를 인정했다. 따라서, 김영삼 정권에서 이뤄진 고용보험과 노동법개정은 명시적 사정협약의 실행수단이었다.

   김영삼 정권의 복지개혁을 소극적, 부분적 개혁으로 규정하면 왜 이렇게 될 수밖에 없었는가? 1995년 11월 결성된 민노총을 중심으로 노동조합의 교섭력이 급신장하고 시민단체가 활성화되어 그 어느 때보다 복지연합(welfare coalition)이 세력화될 수 있었던 시기에 국가복지가 소폭확대에 그쳤던 이유는 무엇인가? 국민복지 구상안을 초안한 것에

---

 6) 경총은 1996년 500대 대기업이 1년 동안 지출하는 사회보험 기여금이 총 11조 원에 달한다고 발표했다. 사회보험의 확대조치와 고용보험의 도입에 따라 법정 복지비가 늘어난 때문이다. 대기업은 1993년을 고비로 비법정 복지비, 통상적 의미의 기업복지를 축소하기 시작했다. 마침, 대량감원 조치가 잇달았기 때문에 노조의 반대에도 불구하고 비법정 복지의 대규모 축소가 가능했다.

서 보듯 복지정책의 필요성을 인식했던 김영삼 정권이 국민기본선의 충족이라는 매우 소박한 수준에 머물렀던 까닭은 무엇인가? 그 답은 앞에서 언급한 생산체제의 변화에서 찾아진다.

노태우 정권에서 연장되었던 포디즘적 생산체제는 1995년을 기점으로 전면적 재편의 필요성에 직면했다. 한국의 기업이 글로벌 이코노미의 표준에 맞춰 구조조정을 해야 할 필요성이 증대하자, 기업의 투명성과 합리성이 문제시되고, 지배구조를 주주중심으로 재편해야 한다는 시장의 요구가 거세게 불어닥쳤다. 여기에 조직유연성이 쟁점으로 부상했다. 비대한 조직으로는 시장경쟁에서 생존하기 어렵다는 세계화의 명법에 따라 대기업은 감량경영으로 돌아서기 시작했는데, 이 과정에서 한국이 오랫동안 발전시켜온 평생고용 관행과 차입경영의 장점이 치명적 단점으로 지목되었다. 기존의 생산체제는 붕괴될 조짐을 보였다.

김영삼 정권의 중반기에 이르러 포디즘적 생산체제는 포스트포디즘으로, 오너 중심의 한국적 기업지배구조는 주주중심의 영미식 지배구조로 빠르게 전환하기 시작했다. 생산체제의 전환은 임금과 고용관행의 변화를 가져왔다. 노동시장의 유연성과 조직유연성은 글로벌 이코노미에서 기업경쟁력을 보장하는 생존논리로 받아들여졌다. 실업률이 급증하고 취업불안정이 극도에 달했다.

이 글에서 중요한 점은 이런 일련의 환경변화에 대한 노동조합의 대응전략에 관한 것이다. 대부분의 대기업 노조를 규합해서 한국노동사에서 가장 강력한 교섭력과 조직력을 갖춘 정상조직으로 등장한 민노총이 왜 노동시장의 삼분구조를 타파하지 못하고 비정규직을 완전히 배제한 미완의 국가복지체제를 존속시킬 수밖에 없었는가 하는 점이다. '명시적 사정협약'이 비용절감과 경쟁력 강화라는 목표를 고수하였고 그 때문에 비정규직을 배제하는 복지 분절선이 형성되었다면, 왜 민노총은 그런 체제를 방치할 수밖에 없었는가? 이 질문은 한국이 성

취한 국가복지 발전의 성격과 본질에 관한 제반논쟁의 중심부에 위치
할 만큼 중요하다. 7)

　민노총은 1995년 11월에 결성되었다. 이는 1987년 노동자 대투쟁의
가장 중요한 목적이 일단 완수된 것을 의미한다. 정상조직의 구축, 그
것도 강력한 조직기반을 갖는 산별노조로 구성된 노조연맹의 구축이야
말로 노동운동이 염원했던 바이다. 경영혁신운동이 주창했던 경쟁력
과 유연성 담론이 노조들간의 이념적 분열을 오히려 줄여준 탓이었다.
경영자들의 유연성 담론에 대해 '계급연대력'(class solidarity)을 위치시
켜 대립구도를 강화했고, 이에 따라 노조들은 내부의 균열을 약화시킬
수 있었다. 1987년에서 1995년까지 노동운동의 궤적은 바로 연대력의
강화와 단일교섭력의 구축으로 집약할 수 있겠다. 바로 이 '유연성과
연대력의 대립구도'에서 암묵적・명시적 사정(使政) 협약은 유연성 담
론에 힘을 실어주었으며, 노태우 정권의 공안정국과 김영삼 정권의 '경
쟁과 효율성' 정책기조를 통해 노조의 입지는 열세로 몰려갔다. 여기
에 1995년부터 불어닥친 대량감원과 해고 선풍이 노동운동을 타협전
략으로 몰아가는 데에 결정적 요인으로 작용했다.

　민선정부에 들어 불법파업과 시위로 구속된 노동자 숫자가 점점 늘
었다는 사실은 역설적이다. 민노총의 최대의 목표는 조직역량의 강화
를 통한 단일조직의 구축이다. 조직기반은 대기업, 그것도 산업경쟁
력이 높은 부문의 핵심노동자였다. 대량감원은 피할 수 없는 일인데
이들이 대량감원의 대상이 된다면 조직건설의 가능성은 낮아진다. 따
라서, 김영삼 정권에서 조직노동자의 최대 고민은 대량해고와 감원조
치를 단행하는 경영혁신에 전면 저항할 것인가, 아니면 그것을 수용하

---

7) 그러나 복지학계에서 진행중인 "복지국가의 성격논쟁"에서는 이에 대한 관
　심을 발견할 수 없다. 예를 들면 여러 학자들의 논문을 소개하고 논쟁을
　정리한 김연명(2002)의 책이 대표적이다. 한국 복지발전의 성격에 관해서
　는 이 책의 마지막 장에서 논의할 예정이다.

되 조직기반인 핵심노동자를 보호할 것인가에 놓여 있었다.

투쟁전략인 전자는 경기침체의 국면에서 그다지 승산이 없었고, 승리한다고 할지라도 조직확장을 꾀할 경우 하청·외주기업의 비정규직이 합류해서 조직이질성이 증대될 것이다. 이질성의 증대는 목표설정의 어려움을 낳고 노선투쟁을 촉발시킬 것이다. 그것은 장기적으로는 노동운동의 세력확대에 기여하겠지만 조직구축이라는 단기적 과제에는 걸림돌이 될 것이 분명했다. 역으로, 후자는 핵심노동자의 취업안정을 꾀할 수 있고 그것을 기반으로 정상조직을 구축하는 데에 도움이 될 것이다. 어차피, 비정규직이 취업안정의 완충역할을 하도록 설정된 상황에서 분절 노동시장의 타파는 조직구축 이후 과제로 추진하면 될 것이었다. 그리하여, 분절 노동시장구조에 터했던 민노총은 조직구축이라는 지상과제를 위해 '타협전략'을 선택할 수밖에 없었다.

비정규직을 포기하는 것, 대량감원에서 우선 핵심노동자를 보호하고 조직기반을 공고히 해서 정상조직을 구축하는 것이 민노총의 최대의 목표가 되었다. 이 타협전략은 1990년대 초 중소기업의 사양산업 노동자가 주축이 된 민노협이 해체될 당시부터 예견된 것이었는데, 1990년대를 거쳐 국가복지의 분절선이 될 것임은 상상하지 못했다. 고용연계성이 강한 제도적 설계 위에 취업자의 50%에 이르는 비정규직이 국가복지로부터 배제된 결과를 낳은 것이다.

민노총이 결성된 직후 추진된 노동법개정의 과정과 내용은 이런 관점에서 의미심장하다. 김영삼 정부는 1996년 4월 노동법개정추진위원회를 결성하고 노사정 삼자의 협의를 통해 노동법 개정에 나섰다. 그러나, 결과는 민노총의 탈퇴와 정부안의 단독처리였다. 개정노동법의 골자는 정리해고와 파견근로제의 합법화였는데, 이는 이미 고용보험의 도입과정에서 체결되었던 '교환의 정치'의 일환이었다.[8] 민노총은

---

8) 자세한 분석은 송호근(1999)을 참조.

전국파업을 선언하고 즉각적 투쟁에 나섰지만, 심화된 경기침체, 기아와 한보사태, 그리고 시시각각 다가오던 외환위기의 징후들이 민노총의 반격을 막았다. 생산체제는 이미 유연성이 증대되는 쪽으로 변화되었고, 평생고용제도와 기존의 임금제도가 무너진 뒤였다. 기업의 지배구조와 내부 노동시장의 규칙들이 신자유주의적 요소와 접목되어 '영미식 자본주의'로 방향을 틀기 시작했다. 당시 현실과의 타협전략과 비정규직 배제전략은 민노총 조직결성의 성공요인이었지만, 향후 민노총이 풀어야 할 최대의 과제가 되었다.

3) 경제정상화와 위기관리

세계화에 대한 부적절한 대응은 한국경제를 결국 파탄으로 몰아갔다. 1997년 말 누구도 예상하지 못했던 외환위기사태가 발생한 것이다. 세계화에의 적응과정에 놓여 있던 한국은 외환위기사태를 계기로 이른바 '부정적 편입'(negative integration)을 겪어야 했다. 글로벌 이코노미에 상승해서 자국 경제의 장점을 확대 재생산하는 형태로 편입되는 것을 '긍정적 편입'이라고 한다면, 대규모의 구조조정에 따른 엄청난 손실을 치르고 글로벌 이코노미에 수용되는 형태의 편입을 부정적 편입이라고 할 수 있을 것이다.

'부정적 편입'의 피해를 최소화하기 위해 김대중 정권은 신자유주의적 노선을 따르지 않을 수 없었다. 그것은 세계화의 첨병이었던 국제통화기금(IMF)이 명시한 불변의 조건이었다. 차관을 제공한 대가로 국제통화기금이 모든 경제정책과 사회정책의 권한을 위임받았다. 김대중 정권은 단지 국제통화기금과 체결한 양허각서(agreement on conditionality)의 수많은 단서조항을 이행하는 실행기구로 밀려났다.

IMF는 외환위기의 원인을 대기업의 방만한 차입경영과 투자, 재벌

기업의 상호지급보증에 의한 부실의 은폐, 기업경영의 불투명성, 그리고, 시장원칙에 위배되는 무리한 정책금융 등에 있다고 진단했다. 그에 대한 처방은 명백했다. 투명성, 합리성, 시장순응성을 최고의 기준으로 추구하는 영미식 자본주의가 그것이다. 영미식 주주자본주의로의 전환이 매우 빠른 속도로 이뤄졌다는 점에서 김대중 정권의 경제정책을 신자유주의로 규정하는 데에는 무리가 없다(조영훈, 2002; 정무권, 2002; 손호철, 2005). 실제로, 신자유주의의 정책적 실행기구인 IMF의 양허각서에 열거된 정책방안들은 신자유주의 정책의 발원지로 일컬어지는 워싱턴 컨센서스(Washington Consensus)의 정책제안과 매우 유사한 것들이다(윤소영, 1999).

복지제도와 관련해 중요한 점은 기업지배구조의 전면개편으로 인해 생산체제의 핵심제도인 고용과 임금체계가 유연성이 증대하는 형태로 바뀌었다는 사실이다. 유연성(flexibility)은 IMF가 기업지배구조의 개편과 아울러 가장 강조하는 사항이었다. 노동시장의 유연성을 키우지 않으면 기업은 시장변동에의 적응력을 상실한다는 것이다. 따라서, 기업경쟁력의 향상과 유연성 제고는 같은 뜻으로 받아들여졌다. 정리해고의 합법화는 이 중 가장 첨예한 사안이었는데, 1996년 노동법개정에서 정리해고가 도입되었음에도 불구하고 노동조합의 파업 위협에 대기업들은 핵심 생산직 노동자의 정리해고는 엄두를 내지 못하던 터였다. 1995년 이후부터 명퇴와 퇴출이 주로 관리직에 집중되었던 것은 그런 까닭이었다.

김대중 정권이 1998년 2월 사회협약(social contract)으로 불리는 노사정 합의를 성사시킨 목적이 여기에 있었다. 10개의 대항목, 90개의 소항목에 이르는 광범위한 내용의 합의사항은 외환위기사태를 극복하기 위한 '위기관리정치'(politics of crisis management)의 지침서였다. 이 중 일곱 번째 대항목이 "노동시장 유연성 제고"에 관한 것이고, 소항목에는 정리해고 명문화, 기업의 해고회피 노력, 파견근로자 보호법 제

정에 관한 합의가 열거되어 있다. 이와 동시에 임금체계도 큰폭으로
변해서 직급, 직종, 직책에 따른 연공서열적 임금제도는 무너지고, 능
력, 자질, 기여도로 결정되는 연봉제가 확대되었다.

　고용과 임금체계를 기업내부노동시장(FILM, *firms internal labor*
market)이라고 한다면, 한국의 FILM은 외환위기사태를 경과하면서 전
혀 새로운 유형으로 바뀌었다. 그것이 과연 영미형인지, 아니면 유럽
형인지는 아직 평가하기 어려우나 직종, 직급, 직책과 상관없이 항시
적 퇴출과 명퇴가 가능해졌다는 점에서 주목할 만하다. 이렇게 본다
면, "복지의 비약적 발전"으로까지 칭송되는 김대중 정권의 복지개혁의
성격은 보다 분명해진다. 그것은,

　첫째, IMF의 양허각서에 명시된 바 경제적 구조조정의 원활한 수
행을 위한 보조장치였다는 사실이다. 실제로 양허각서에서도 "경제구
조조정에 의하여 희생되는 계층에 대하여 사회보장제도를 강화하고 적
자재정을 통해 사회지출비를 늘릴 것"을 명시한다. 이런 방식은 남미
국가들의 재정파탄(모라토리엄)을 구제하는 과정에서 제안된 사회정책
과도 일맥상통한다(정진영, 1999, 2001). 사실, 시장의 조기정상화를
겨냥한 IMF의 처방에 가장 큰 타격을 받은 계층을 보호하는 일은 결
국 경제회복 이후로 유보될 수밖에 없었다. 왜냐하면, 기업구조조정
과 정리해고로 인한 대량실업 상태에서 실업자 보호정책만으로도 정부
의 능력은 한계에 달할 정도였기 때문이다. 그래서, 경기회복의 조짐
이 조금씩 나타나기 시작했던 1999년 초에 정부는 비로소 복지정책으
로 눈을 돌릴 수 있었다. 1999년 6월에 이르러 정부가 중산층 및 서민
생활 보호대책을 발표하게 된 것은 이런 배경에서이다.

　둘째, 김대중 정권이 초기에 가장 역점을 두었던 정책은 역시 실업
정책이었다. 180만 명까지 치솟았던 실직자야말로 구조조정에 의한 사
회적 혼란의 대명사였다. 김대중 정권은 실업구제를 위해 고용보험을
전격 가동하였으며, 전국에 노동사무소 및 인력은행을 시급히 설치했

다. 고용보험의 수혜자 확대(1인 사업장까지), 수혜자격 완화(1년 납부자에서 6개월 납부자), 급여일의 연장(6개월에서 9개월)이 이뤄진 것도 이때이며, 실업정책을 수행할 노동시장기구가 정비된 것도 이때이다. 이른바 적극적 노동시장정책이 한국 실업정책 사상 최초로 시행된 것이다.

1998년에서 2000년 동안 김대중 정권이 쏟아 부은 실업정책 예산은 줄잡아 30조 원에 이를 정도로 막대한 금액이었다. 1998년~2000년간 GDP대비 사회지출비가 큰폭으로 상승한 것은 대량해고에 따라 법정 퇴직금이 한꺼번에 지급된 데에도 원인이 있지만, 바로 포괄적 의미의 실업정책이 전격적으로 가동된 것이 주요한 원인이다. 실업률이 4%로 낮아진 2000년 이후 사회지출비가 8%대로 낮아진 가장 큰 이유도 이것인데, 그렇다면, 실업정책을 제외하고 김대중 정권의 복지개혁을 평가한다면 시간의 흐름과 경제수준의 향상에 따른 '점진적 확대' 내지 '통상적 개혁'(routine reform)에 해당한다고 할 수도 있다. 〈표 6-1〉에서 보듯이 통상적 개혁이란 사회보험의 수혜자 확대조치, 더 많은 표적집단을 대상으로 한 사회서비스의 점진적 확대를 지칭한다. 그렇지 않으면, 실업률이 하락한 이후인 2000년~2002년간에도 사회지출비의 비중이 10%대에 머물러 있어야 한다.

셋째, 그러나 생산적 복지의 이론적 기초를 정리하고 제도를 설계했다는 것은 높이 평가할 만하다. 생산적 복지는 근로연계복지(workfare)의 한국적 모형이다. 김대중 정권의 생산적 복지는 빈곤정책의 강조, 취약계층에 대한 약간의 소득이전, 정부역할의 강화, 사회적 시민권의 인정 등의 측면에서 김영삼 정권이 제안했던 '생산(주의)적 복지'에 국가복지의 기능을 소폭 확대했다. 양자가 모두 노동시장의 경쟁력과 생산에의 기여를 중시한다는 점에서는 공통이지만, 김영삼 정권의 복지정책은 정부역할의 최소화, 기업과 공동체의 자발적 참여를 기본원칙으로 설정했다면, 김대중 정권은 기초생활의 충족(국민기초생활보

장법), 자립·자조·자활 지원, 복지제도의 효율적 운영을 원칙으로
하되 사회적 권리의 개선에까지 관심을 넓히고자 했다(정책기획위원
회, 1999; 정경배, 1999). 이런 유형의 프로그램들은 표적집단의 사회
적 권리향상에 기여한다.

김대중 정권에서 사회보험의 수혜자가 전국민으로 확대되었다는 것
은 사회적 권리의 향상이란 측면에서 주목할 만하다. 연금의 마지막
사각지대였던 도시자영업자가 1999년 편입되었고, 같은 해 산재보험
과 고용보험이 1인 사업장에까지 확장되었다. 건강보험의 재정통합이
이뤄지고 전국적 의사파업에도 불구하고 의약분업이 단행되었다. 아
무튼, 국가복지가 시장친화적·생산기여적이어야 한다는 복지이념의
기본원칙을 재차 확인하면서도 사회정책에 사회적 권리(social right)의
식을 불어넣었다는 것은 김대중 정권의 공헌이다.

그렇지만, 김대중 정권이 국가복지의 발전에 '획기적 기여를 했다'는
평가는 과장의 소지가 있다(김연명, 2002). 김대중 정권이 외환위기사
태의 와중에서 여러 가지 다양한 프로그램을 선보였다는 점은 인정할
수 있지만, ① 한국 복지제도의 핵심원리인 고용연계성이 그대로 유지
되고, ② 연금을 제외한 사회보험 혜택이 작거나 부분적이며, ③ 소득
이전 효과가 대체로 미미하며, ④ 교육과 의료 외에 공적 기금으로 제
공되는 사회서비스가 빈약한 '임금생활자 모델'의 복지현실에 변화가
발생한 것은 아니다. 1998년~2000년간 시행된 실업정책은 노동사무
소, 직업안정센터, 인력은행 등 노동시장기구를 정비하고 실직자의
관리역량을 쌓는 데에 중대한 계기가 된 것은 틀림없다. 그러나, 실업
률이 낮아진 2000년에 사회지출비의 비중이 갑자기 줄고 이후에는 통
상적 형태의 완만한 증가세를 지속한다는 사실은 무엇을 뜻하는가? 그
것은, 실업정책을 제외한다면, 김대중 정권의 복지개혁은 타 정권에서
이뤄진 통상적 범위의 개혁과 별로 차별성을 보이지 않는다는 뜻이다.

김대중 정권의 복지개혁의 성격을 규정하는 데에 가장 주목해야 할

점은 역시 1987년 이후 복지확대의 분절선이 변했는가의 여부이다.
매우 적극적인 복지개혁 조치들과 사회지출비의 증가에도 불구하고 정
규직/비정규직의 구분은 여전히 건재한 채로 남아 있다. 고용연계성
과 비정규직의 배제라는 두 개의 축이 유지 존속된 것이다. 다시 말
해, 김대중 정권에서의 복지개혁은 점진적・프로그램적 개혁이라는 민
주화 이후 복지개혁의 패턴을 그대로 따랐고, 대규모의 비용이 투입된
실업정책은 경제구조조정의 원활한 실행을 위한 한시적 보조수단으로
서 의미를 갖는다는 사실, 그리하여 김대중 정권의 복지개혁은 위기관
리정책의 한 축이었다.

2. 민주주의와 복지정치의 구조

앞에서 지적하였듯이, 한국의 복지개혁은 세계화와 민주화라는 거시적 요인이 핵심적 추동력이다(Song and Hong, 2005). 민주정부는 시민사회의 다양한 요구를 외면할 수 없다. 시민생활의 향상, 사회적 보호, 다기화된 불평등의 시정에 성공하지 못하는 민주정부는 정권교체의 위험에 직면한다. 민주정부는 사회적 업적과 경제적 업적을 통하여 정치적 정통성과 지배력을 높여나간다. 사회적 업적이 주로 복지와 관련된 영역이다. 그러므로, 1987년 이후 민주화 과정에서 복지제도가 개선된 것은 민주주의 발전에 수반되는 자연스런 결과이다.

복지국가의 재조정에 영향을 미치는 중요한 요인으로는 국가구조, 집권당의 이데올로기, 제도적 설계, 이해집단 등을 지적할 수 있다(Pierson, 1994; Pierson and Skocpol, 2000). 국가구조는 정치체제가 중앙집권적/분권적, 대통령 중심제/의회제인가의 여부, 정책결정 과정에 개입하는 거부권(*veto points*)이 어떻게 분산되어 있는가 하는 정치체제적 특성을 지칭하는 개념이다. 후버와 스티븐스가 강조하듯, 복지국가의 재조정 과정에서 정당정치(*partisan politics*)가 다른 요인들보다 결정력이 크다고 지적한 것은 바로 국가구조의 중요성을 환기시킨다. 그것은 집권당의 이념 및 정당연합의 가능성과 직결된다. 집권당의 이념이 성장지향적인가 아니면 분배지향적인가에 따라 정책메뉴와 방향이 달라지고, 집권당이 정당구조에서 어떤 위치에 놓여 있는가, 다시 말해 야당과의 격차가 어느 정도이고 집권당 혹은 야당과 연합할 수 있는 군소정당이 존재하는가도 복지정치에 영향을 미치는 요인이다.

한편, 복지정치는 이해집단을 형성시킨다. "정책은 정치를 낳는다"(*policies produce politics*)는 말은 특정정책을 지지하는 이해집단이 형성되고 그 정책과 관련된 개혁과정에서 이들은 매우 중요한 행위자로 기능하게 된다. 제도적 설계(policy design)는 이런 행위자들의 선택의 폭과 유형을 결정한다. 수혜자들이 초기의 제도설계에 이미 익숙한 상태에서 전혀 낯선 제도를 도입하는 것은 정치적 부담을 가중시키고 재정 압박을 초래할 가능성이 높다.9) 복지정치는 바로 이런 요인들의 함수이다.

이런 시각은 복지정치에 관한 대표적인 두 개의 이론인 권력자원론과 제도론을 결합한 결과적 산물이다. 권력자원론(power resources theory)은 노동조합, 자본, 국가간 이해충돌과 협의과정을 복지정치의 중요한 분석대상으로 설정한다.10) 그리고 주요 납세자인 중산층의 동의가 이뤄졌는가, 혹은 노동조합을 중심으로 한 복지동맹(welfare coalition)이 어느 정도 단단한 정치적 기반을 구축하는가의 여부에 주목한다. 그리하여 집권당이 거시적 행위자인 이들과 어떤 정치적 관계를 맺는지, 복지동맹과 반복지연합(welfare opponents)의 대립을 어떻게 해결하는지에 주목하는 것이다.

이와는 달리 제도론자들은 국가구조와 거부권의 소재, 복지제도의 설계, 이해집단의 개입양상, 관료와 정치인의 행위양식 등을 중시하고 이들간의 상호작용이 제도적 맥락에서 어떻게 전개되었는지에 분석의 초점을 둔다. 이른바 신제도학파(new institutionalism)로 불리는 일군의 학자들은 정책학습효과, 정부의 정책결정과 실행능력, 제도의 잠김효과(lock-in effects) 등을 중시하고, 정당과 노동조합의 정치적 세력화, 정당간 정책연합, 복지동맹과 반복지동맹의 이해대립 등 권력

---

9) 캐나다와 영국의 복지개혁에서 사회보장성이 높은 의료보장제도가 그대로 존속된 것이 대표적 사례이다. 초기의 제도설계는 시민들의 복지의식을 결정하고 정치인들의 정책선택을 제약한다(Myles, 1998).

10) 예를 들면, Korpi(1983), Esping-Andersen(1990), Rueschemeyer et al.(1992) 등이 대표적인 학자들이다.

자원론이 주목하는 정치적 동학들도 경로의존성(*path dependence*)에 영향을 받음을 강조하는 것이다. 11)

　이 글의 분석시각은 양자를 결합한 일종의 혼합적 관점이다. 행위자로서 노동조합, 시민단체, 이익집단의 기능과 복지동맹의 형성을 중시하면서도 제도론이 제시하는 위와 같은 분석개념들을 도입하려 한다. 그렇다면, 우리의 질문으로 돌아가자. 1987년 민주화 이후 전개된 한국의 복지정치는 어떤 모습을 띠는가? 왜 체제개혁이 아니고 프로그램적 개혁인가? 왜 점진주의적 확대이자 비정규직을 배제한 확대였는가?

1) 사정(使政)협약에서 노정(勞政)협약으로

　세계화 개념이 글로벌 이코노미의 보편적 원리에서 국가정책의 최우선적 기준으로 전환되고 그것을 민주주의 발전의 중요한 원칙으로 내면화하는 정치체제가 중첩되는 영역에 한국의 복지정치가 자리잡고 있다. 즉, 한국의 복지정치는 세계화라는 경제적 외압과 그것의 원리를 지배질서의 중심축으로 설정한 민주정치에 의해 규정되었다는 뜻이다. 투명성, 효율성, 유연성은 경제성장의 필연적 요인이자 동시에 정치발전의 기준이기도 하다. 경제성장의 논리와 정치발전의 논리가 서로 상응하는 정도가 높아진 것이 '세계화 시대'를 구분짓는 특징이기도 한데, 한국의 경우는 김대중 정권이 표방한 '시장과 민주주의의 병행발전'이라는 국정목표에서 가장 선명하게 드러났다. 한국의 현대정치사에서 최초로 노동계급의 지지를 받았던 것이 김대중 정권이었지만, 국정목표가 국가경쟁력 담론의 요체였던 '시장과 민주주의의 상응'으로 집약될 수밖에 없었던 것은 그런 까닭이다.

---

11) 예를 들면, Pierson과 Skocpol(2000), Pierson(2001a)이 전형적이다.

　시장원리와 정치원리가 교차하는 지점으로부터 지배질서를 구축하려는 민주정권의 정책기조는 시장순응적이다. 한국의 민주정권이 당면했던 최대 과제는 국가주도 자본주의가 배태한 시장왜곡적 요인을 제거하고 자율경쟁이 지배하는 정상적 시장을 만드는 일이었다. 그것은 정부의 시장개입 철회와 규제완화라는 말로 집약될 수 있을 것이다.

　민주화 이후 정부와 자본 간에 암묵적·명시적 사정(使政) 협약이 맺어지고 그것을 국가정책의 중심축으로 삼았던 것은 이러한 배경에서이다. 김영삼 정권이 정권 초기에 전격적으로 체결한 임금협약(1993), 중반기의 고용보험(1995), 후반기의 노동법개정(1996)은 경제성장을 촉진하는 노동정치라는 점에서 명시적 사정협약에 해당한다. '명시적'이라 함은 입법 내지 명문화된 형태로 나타났다는 의미이며, 그것이 사정(使政) 협약인 것은 노동계급의 대표조직이 배제되었거나 협약당사자로 참여한 경우에는 교섭력이 미약해서 실질적 협상파트너가 되지 못한 채 자본과 정부가 주도했다는 사실을 뜻한다.

　임금협약에서는 노동자의 과도한 임금인상 요구를 자제해 달라는 정부와 자본의 요구와 한국노총에게 주어지는 특혜가 맞교환되었고, 고용보험은 대량해고와 감원 필요성에 당면한 기업의 절박한 상황을 타개해주고 노동자들이 겪을 실직의 충격을 완화한다는 이중적 목적을 성취하는 수단이었다. 고용보험을 도입하는 과정에 조직노동자의 참여는 없었다. 노동법개정은 명시적 사정협약의 목적이 가장 선명하게 드러난 사례이다.

　중후반기 김영삼 정권이 당면했던 가장 시급한 문제는 노동유연성의 제고였다. 경기침체와 도산위험에 시달리는 대기업을 위해 정리해고와 대량감원을 단행할 수 있는 권한을 부여하는 일이 그것이었는데, 마침 출범한 민노총의 감시와 저항 때문에 대기업은 진퇴양란의 상황에 빠져 있었다. 정리해고 합법화, 파견근로자 인정, 변형근로시간제의 도입, 휴업수당 하향조정 등 자본이 요구하던 조항을 대거 수용하

는 대신 조직노동자에게는 복수노조 허용, 제 3자 개입금지 철폐, 정
치활동 허용 등의 노동계의 오랜 숙원과제를 해결해 주었다. 말하자
면, 노동과 자본의 요구를 교차 인정한 것이었는데, 자본의 요구는 법
안통과 즉시 발효되는 것으로 하고, 노동의 요구는 대체로 김영삼 정
권 이후의 시기로 유보했다는 점이 특징적이다. 아무튼, 이런 내용에
민노총은 반발해서 삼자협상 형식을 깨고 탈퇴했다. 그러므로 그것은
형식과 내용의 측면에서 자본과 정부 간에 주고받은 명시적 사정협약
이었다.

　고용보험의 도입이라는 국가복지의 확대조치는 사정협약의 일환이
었으며, 그 밖에 사회보험의 양적 발전은 산재보험의 부분적 확대와
농어촌민을 연금에 편입시킨 것이 고작이었다. 노태우 정권에서 시작
된 사회보험의 부분적 확대조치를 반복하는 것, 그리하여 혜택받지 못
하는 부문을 단계적으로 편입하는 복지정치의 특성은 현재의 노무현
정권에까지 일관된 통치양식이 되었다. 점진주의적 개혁으로 칭한 바
있는 바로 이 복지정치의 특성이 한국 정치사에서 최초로 체결된 노정
(勞政) 협약을 조직노동자 스스로 파기하도록 재촉했던 요인이다.

　1998년 2월 외환위기 사태의 국내정치적 처방으로서의 사회협약은
자본의 열세 속에서 체결된 것이기 때문에 정부와 노동 간에 맺어진
노정협약이다. 그것은 노사정 삼자협약의 형식을 취하기는 하지만,
노(勞) 와 정(政) 이 자본에 구조조정의 방향과 내용을 지정하고 친노동
정책을 표방한 김대중 정권의 개혁과제를 포괄적으로 설정했다는 점에
서 사정협약에 기초한 이념적·정책적 환경을 노정협약으로 바꾼 일대
전환의 계기였다. 그렇기 때문에 사회협약의 첫째 대항목에서는 기업
이 해야 할 구조조정 과제가 명시되었고, 둘째와 셋째 항목에서는 정
부가 경제안정을 위해 수행해야 할 경제정책의 내용이 제시되었다. 세
번째 항목은 대량실업을 대비한 사회적 안전망을 마련하는 것, 즉 정
부가 대규모의 실업대책에 나서야 한다는 것, 네 번째 항목에서는 사

회보험을 위시한 사회보장제도의 전면적 개혁이 각각 합의되었다. 다섯째와 여섯째, 일곱째 항목은 모두 노동의 책무에 관한 것이다. 주요 내용은 노사협력, 노동기본권, 노동시장유연성에 관한 것으로서, 1996년 노동법개정에서 유보되었던 조항들을 일시에 타결할 것을 합의했다.

사회보장은 노동계가 정리해고제의 입법화를 수용해준 대가로 제공된 일종의 보완기제이자 선물이었다. 기업구조조정 없이는 취업안정이 불가능하다는 판단에서 노동계는 정리해고의 희생을 감수하는 대신 광범위한 경제적·사회적 구조개혁을 약속받은 것이다. 정리해고는 신속하게 진행되었다. 실직자가 쏟아져 나왔고 실업률이 치솟았다. 그러나, 경제적·사회적 구조조정은 노동계의 기대대로 추진되지 않았다. 총 99개 조항에 달하는 사회협약의 개혁과제들 중 노동분야를 제외하고 대부분의 개혁조치들이 자본의 회생을 위한 기업친화적·시장친화적 방향으로 흘렀으며, 결국 노동자의 희생만을 초래했다는 것이 노동계의 평가였다. 김대중 정권은 1998년 한해 동안 총 9조 원에 달하는 실업예산을 편성하여 대규모의 실업대책을 추진하는 것으로 노동계의 불만을 달래려 하였으나 이미 IMF의 양허각서에 규정된 시장친화적 구조조정정책에 우선점을 둔 상황이어서 노동계를 달래는 데에는 역부족이었다. 사회협약의 당사자였던 민노총은 노조대표에 대한 불신임안을 통과시키고 5월 1일 노동절을 기해 전국 파업을 선언함으로써 한국 최초의 노정협약은 파기되었다.

따라서, 김대중 정권이 체결한 노정협약은 사실상 노태우 정권과 김영삼 정권이 유지해온 사정협약의 신자유주의적 변형이다. 노동계의 지지를 받아 집권할 수 있었던 김대중 정권은 외환위기사태 속에서 IMF가 규정한 처방에 제약을 받았기 때문에 노정협약의 합의사항을 충실하게 지켜낼 수 없었으며, 친노동정권이 의미하는 노동친화적·복지지향적·분배지향적 정책을 수행하기에는 심각한 한계가 있었다. 김대중정권이 기존의 정권에 비해 사회서비스와 빈곤정책의 발전에 많은 기여를 했다는 점을 인정할 수 있지만, 대규모의 실업대책을 제외하면 이 글에서 강조하는 '점진적 발전'의 범주를 넘어서는 것은 결코 아니다. 노정협약의 파기는 노사정위원회의 급속한 쇠퇴를 가져왔고 급기야는 노동계로 하여금 정치세력화로 나서게 만든 계기가 되었다.

2) 쟁점의 정치 (*Issue Politics*)

복지제도의 발전은 강력한 복지동맹(*welfare coalition*)이 결성되어야 가능하다. 유럽의 경우는 에스핑-앤더슨이 분류한 복지체제의 차이를 막론하고 노동계급이 복지동맹의 핵심역할을 담당했다.

그렇다면, 한국의 경우 복지동맹이 결성되었는가? 결성되었다면 어느 정도의 연대력을 만들어 냈으며, 이들이 집권세력과 맺은 관계는 어떠한가의 질문이 제기된다. 결론을 미리 제시하면, 한국의 민주화 과정에서 복지동맹은 매우 빠른 속도로 형성되었으나 강력한 연대를 만들어 내는 데에는 그다지 성공하지 못한 것으로 보인다는 사실이다.

복지동맹은 노동운동과 시민사회운동단체(이하 시민단체로 한다), 그리고 친복지이념을 가진 지식인들로 구성되었는데, 각 영역별 쟁점 개발을 통해 인지기반과 조직기반을 넓히는 것에 역점을 두었기에 각 부문간 연대력을 형성시키고 배양하는 데에는 실패했다. 물론, 어떤 특정한 계기에 따라 노동운동과 시민운동의 연대가 이뤄지기는 했지만, 지속적인 형태로 발전하기에는 관심과 영역의 차이를 우선 극복해야 했다.

시민운동은 세 확장을 위해 시민들의 인지동원(*cognitive mobilization*)이 필요했는데, 인지동원에는 계급적 쟁점보다 보편적 쟁점이 더 주효했다. 그러므로 시민운동과 노동운동이 결합한 '사회노동운동'으로 발전하지 못하고 각 운동세력이 분리된 채로 정부, 국회, 관료집단과 개별적으로 접촉하는 행위양식이 확산되었다. 다시 말해, 복지동맹의 주요 행위자인 노동운동과 시민운동은 각 영역별 쟁점을 개발하고 관심을 동원하는 '쟁점의 정치'에 치중했다는 사실이다(권태환 외, 2002).

　민주화기간 동안 양자의 운동목표가 결합된 사례는 거의 발견되지 않을 정도로 분리적이었다(은수미, 2005). 전문가집단이 개혁의 저항세력으로 등장한 의약분업 사태에서 업종별 노조와 참여연대가 한시적으로 협력전략을 구사했을 뿐이다. 참여연대가 주도적 역할을 담당하고 대부분의 시민운동단체가 적극적 동맹세력으로 활동한 국민기초생활보장법의 도입과정에서 민노총은 매우 소극적 지지에 그쳤고, 대부분의 산별노조와 업종연맹들도 가담하지 않았다(박윤영, 2002; 김연명, 2002). 노동운동과 시민운동은 상호 분리된 영역에서 자신들의 지지기반을 넓혀나가는 데에 열중했기 때문에 복지동맹이 결성되었어도 느슨한 형태의 명목적이고 한시적인 조직에 그쳤다.

　이러한 영역 '간' 분리는 영역 '내' 분리와 직간접으로 연결되어 있다. 노동운동도 민노총과 한국노총으로 분리되었고, 권위주의체제 아래 억제되었던 온갖 시민사회의 문제를 드러내는 과정에서 시민운동 역시 각 부문별로 분절되었다. 여성, 소비자, 환경, 평화, 고령자, 빈민, 주거, 아동, 인권 등 특정사안의 개선을 위한 각종 시민단체가 결성되었고 그 결과 이른바 '시민운동의 시대'가 개막되었다. 쟁점이 심각하면 심각할수록 시민운동단체의 인지동원은 용이했고 지지기반의 확대가 가능했다. 노동운동이 그러했듯, 시민운동도 세 확장이 우선적 목표였으며, 세 확장을 위해서라도 매스컴에 호소하는 '쟁점의 정치'를 활용했다. 이것이 노동운동과 시민운동이 다양한 복지요구를 개발하고 동원했음에도 불구하고 영역별 쟁점의 분절과 정치권에의 개별적 접촉을 시도할 수밖에 없었으며 그 결과 복지동맹은 매우 느슨한 형태로 성장했던 배경이다.

　복지제도 발전의 분절선인 '비정규직의 배제'가 여전히 강력한 제도적 차별로 남아 있게 된 것도 노동운동이 시민운동과 결합하여 사회노동운동을 창출하는 데에 실패했기 때문이다. 비정규직 차별문제는 본질적으로 사회적 쟁점이지만, 그것은 경제적 문제로, 더 좁게는 노동운동이 풀어야 할 문제로 한정되었다. 여기에는 이른바 반복지동맹의 주축인 자본과 기업이 국가경쟁력 담론을 앞세운 쟁점관리 전략에 성공한 때문이기도 하지만, 노동조합에 내재된 구조적 한계가 결정적 요인으로 작용했다.

　앞에서 지적한 바 민노총 결성을 위한 최대의 과제는 구성원 내부의 동질성의 확보였다. 대기업으로 구성된 산별노조와 업종별 노조가 강력한 정상조직을 만들어내려면 구성원간 이질성을 가능한 제거하고 관심과 인지의 동질성을 키워나가야 했다. 비정규직의 포섭은 조직률 향상에는 긍정적이나 관심과 인지의 동질성을 배양하는 데에는 부정적이다. 정규직과 비정규직의 요구가 다르고 급기야는 일관된 쟁점을 표방하기가 어렵다. 결국 민노총은 강한 조직연대력과 쟁점의 일관성을 위해 비정규직의 포섭을 포기했으며, 비정규직 문제는 강한 교섭력을 키운 이후의 과제로 유보했다. 그렇기에 노동법개정이나 사회합의가 이뤄질 때마다 민노총은 '비정규직의 정규직화'를 주장했는데, 기업과 자본의 지속적 저항을 받았으며, 복지재원의 주원천인 중산층마저 이를 노동내부의 문제 내지 노동조합이 풀어야 할 과제로 국한시키고 결코 범사회적 문제로 인식하지 않았다. 중산층의 무관심에 주목한 시민단체들도 규범적 차원에서 이 문제를 거론했을 뿐 운동의 목표로 설정했던 단체는 거의 발견되지 않는다.

　노동계급으로부터 김대중 정권보다 훨씬 지지를 받아 탄생한 노무현 정권 역시 국가경쟁력 담론과 기업의 저항 그리고 중산층의 반대 때문에 비정규직 문제를 일괄적으로 해결하지 못하고 있다. 대통령 선거

유세과정과 집권초기에 노무현 정권은 이 문제를 범사회적 쟁점으로 해석하고 해결을 약속하지만, 중반기로 접어들수록 노동 내부의 문제로 국한시키고 후퇴하는 모습이 뚜렷하다. 그러나 비정규직 문제는 국가복지의 분절선으로 고착되었을 만큼 보편적 쟁점이 아닐 수 없다.

3) 거부권의 약화

거부권(*veto point*)은 신제도학파가 발전시킨 개념으로서 특정 정책 프로그램을 도입하거나 폐기할 때 그것에 저항하는 권력의 존재 여부를 의미한다(Pierson and Weaver, 1993; Weaver and Rockman, 1993; Skocpol and Amenta, 1986; Tsebelis, 1995). 거부권의 존재와 소재는 국가구조와 직결되는데, 여기에는 두 가지 차원이 존재한다. 행정부와 입법부, 사법부, 그리고 시민사회 사이의 권력의 집중 내지 분산의 정도를 뜻하는 수평적 통합과, 행정부 내부를 초점으로 하여 권력이 정부에 집중된 정도 혹은 분권화된 지역의 견제를 받는 정도를 지시하는 수직적 통합이 그것이다. 수평적 통합, 혹은 수직적 통합의 강도는 다수의 반대에도 불구하고 특정정책을 성사시키는 정도를 결정하는 데 중요한 영향력을 행사한다(Immergut, 1990; Weir, Orloff, Skocpol, 1988).

수직적 통합의 문제는 주로 연방제 국가에 적용된다. 연방제이면서 중앙정부의 권한이 강한 경우 사회복지의 급진적 발전이 일어날 수 있다. 중앙집중도가 높은 연방제인 캐나다가 미국보다 사회복지가 발전된 것이 그러한 사례이다. 역으로, 지방분권이 잘되어 있고 자율권한이 주어진 경우는 복지축소가 그렇지 않은 경우보다 힘들다. 분권화된 지방자치체가 중앙정부의 축소정책에 반기를 들면 입법안 통과는 물론 통과되더라도 집행 자체가 어려워진다. 한국의 경우는 지방분권의 역사가 짧고 지방자치체의 독자적 복지제도가 미흡하므로 수직적 통합은 별로 문제가 되지 않는다. 오히려 정부 내에서 어떤 거부권이 존재하며 어떻게 행사되어 왔는가가 문제의 핵심이다. 두 가지가 중요하다. 하나는 정부와 국회의 관계이고, 다른 하나는 정부부처간 관계이다. 이른바 이원적 정통성(dual legitimacy)으로 불리는 두 개의 국민의지 대변기관간에는 어떤 관계가 성립했는가.

민주화 이후 한국의 정치체제는 대통령중심제이자 강한 국회로 구성된다. 민주주의 정권에서 국회는 4당 체제로 구성되어 집권여당이 다수를 점하는 데에 항상 실패하였다.[12] 대통령이 특정정책을 제안하고 집행하고자 하면 국회의 인준을 받아야 하는데, 야당이나 야당연합의 반대에 부딪히면 좌절되는 과정을 여러 번 겪었다. 그러므로 통치력의 약화와 정치적 책임성의 부재를 한국 대통령제의 근본적 문제라는 진단은 매우 적절하다(강원택, 2005).

국회가 강한 거부권을 행사하고 정치적 책임은 대통령에게 전가되는 경우, 복지제도의 골격을 바꾸는 체제개혁은 대단히 어렵다. 대신, 특정집단과 지역의 정치적 요구에 응하는 정책, 시의에 맞는 프로그램의 도입이나 폐기 등은 얼마든지 가능하다. 국회의 거부권이 약화되는 것은 주로 전국 규모의 위기가 발생했을 때이다. 노동자 대투쟁이라는 미증유의 위기를 겪은 후 국회가 최저임금제의 도입을 가결하였다든지, 대량해고의 위험 앞에서 국회가 고용보험의 도입을 인준한 것이 그 좋은 예이다. 또한 전 국민의 사활이 걸린 외환위기사태에서 국회는 대통령의 정책결정을 전적으로 지지하는 모습을 보여주었다. 노동계의 정치참여를 허용한 노사정위원회의 정치적 위상과 이념 자체를 반대하는 보수정당의 정치인들이 다수 존재하였음에도 1998년 2월의 사회협약을 비준한 것, 이후 사회협약의 정신에 맞춰 노동법개정을 주

12) 김영삼 정권의 초기 집권당인 민자당이 다수정당이었던 시기를 제외하고 그렇다.

도한 것도 국난극복이라는 대의명분 앞에 국회의 거부권이 약화되었기 때문이다. 역으로, 2004년 4월 총선 이후 노무현 정권은 다수당을 확보하게 되었는데 다수당과 대통령 간에는 분배정치에 대한 합의점이 존재하였기에 매우 다양한 사회서비스 프로그램을 적극 도입할 수 있었다. 집권여당이 다수당이 되면서 국회의 거부권이 약화되고 오히려 대통령의 통치력이 강해졌다.

정부부처간 힘의 균형과 거부권의 소재도 중요하다. 대체적으로 경제와 예산을 관할하는 부처는 반복지적 정책기조를 선호한 반면, 노동부, 보건복지부, 여성가족부는 친복지적이다. 재정경제원과 기획예산처가 경제성장 및 재정비용의 관점에서 복지확대에 반대하는 입장을 취했으며, 새로운 복지수요에 대한 정책적 대응이 주업무인 노동, 복지, 여성부는 당연히 복지확대에 적극적이다. 이들 부서는 경제관련 부서와는 달리 시민사회에 대단히 다양한 이익집단과 직간접으로 연결되어 있으며, 민주화 이후 정책결정 과정에 이들 집단의 참여를 권장하고 있다.

민주화의 결과 각종 위원회가 운영되고, 장관은 이익단체와 시민단체의 지도자들과 자주 회동하여 정책을 조율하거나 사전합의에 이르기도 한다. 정부 부서간의 관계에 결정적 영향을 미치는 것은 청와대의 이념적 성향, 다시 말해 대통령이 어느 정도 친복지적인가의 문제이다. 김대중 정권과 노무현 정권처럼 대통령이 분배정치에 관심이 많을수록 경제관련 부서의 거부권은 약화되고 노동, 복지, 여성부서의 입김이 강해지는 것이다. 김대중 정권 때에는 재정경제원과 기획예산처의 발언권이 경제위기에 의하여 대폭 약화되었는데, 이들의 거부권이 다시 살아난 것은 정부가 경제위기의 종언을 선언한 1999년 후반기부터이다. 그래서인지, 김대중 정권의 후반기는 선언적 의미의 '생산적 복지' 외에 이렇다할 개혁조치들이 나타나지 않았다.

이에 비해 노무현 정권은 매우 적극적이어서 청와대 내에 정책기획위원회 산하 11개의 특별위원회를 설치하고 '분배와 형평'을 정책적으로 실행하기 위해 각종 정책메뉴를 개발하는 중이다. 이 가운데 복지 관련 위원회로는 '고령화 및 미래사회위원회'와 '빈부격차·차별시정위원회'가 설치되어 있다. [13] 이 위원회들은 관련부서의 장관과 긴밀히 협의하여 정책을 개발하고 실행한다. 위원회 위원장과 위원들이 대체로 분배지향적 인사들로 채워져 있어서 다양한 정책들을 개발중이다. 그래서 여러 유형의 사회서비스 프로그램이 선을 보일 수 있었다. 경제부서들은 재정적 난관이 예상되더라도 정치적 정체성과 직결된 이런 국정사업에 대하여는 거부권을 행사하기가 매우 곤란하다.

한편, 이익집단의 존재도 거부권과 관련하여 매우 중요하다. 전문가로 구성된 이익집단이 전국 수준의 조직기반을 갖출 때에는 청와대 위원회, 정부부서, 시민단체 간 전격적 합의에 도달한 정책이라도 이익집단이 거부권을 행사하면 실행이 어렵거나 전국 규모의 파업을 야기할 우려가 많다. 국민기초생활보장법(1999), 저소득층에 대한 세금공제제도(2005), 공공의료의 확대(2005) 등의 정책적 조치들은 빈민에 대한 공적 지원이라는 보편성과 규범성을 이미 확보하고 저소득층 지원을 반대하는 이익집단이 존재하지 않기 때문에 성사되기 쉬웠다. 그러나 의약분업(1999)에서 보듯, 전국 규모의 조직을 갖춘 의사집단의 저항 앞에서 의약분업은 난항을 겪었다(송호근, 2001a).

이익집단의 거부권을 약화시키는 방법은 비교적 간단하다. 정책결정과정에서 이익집단의 대변 비중을 낮추는 것인데, 의약분업으로 몸살을 앓고 난 뒤 보건복지부는 의료관련 정책에서 대한의사회 외에 약사회, 전국의료산업노조연맹 및 각종 시민단체를 골고루 참여시켜 의사집단의 영향력을 희석시켰다. 그러나, 이런 경우에는 전문성의 문

---

13) 참고로 빈부격차·차별시정위원회는 차별시정, 근로빈층층 지원, 공공부조·복지인프라 구축, 주거복지, 우리사주제도 활성화라는 다섯 가지 항목의 목표를 설정하고, 빈부격차 완화와 차별시정 프로그램을 개발하고 있다.

196

제가 발생한다. 의료문제와 같이 고도의 지식을 요하는 정책영역에 참여하는 다수 시민단체들은 대중적 지지에 입각하여 정책을 판단하는 경향이 있다. '시민운동의 시대'는 특히 전문영역에서 시민단체의 과잉참여와 과잉대변의 문제를 내포한다. 특정정책의 결정과정에 참여하는 집단과 권한의 분포양상 및 세력균형을 지배구조(*governance structure*)라고 한다면, 거부권의 소재야말로 지배구조 연구의 중심축이다. 14)

4) 정책학습효과와 대중적 지지

정부의 관료집단은 정책수행의 실무자들이다. 그러나, 한국에서 관료집단은 정책실무자일 뿐만 아니라 정책메뉴의 개발과 정책초안의 작성, 그리고 정책실행에 이르기까지 모든 업무를 담당하는 그야말로 정책관료이다. 한국의 관료집단이 복지정책과 관련하여 어떤 뚜렷한 이념적 성향을 길러왔던 것은 아니다. 재정경제원과 기획예산처의 경제관료들은 시장친화적 성향을, 노동부, 보건복지부, 여성가족부의 관료들은 복지친화적 성향이 있다는 단순한 구분 외에 한국의 관료집단을 특징짓는 특정한 이념성향은 발견되지 않는다. 다만, 집권세력의 정치적 지향에 순응하는 정도라고 하면 족할 것이다. 노태우 정권과 김영삼 정권에 비하여 김대중 정권과 노무현 정권의 관료집단이 친복지적 성향이 약간 높게 나타날 것이지만, 향후 정권의 성격이 바뀌면 사정은 또 달라질 것이다. 그러나, 실행업무에 관한 한 관료집단의 중요성은 바뀌지 않는다. 정치인들은 바뀌어도 관료집단은 항상 그 자리에 있을 것이기 때문이다.

관료들은 자기 부서에 속한 국책연구소에 의뢰해서 정책을 개발하

14) 정책연결망의 변화에 관한 구체적 연구는 9장 참조.

기도 하지만 주로 벤치마킹을 통해 유용한 정책정보와 정책메뉴를 수집하는 경우가 대부분이다. 국책연구소의 정책의뢰 결과가 나오기까지 많은 시간이 소요되기 때문에 긴급한 처방을 요하는 사안에 대해서는 관료들이 스스로 나서야 한다. 벤치마킹은 그래서 유용하다. 청년실업대책은 영국의 뉴딜(New Deal)을, 적극적 노동시장정책은 스웨덴을, 소득세공제도(EITC)는 미국을, 노인요양보험은 일본을, 의약분업은 독일을 각각 벤치마킹의 대상으로 삼았다. 이 과정에서 대학교수와 지식인, 각 분야 전문가들, 그리고 학회의 조언이 좋은 참고자료가 된다.[15] 이들의 조언이 어느 정도 반영될 것인지는 관료들의 결정에 전적으로 좌우되는데, 관료들은 외국의 사례와 자신의 정책경험을 종합하여 초안을 작성하는 것이다.

국민기초생활보장법은 시민단체연합이 작성한 것을 관료들이 그대로 수용한 것인데, 몇몇 정책을 제외하면, 대부분 관료들의 손에 의해 만들어진 것들이다. 그렇기에 관료들은 국가정책의 방향은 정치인들이 정하지만 상세한 내용은 자신들에게 달려있다는 자부심이 있다.

의약분업과 같이 고도의 전문성을 요하는 정책분야 역시 청와대의 결정 - 보건복지부장관 및 관료로 이어지는 비교적 단순한 구도로 정책결정이 이뤄진다는 사실은 흥미롭다. 청와대로부터 정책지시가 하달되면 해당관료가 실무를 맡는데, 해당관료들은 국책연구소로부터 제출된 프로젝트의 결과와 이익단체, 시민단체들의 의견을 종합하여 최종안을 작성하는 것이다. 사회적 충격이 매우 큰 정책이 몇몇 관료들의 손에 의해 추진되고 실행되는 모습은 정책의 과학적 설계 및 효과의 점검, 나아가서는 책임성의 문제에 이르기까지 개선의 여지를 남긴다.[16] 달리 보면, 관료집단의 정책자율성이 매우 크다고 볼 수 있

---

15) 필자는 정책개발 업무를 맡은 관료들로부터 시급한 전화를 받을 때가 많은데, 대부분 정책제언을 해달라는 내용이다.

16) 의약분업으로 대규모의 의사파업이 일어나자 해당관료들은 문책성 전직 명

198

다. 이런 과정에서 관료들은 정책학습 경험을 쌓는다. 특정정책이 애초의 의도대로 긍정적 효과를 낳을지, 아니면 의외의 결과를 양산해서 부정적 효과를 낳을 것인지를 판단할 수 있는 능력을 배양한다. '정책학습효과'라고 할 이런 경험은 정치인들에 대한 관료집단의 상대적 자율성을 높여준다. 그들은 특정정책이 대중적 지지를 얻을 수 있는지 아니면 저항에 부딪힐 것인지를 가늠할 능력이 타집단에 비해 훨씬 탁월하다. 무엇보다 현장의 해당집단들과 끊임없는 교류를 통하여 정보를 수집하기에 정책에 관한 대중적 관심의 방향을 감지할 수 있다.

문제는 관료들간에 벌어지는 정책개발 경쟁이 단기적 프로그램에 치중될 뿐만 아니라 정책메뉴간 충돌이 발생할 우려가 많다는 사실이다. 정책목적이 상호 위배되거나 일관성을 결여하면 복지제도는 비용효율성을 상실하고 효과도 반감된다. 이른바 '제도적 비일치성'의 문제는 복지제도의 상호충돌을 낳고 급기야는 '동맥경화증'으로 발전된다. 유럽국가들이 새로운 수요를 충족하기 위해 현대화, 최신화, 수정 등의 과정을 거치는 것은 서로 얽혀 복지제도로서의 효과를 약화시키는 제도적 비일치성을 제거하는 데에 목적이 있다. 한국에서도 1998년 실업대책을 구상하는 과정에서도 이런 문제가 발생했다. 청와대의 방침에 따라 모든 부서가 실업정책의 각종 메뉴를 서둘러 개발하였는데, 각 부서별 정책경쟁을 통해 효과가 검증되지 않은 정책메뉴들이 바로 실행에 옮겨졌다. 2001년까지 각종 실업대책은 총 예산 약 30조 가량을 썼지만 그것의 실제효과가 어떤 것이었는지는 누구도 점검하지 않았다.

아무튼, 민주화 이후 한국의 복지제도는 결국 관료들의 손에 의해 작성되고 실행되었다고 할 수 있는데, 제도간의 상호충돌의 문제, 제도의 실제적 효과, 비용효율성의 정도 등을 측정하고 그 결과를 정책

령을 받아 한직으로 전출되거나 실장급의 고위책임자는 해직되었다. 정책 결정은 정치인이 했으나 문책을 받은 정치인은 아무도 없었다.

결정 과정에 다시 환류하는 것이 필요하다. 관료들의 정책자율성이 비교적 큰 한국에서 복지제도는 큰 틀의 개혁조치들은 기대하기 어렵다. 다만, 대중적 지지가 분명하고 수혜집단이 확정되어 있는 단기적 목적의 프로그램 개발이 주류를 이룬다. 소소한 정책메뉴를 늘리는 것, 비교적 비용이 덜 들면서 가시적 효과가 큰 것, 시민들의 기여부담이 적은 반면 혜택이 큰 것 등이 복지제도의 점진적 발전을 추동한 요인들이다.

5) 경로의존성

복지개혁의 폭과 심도는 초기의 제도적 설계에 의해 제약을 받는다. 신제도학파가 경로의존성(*path dependence*)으로 개념화한 이것은 민주화 이후 한국의 복지발전을 설명하는 데에 매우 유용한 시사점을 제공한다. 한국의 복지제도가 설계되었던 1960년대 초반 군사정권은 수혜자부담과 재정안정성을 최우선 원칙으로 설정하였고, 정부는 단지 행정비와 관리비를 부담하는 것에 역할을 한정시켰다. 연금과 산재보험이 공공부문을 우선으로 하고 민간부문의 경우 소득원이 확실한 대기업에 한정시킨 것은 이런 까닭이었다.

연금기금의 운영도 직역별로 구분하여 군인, 교사, 공무원으로 나눴고, 연금혜택의 수혜율도 각 부문의 사정을 고려하여 각각 달리 설정했다. 직역별로 구획된 조합주의가 연금기금에 적용되면서 1963년 입법화되고 1976년 제한적으로 시행된 의료보험에도 그대로 관철되었다. 김영삼 정권에서 의료보험의 통합문제가 최초로 제기되었던 것도 조합주의에 내포된 수혜의 불평등을 완화하기 위한 것이었는데, 초기 설계를 변경하는 것이 엄청난 정치적 쟁점으로 비화하자 김영삼 정권은 차기 정권으로 그 과제를 유보했다. 김대중 정권은 그 과제를 인수

받아 실행에 옮기기는 하였으나 이를 위해 치른 정치적 희생은 매우 컸다.

사회보험의 초기 제도설계는 그 외에도 다음과 같은 특징을 갖는다. ① 고용안정성을 기준으로 취업과 실업을 반복하는 집단을 배제하되, 제도가 성숙되는 단계에서 점차적으로 혜택을 확대한다는 것, ② 혜택의 규모를 늘리려면 수혜자의 기여분을 늘려야 하는데, 제도의 정착을 위해 저부담-고혜택의 구조를 우선 권장하고, 후일에 재정수지의 균형을 기한다는 것, ③ 연금기금과 의료보험이 직역별로 구분되어 있으므로 별도의 관리관청을 둔다는 것이 그것이다.

대체적으로 보아 한국의 제도설계는 독일의 사회보험과 유사성이 많다. 그러나 저부담-고혜택은 한국의 독자적 특징이며, 보험률과 혜택의 규모, 공급자와 수요자의 참여권한을 제한하고 대부분 정부의 소관 하에 둔다는 점이 또한 독일과 다른 점이다. 독일은 이른바 조합주의 정치로 이해당사자의 자율협상에 의해 모든 것이 결정된다. 정부가 개입하는 것은 대폭적 구조조정의 필요성이 제기된 경우와 공급자와 수요자 간 이해충돌이 발생해서 결정을 할 수 없는 경우에 한한다. 그러나, 한국은 운영과 관리의 형태가 독일과 유사하지만 정부의 개입범위가 넓고 권한이 집중되어 있다는 점에서 차이가 난다.

이러한 초기적 제도설계의 특성은 복지제도에 대한 대중의 관습을 결정한다. 한국의 경우 시민들은 저부담-고혜택에 이미 길들여져 보험료를 약간만이라도 상향조정하는 것에 극단적 저항감을 보인다. 연금의 기여금 대비 급여액 비율은 세계적 수준이며, 건강보험의 경우도 부담액에 비해 혜택이 매우 큰 편이다. 건강보험이 적용되는 범위를 넓히려면 보험료도 동시에 인상해야 하는데, 저부담-고혜택에 길들여진 시민들의 강력한 저항이 예상되기에 어떤 정권도 그러한 조치에 매우 소극적이다.

실제로 의약분업 이후 의사집단의 소득을 보전하기 위해 취해진 건보료 인상조치에 시민들의 반응은 부정적이었다. 그러나, 의료계의 자체 평가에 따르면, 한국의 시민은 기여금에 비해 질적으로 상당히 우수한 서비스를 받고 있으나 그러한 사실을 외면한다는 것이다(송호근, 2001a). 대중이 저부담-고혜택을 선호하는 상황, 부담을 올리면 정치적 저항이 발생하는 상황은 이미 초기의 제도설계로부터 비롯된 것이며, 이런 관습과 인식은 비용이 많이 드는 체제개혁을 어렵게 만든다. 최근 노무현 정권에서 논의되는 연금개혁이 지지부진한 것도 이런 까닭이다. 저부담-고혜택의 구조를 바꾸지 않으면 연금기금이 조기에 고갈되거나 후속세대가 져야할 짐이 너무 커지기에 개혁조치가 그 어느 때보다 필요한 시점임에도 불구하고 그것이 몰고 올 정치적 파장을 고려하여 선뜻 개혁조치에 나서지 못하는 것이다.

골격을 바꾸는 대수술은 물론이거니와, 관리와 운영방식을 바꾸는 일에도 많은 정치적 희생이 따른다. 건보의 재정통합을 시도했던 김대중 정권은 통합주의로 바꾸는 과정에서 잉여인력을 해고하는 조치를 취할 수밖에 없었는데, 해고 당사자들로부터 엄청난 반발을 감수해야 했다. 복지의 제도적 효율성을 위한 개혁조치에 따르는 정치적 희생은 모두 현정권이 감당해야 한다면, 미래를 위한 조치에 선뜻 나설 정권은 그리 많지 않다.

민주화 이후 한국의 복지개혁은 초기설계로부터 결코 한 발짝도 벗어나지 않았다. 그것은 오히려 편입되지 않은 부문을 편입시켜 사회보험의 보편성을 높이는 것, 다시 말해 초기설계를 완성시키는 일이었다. 점진주의는 바로 미편입 집단의 단계적 편입을 의미하고, 새로운 복지수요를 그때그때 채우는 프로그램적 개혁이 주종을 이룬다는 사실을 시사한다. 또한, 고용안정성에 기반을 둔 수혜자격 규정은 비정규직의 체계적 배제를 의미하고, 이후 복지개혁에서도 이러한 원리가 변함없이 관철되었다. 이는 경로의존성이 민주화 이후 민주주의 정권에서의 복지개혁을 관할하는 중요한 원리였다는 점을 확인시켜 준다. 그러므로, 친노동정권을 표방하는 어떤 정권이 탄생해도 패러다임을 바꾸지 않는 한 점진주의에 기초한 프로그램적 개혁이 복지제도 발전의 지배적 형태가 될 것임은 의심의 여지가 없다. 경로의존성은 정치인을 위시하여 관료, 시민들에 이르기까지 오랫동안 내면화된 복지이념과 의식에 의해 더욱 강화될 전망이다. 17)

---

17) 유럽의 복지국가 재조정도 경로의존성이 매우 현저하게 나타난다. 즉, 아무리 큰폭의 개혁을 단행해도 에스핑-앤더슨이 분류한 유형별 속성을 벗어나는 국가는 거의 없고 영국의 경우가 조금 특별한 사례일 뿐이다. 복지제도의 축소를 단행한 경우에도 유형을 바꾼 국가는 별로 없다.

제 8 장

복지정치의 구조변화
정책연결망은 어떻게 바뀌었나?

1. 정책결정구조의 중요성

1) 거부권의 다차원성

정책변화는 정책결정의 고리(*chain of decisions*)들을 통과해야만 가능하며, 이러한 고리들에는 정책변화의 가능성을 억제하는 거부권들이 존재한다(Immergut, 1990: 395~397). 따라서 정책의 변화가능성은 정책결정의 고리들을 따라 형성된 거부권의 존재여부와 위치에 따라 달라진다는 것이다. 정책결정의 고리들에서 이러한 거부권이 많이 존재할수록, 또한 그러한 거부권이 정책결정의 핵심적 고리에 위치할수록 정책변화의 가능성은 적어진다.

임머굿은 스웨덴과 프랑스, 그리고 스위스의 의료보장정책의 차이점을 이러한 맥락에서 설명한다. 일반적으로 의료보장정책과 관련하여 커다란 영향력을 행사하는 의료 전문가집단은 무임승차의 문제를 해결하고 집합적 행동을 조직화할 수 있는 특권 집단이다(Olsen,

1982). 또한 이들은 의료상품의 사회화를 강화하는 의료보장정책의 발전에 대해 반대하는 경향을 일반적으로 갖는다. 그럼에도 불구하고 국가에 따라 의료보장정책의 발전에 편차가 나타난다는 것은 정책결정이 행위자 중심의 관점으로는 잘 설명될 수 없다. 보다 중요한 것은 이러한 집단들이 활용할 수 있는 거부권이 존재하는지의 여부와 그것이 어디에 위치하는가의 문제라는 것이다. 의료 전문가집단이 활용할 수 있는 거부권이 없었던 스웨덴과 정치적 변동에 따라 거부권의 강도가 심하게 요동쳤던 프랑스, 주요 정책안에 대해 국민투표 발의를 강력한 거부권으로 활용할 수 있는 스위스의 의료보장정책은 바로 그러한 점에서 차이를 산출했다는 것이다.

그 이후에 이루어진 여러 연구들(Huber, Ragin, and Stephens, 1993; Maioni, 1998; Bonoli, 2001)은 거부권이 존재하지 않거나, 존재하더라고 정책결정의 주변적 고리에 위치하기 때문에 정책결정의 권한이 행정부에 집중될 수 있었던 국가는 큰 복지국가를 발전시켜나갔음을 보여주었다. 반면에 반복지 세력이 활용할 수 있는 거부권이 존재하고, 정책결정의 권한이 분산된 국가는 작은 복지국가를 산출한다는 점 또한 경험적으로 입증되었다.

이러한 연구들은 행정부와 입법부의 연계 방식, 입법부의 양원제 여부와 다수당 출현의 용이성, 의원선출의 방식을 결정하는 선거 체계, 국가정책의 주요 사안에 대한 국민투표제의 존재 여부 등을 정책결정 구조로 주목한다. 하지만 보놀리(Bonoli, 2001: 240)는 행정부 밖에 존재하는 거부권을 수평적 권한 집중의 차원으로, 행정부 내에 존재하는 비토 지점을 수직적 권한 집중의 차원으로 구분하면서, 자신의 연구를 포함한 대부분의 논의는 주로 첫 번째 차원에 국한되었다고 지적한다.

이러한 지적은 오랫동안 권위주의적 정치체제를 유지해온 한국의 정책결정과 변화를 살펴보는 데 매우 중요한 함의를 준다. 왜냐하면 한국에서는 정책결정의 권한이 주로 행정부로 집중되었기 때문에 수평적 권한집중보다는 수직적 권한집중의 차원에 보다 주목할 필요가 있기 때문이다. 즉, 정책결정 구조와 관련하여 정책변화를 탐구하기 위해서는 행정부 밖에 존재하는 거부권보다는 행정부 내에 존재하는 거부권에 초점을 두는 것이 한국의 상황에서는 보다 적합할 수 있다는 것이다.

국가주도의 급속한 산업화를 경험하면서 한국의 정책결정 구조는 경제성장을 촉진하고, 지지하는 방향으로 고착되었다. 기획형 정책 조정망으로 표현되는 이 정책결정구조는 국가조직의 분화를 억제함으로써 효율적 정책결정을 가능케 한다(김병국, 1994: 64~73). 기획형 정책 조정망에서는 조정권과 통괄권을 위임받은 관료조직이 필요한데, 한국에서 그것은 지금은 기능이 바뀐 경제기획원(재정경제원)이었다. 이 조직은 다른 조직보다 우위에 있었으며 예산의 편성과 기획, 조정의 업무를 맡음과 동시에 유능한 관료를 양성하고 파견하는 산실의 역할을 수행했다. 물론, 정책의 최종 결정권자는 대통령이었지만 대통령 역시 지속적으로 이 조직에 정치적 힘을 위임하였고, 대통령의 핵심 참모조직인 비서실의 핵심관료 역시 이 조직출신에 의해 주도되었다. 사실 안보와 관련된 국가정책을 제외한다면, 거의 모든 국가정책은 이 조직의 조정과 통괄을 통해 입안되었다고 할 수 있다.

정책결정 구조의 이러한 특성은 매우 중요하다. 왜냐하면, 경제기획원(재정경제원)은 조정자적 역할의 정당성을 지속적 경제성장에서 찾았고, 대통령 역시 그러한 맥락에서 경제기획원(재정경제원)을 후원했기 때문에 경제성장에 배치되는 정책제안이 현실화되는 것은 거의 불가능했기 때문이다. 더욱이 복지의 주무부서인 보건사회부(복지부와 노동부)는 전문성의 고려 없는 장관의 임용이나 관련 국회상임위에 대한 국회의원들의 낮은 선호도 등에서 드러나듯이 조직의 위상은 결코 높다고 할 수 없었다. 그렇기 때문에, 경제기획원(재정경제원)이라는 비토지점을 돌파하는 일은 결코 용이하지 않았다. 또한 행정고시를 통한 전문관료의 지속적 충원과 중앙행정부서 내 조직문화의 확산에 따라 복지부 관료들의 사고와 행위양식 역시 경제성장 지향적 논리로 수렴되어 갔다.[1] 이러한 제약조건하에서 사회복지정책은 국가의 책임을 최소화하는 방향으로, 즉 복지의 책임을 기업과 가족에게 전가하여 경제성장에 부담을 주지 않는 것을 최우선적 정책목표로 추구하게 되었다.

2) 정책결정 구조의 상황변화와 시민사회의 침투

민주화 이후 나타난 한국 시민사회의 특징적 양상은 시민사회의 자율성이 증가함과 동시에 그 활동범위가 확대되었다는 점이다(임혁백, 2000). 이에 따라 자신들의 계급적·지역적·직업적 이익을 방어하고 실현하기 위해 다양한 시민단체들이 급격하게 번성하게 되었다. 이러한 시민단체들의 일부는 사회복지정책의 발전에 이해관계를 가지는 친복지 세력으로 자리매김하면서 사회복지정책의 변화를 꾀하는 노력을 조직적으로 수행하게 된다. 한국에서 사회복지정책의 발전에 이해관계를 가지는 시민단체의 등장은 민주화 이후에 나타난 비교적 새로운 현상이다. 1980년대까지 사회개혁에 초점을 둔 시민단체들은 사회복지 영역에 큰 관심을 가지지 않았으며, 종교단체나 전문적 사회복지기관 및 시설 등 직접적 서비스의 제공에 초점을 둔 민간비영리 조직들이 취약한 민간 사회복지 영역을 담당했다.

하지만 1990년대 이후 한국사회에는 과거와는 확연히 구분되는 다양한 종류의 시민단체들이 등장했다. 이러한 단체들은 1970년대나 80

[1] 보건복지부 역시 경제관련 부서로 분류되어 과천에 위치한다는 점 역시 그러한 조직문화의 확산과 관련해서 중요하다.

년대의 시민단체들과는 조직구조나 활동영역 등에서 매우 다른 양상을
보인다는 점에서 주목할 필요가 있다. 실제로 권력지향적이기보다는
문화혁신적이며, 특정계급의 이해를 대변한다기보다는 공적 가치와
생활양식의 변화를 지향하며, 위계적 조직구조 대신 느슨한 네트워크
와 자발적 참여를 기축원리로 하는 몇몇 조직들은 커다란 성공을 구가
했다. 하지만, 또한 상당수의 조직들은 변화된 상황에서 큰 정체성의
위기를 경험하기도 했다.

 권위주의 시대에 국가에 의해 선별적으로 육성·동원된 관변단체의
활동은 정부의 활동과 별다른 차별성을 가지지 못한 채로 진행되었기
에 시민단체의 중요한 특성이자 덕목인 자발성을 거기에서 찾기란 매
우 어려웠다. 권위주의적 국가권력에 대항하는 반정부적 시민단체도
민주주의나 불평등과 같이 상대적으로 거시적이며 구조적인 문제에 주
로 초점을 맞추었기에 점진적 사회개량이나 서비스의 제공에 초점을
둔 사회복지 문제는 관심 밖의 일이었다.

 그런데 민주화의 진전은 관변단체나 반정부적 시민단체 모두를 포
함한 시민단체에게는 커다란 기회이자 동시에 위기를 초래했다. 거시
적 이슈에서 미시적 이슈로의 방향전환이 요구되었고, 조직구조의 변
화가 필요했다. 시민단체의 상당수는 시민사회 공간의 확대에 따라 스
스로의 역할과 정체성을 재점검해야 했고, 조직의 생존을 위해서 새로
운 쟁점(適所)을 찾아야 했다. 민주화 과정에서 사회복지정책이 일상
생활과 구조가 교차하는 영역으로 부상하자 시민단체들은 곧 사회복지
를 그들의 플랫폼으로 설정하게 시작했다.

 시민단체들은 김영삼 정권의 등장 이후 정책결정 구조에 가깝게 접
근하게 된다. 김영삼 정권은 1989년 설립된 경제정의실천연합 등 시민
단체 출신의 여러 인사들을 청와대, 내각 등에 기용했고, 이를 통해
시민단체와 정권과의 근접성을 높이기 시작했다. 그런 가운데 시민단
체들은 의료보험과 국민연금, 그리고 생활보호제도에 대한 정책변화

를 꾀하게 되었다. 먼저 1994년에는 다양한 시민단체들이 '의료보험연대회의'를 결성하고 통합주의 방식의 의료보험 개혁활동을 벌이기 시작했다. 또한 1994년에 창립된 '참여민주사회와 인권을 위한 시민연대(참여연대)'는 1994년 12월부터 '국민생활최저선 확보운동'을 통해 생활보호법 개정운동을 벌이기 시작했고, 민주노총은 1996년부터 '사회개혁 3대 과제'를 구체화하면서 의료보험의 통합일원화와 연금기금의 관리문제를 제기하기 시작했다.

  그러나 시민단체들이 제기한 이러한 이슈들이 실질적 정책변화로 나타나기 시작한 것은 김대중 정권 등장 이후이다. 그렇다면, 김대중 정권의 등장 이후 시민단체의 역량이 더 강화되었거나, 정부와의 근접성이 더 커졌다는 것인가? 실제로 여러 연구들은 시민단체의 조직력이 김대중 정권 시기에서 더 강화되었고 정부와의 근접성도 커졌기 때문에 의료보험의 통합일원화나 국민기초생활보장법의 제정 등과 같은 정책변화가 가능했다고 본다(백승호, 2000; 안병영, 2000; 한창근, 2001; 성경륭, 2001; 박윤영, 2002). 물론 이러한 연구들 중 일부는 시민단체의 역할뿐 아니라 핵심 정책결정자로서의 대통령의 역할, 옷 로비사건 및 국회의원선거와 같은 정치적 흐름을 강조하기도 한다(한창근, 2001; 성경륭, 2001; 박윤영, 2002).

  특히 성경륭(2001: 150)은 '연합분석 모델'이라는 관점을 제시하면서, ① 복지개혁을 추진하는 시민사회 세력들의 조직력과 결속력이 강한 경우, ② 정부가 복지개혁을 수용, 또는 추진할 수 있는 개혁적 성향을 가진 경우, ③ 복지개혁을 위해 시민사회 세력과 정부가 '수직적 연합'을 형성한 경우 복지부문의 획기적 발전이 가능하다고 주장한다. 즉, 사회복지 정책의 변화는 그것을 추동하는 핵심적 행위자와 관련된 것으로 이해한다. 그러나 우리는 시민단체와 노동계급을 포함한 시민사회 세력과 친복지적-개혁적 성향의 대통령이라는 행위자에 주목하는 이러한 시각이 오랜 기간에 걸쳐 형성되고 재생산된 정책결정 구조라는 제도적 측면의 중요성을 간과한다고 본다. 즉, 정책결정 구조는 행위자나 사건들의 복잡한 상호작용을 제약하는 맥락에만 머물러 있는 것이 아니라, 그것 자체가 정책변화를 야기하는 핵심변수라는 것이다 (March and Olsen, 1989: 19).

이런 맥락에서 8장은 행정부 내에 존재하는 '거부권'에 주목하고자 한다. 앞서 언급한 바와 같이 복지의 책임을 기업과 가족에게 전가하여 경제성장에 부담을 주지 않는 것을 최우선적 정책목표로 촉구했던 정책결정의 고리들에서 경제기획원(재정경제원)은 결정적 거부권을 행사했다. 하지만 김대중 정권이 등장하면서 이들의 거부권은 일시적으로 약화되었다. 우선, 1990년대 이후 시도된 몇 차례의 정부조직 개편은 이들의 통제력을 분산시키는 결과를 낳았다. 특히 김대중 정권에서는 기획예산업무와 재정업무를 분리하는 행정개혁이 시도되었다. 이러한 조직개편은 기획형 정책조정망의 분화를 초래하여 거부권을 완화시키는 결과를 가져왔다.

갑작스럽게 경험하게 된 외환위기 또한 이들이 가진 거부권을 약화시켰다. 경제기획원(재정경제원)의 탓만으로 돌릴 수 있는 사안은 아니었지만, 외환위기 이후 진행된 문책과 책임추궁은 한동안 이들의 통제력과 정당성을 약화시키기에는 충분했다. 결국 여러 가지 상황적 요인 때문에 정책결정 구조는 일시적으로 변화할 수 있었고, 이는 시민사회 세력 등의 친복지 세력이 정책결정 구조에 침투할 수 있는 여지를 제공했다. 정책결정 구조의 일시적 변화가 사회복지정책의 변화를 초래한 핵심적 배경이라는 것이 이 장이 주목하는 분석의 초점이다.

2. 분석의 방법

1) 정책 연결망 분석

정책결정 구조를 경험적으로 살펴보기 위해 정책 연결망 분석방법 (*policy-domain network analysis*)을 활용한다. 정책 연결망 분석은 연결망 분석방법을 정책연구에 적용한 것으로, 정책결정 구조를 정책결정에 관여하는 행위자들 사이의 연결망으로 정의한다(Laumann and Knoke, 1987; Knoke, 1990; Knoke, Pappi, Broadbent and Tsujinaka, 1996). 사회과학에서 빈번하게 언급되는 '구조'는 경험적으로 측정하기 어렵기 때문에 종종 텅 빈 개념으로 비판받기도 한다. 연결망 분석은 행위자들이 복잡한 사회적 관계의 망으로 연결되어 있으며 그 관계의 망이 실재한다는 점에 주목하여 그러한 연결망을 사회구조로 정의한다(김일철·이재열, 1999).

연결망은 관련된 행위자들의 행위에 의해 구성된 것이지만, 항상 행위자의 의도와 일치하는 결과를 산출하지는 않는다. 개인과 집단은 연결망을 통해 자원을 통제하고 활용하기도 하지만, 동시에 그 연결망은 개인이 가질 수 있는 자원과 기회를 제약한다. 바로 그렇기 때문에 연결망은 사회구조로 이해될 수 있는 것이다.

이러한 접근은 정책결정 구조에 대해서도 적용될 수 있다. 정책결정 과정에 관여하는 행위자들은 정책을 둘러싼 복잡한 사회적 관계의 망으로 연결되어 있는데, 이 연결망은 정책결정과 관련하여 행위자들이 가질 수 있는 자원과 기회를 제약하는 정책결정 구조로 이해될 수 있다. 따라서 연결망의 다양한 측면에 대한 분석은 정책결정 구조의 특성을 파악하는 것이라고 할 수 있다. 김영삼 정권 시기와 김대중 정권 시기의 정책결정 구조가 가지는 상이성과 유사성을 경험적으로 확인하

고, 정책결정에 대한 행위자들의 관여 정도와 방식을 다양한 방법으로
규명할 수 있다는 점에서 정책 연결망 분석은 이 연구의 목적을 달성
하는 데 매우 적합한 연구방법이다.

2) 자료수집의 방법

　정책 연결망은 관련된 '행위자'들이 상호 인지의 과정을 통해 경계짓
는 '정책영역'(policy domain) 내에서 만들어내는 그들 사이의 '연계'
(linkages)로 정의될 수 있다. 이 연구에서는 사회복지정책 연결망을
구성하는 정책영역과 행위자, 연계를 다음과 같이 정의한다. 이러한
요소들은 모두 구조화된 설문지를 통해 측정되었고, 2004년 6월부터
8월 사이에 정책사건들에 참여한 41명의 행위자들에 대한 면접조사를
통해 수집되었다. 한편 수집된 자료는 연결망 분석프로그램인 넷마이
너(NetMiner) 2.5를 활용하여 분석하였다.

(1) 정책영역

　여기에서는 정책영역을 사회복지정책으로 두고, 실제적 연구의 범위
인 정책 하위영역으로 사회보험과 공공부조를 선택하였다. 정책결정
구조의 변화를 살펴보기 위해서 연구의 시기는 김영삼 정권과 김대중
정권으로 제한하였으며, 사회보험 및 공공부조와 관련하여 이 시기에
제기되었던 쟁점과 발생했던 사건을 통해 정책 연결망의 경계를 설정
하였다. 김영삼 정권과 김대중 정권 시기에 제기되었던 사회보험 및 공
공부조의 쟁점은 주요 일간지와 《사회복지신문》, 참여연대 사회복지
위원회에서 발행하는 《복지동향》을 검색하여 추출하였는데, 그 결과
〈표 8-1〉과 같이 고용보험제도에서 6개, 국민연금제도에서 7개, 국

민건강보험(의료보험)에서 5개, 국민기초생활보장제도에서 7개가 선택되었다.

한편, 행위자들이 구체적 정책대안이 필요하다고 인식하고 주목하는 것이 정책 쟁점이라면, 정책 사건은 실제로 어떤 행동으로 구체화된 것으로 한정된 시간의 제약과 결정의 주체가 관여되어 있는 것을 의미한다. 정책 사건들은 그것들의 제도적 성격에 따라 사법적 사건, 입법적 사건, 행정적 사건으로 구분될 수 있지만(Knoke, Pappi, Broadbent and Tsujinaka, 1996: 15), 이 연구에서는 주로 입법적 사건에 초점을 둔다. 그러므로 정부가 입법안을 마련하기 위해 설치한 위원회나 기획단, 국회의 관련 상임위원회(보건복지위, 환경노동위)에 회부된 법률안, 시민단체 등에 의해 청원되어 관련 상임위원회에 소개된 법률안,

〈표 8-1〉 김영삼 정권과 김대중 정권 시기 사회복지정책의 쟁점들

정책의 하위영역	사회복지정책의 쟁점들
고용보험	① 보험관리기구 ② 국고부담 ③ 적용범위 ④ 급여수준 및 보험료율 ⑤ 퇴직금의 일부전환 ⑥ 직업훈련의무제와의 관계
국민연금	① 특수직역연금과 국민연금의 통합 ② 도시지역주민에 대한 적용확대 ③ 현 노인세대에 대한 연금수급권 보장 ④ 연금기금의 운용 ⑤ 재정운영방식 ⑥ 연금의 체계 ⑦ 급여의 수준
건강보험 (의료보험)	① 관리운영조직 통합 ② 지역가입자 및 직장가입자 재정의 통합 ③ 지역가입자의 보험료 산정방식 ④ 급여범위의 확대 ⑤ 보험가입자의 참여기회 확대
기초생활보장 (생활보호)	① 보호대상자의 구분 폐지 ② 수급자의 법적 지위 ③ 전달체계의 개편 ④ 자활지원사업의 확대 ⑤ 부양의무자의 범위 ⑥ 다루어야 할 문제의 우선순위(빈곤문제 vs 실업문제) ⑦ 최저생계비 결정 및 공표

본회의를 통과하여 대통령이 공포한 법률이 정책 사건으로 정의된다. 예컨대, 고용보험제도법 제정의 경우는 ① 1993년 6월 한국노동연구원 고용보험연구기획단의 "고용보험실시방안연구" 보고서 제출, ② 1993년 7월 노동부에 의해 "고용보험법 초안" 마련, ③ 1993년 10월 29일 정부 "고용보험법안" 국회노동위원회에 회부, ④ 1993년 12월 1일 "고용보험법" 제정 등의 4개 사건이 구체화되었다. 이러한 정책 사건들은 각 정책들의 정책 결정과정에 대한 선행 연구들(윤진훈, 1996; 양성일, 1998; 권혁신, 2000; 백승호, 2000; 안병영, 2000; 이순호, 2000; 이홍윤, 2000; 한창근, 2001; 박윤영, 2002)에 대한 내용분석과 국회 의안 정보 시스템(http://search. assembly. go. kr/bill/)의 검색을 통해 〈표 8-2〉와 같이 김영삼 정권에서 17개, 김대중 정권에서 35개가 추출되었다.

〈표 8-2〉 사회복지정책 사건들

김영삼 정권
① 고용보험법 제정(1993년 12월 제정): 1993년 6월 한국노동연구원 고용보험연구기획단의 "고용보험 실시방안연구" 제출 등 4개 사건들
② 생활보호법 개정(1997년 8월 22일 개정): 1996년 2월 국민복지기획단 "삶의 질 세계화를 위한 국민복지 기본구상" 발표 등 8개 사건들
③ 국민의료보험법(1997년 12월 31일 제정): 1996년 2월 국민복지기획단 "삶의 질 세계화를 위한 국민복지 기본구상" 발표 등 5개 사건들

김대중 정권
④ 국민연금법 개정(1998년 12월 12일 개정): 1996년 6월 청와대 사회복지수석실 "공적연금의 장기발전 방안" 제출 등 12개 사건들
⑤ 국민건강보험법 제정(1999년 2월 8일 제정): 1998년 2월 노사정위원회 경제위기 극복을 위한 사회협약 채택(의보통합 합의) 등 15개 사건들
⑥ 국민기초생활보장법 제정(1999년 9월 7일 제정): 1997년 12월 국민회의 기초생활보장정책기획단 설치 등 8개 사건들

(2) 행위자

정책 연결망 분석에서 행위자는 개인이 아니라 공식적 조직이다. 따라서 실제의 정책결정 과정에는 개인들이 참여하였다고 할지라도 이러한 개인들은 그들이 속한 공식적 조직의 대리인으로 간주된다. 또한 정책 연결망을 구성하는 행위자는 공공조직으로만 국한되지 않는다. 앞서 언급했던 사회보험과 공공부조의 쟁점들을 주목하거나 입법적 사건에 관여하는 행위자들은 모두 정책 연결망을 구성하는 행위자로 간주된다.

이 장에서는 평판법(reputational approach)을 활용하여 정책 연결망을 구성하는 행위자들을 추출했다. 우선 4개의 중앙 일간지 신문기사를 검색하여 앞서 구체화하였던 정책 쟁점 및 사건과 관련된 48개의 조직을 추출하고 목록을 작성하였다. 다음으로 추출된 조직들을 ① 행정부, ② 국회 및 정당, ③ 사용자 단체, ④ 노동자 단체, ⑤ 이익단체, ⑥ 시민단체, ⑦ 국책연구기관 등으로 구분한 후, 3인의 전문가로 하여금 이들 조직에 대한 평판을 3점 척도로 평가하게 하여, 최종적으로 33개의 조직들을 추출하였다. 실제의 면접은 33개 조직들로부터 권한을 위임받아 해당하는 정책 사건에 참여했던 개인들을 대상으로 이루어졌다. 하나의 조직이 여러 개의 정책 사건과 관련될 경우, 실제의 참여자는 1명 이상이 된다. 따라서 어떤 조직이 3개의 정책 사건에 관련되어 있다면, 각각의 정책 사건에 대한 권한을 위임받은 3명이 면접 대상이 되었다.

(3) 연 계

행위자들 사이의 연계는 아이디어, 자료, 전략 등에 대한 의사소통과 기금, 투표, 강요와 같은 자원교환을 통해 직접적으로 이루어지기

도 하지만, 관심의 공유나 연대, 동맹의 형성, 장기적 혹은 단기적 연
합체의 구성 등을 통해 이루어지기도 한다. 이 연구에서는 행위자들
사이의 직접적 교환관계는 정책 쟁점과 사건을 둘러싸고 이루어지는
세 가지 차원의 의사소통 관계(① 일상적 정보의 교환, ② 보안을 요하는
정보의 교환, ③ 전문적 정보의 교환)로 측정하였다. 또한 정책 쟁점에
대한 관심의 정도는 〈표 8-1〉에 나열된 쟁점들에 대한 행위자의 관심
정도를 5점 척도로 측정하였으며, 정책 사건에 대해서는 〈표 8-2〉에
나열된 각각의 사건에 대한 ① 관여 정도, ② 관여 시기, ③ 관여의 방
식 등을 3점 척도로 측정했다.

3. 정책결정 구조의 변화

1) 의사소통 연결망의 특성

정책 연결망 분석의 핵심적 과제 중 하나는 행위자들 사이에서 정책 쟁점과 사건을 두고 이루어지는 의사소통 연결망의 구조를 분석하는 것이다. 행위자들 사이에서 이루어지는 의사소통은 정책 이슈와 사건들에 대해 행위자들이 전략적으로 관여하는 데 필요한 정보를 획득하고 나아가 영향력을 행사하는 수단이기 때문이다(Laumann and Knoke, 1987). 이러한 맥락에서 의사소통 연결망에 대한 분석은 정책결정 구조에 내포된 권력관계를 파악하고 정책과 관련된 행위자들의 집합적 행동을 설명하는 데 자주 활용된다(Laumann and Knoke, 1987; Knoke, 1990).

여기에서는 앞의 〈표 8-1〉과 〈표 8-2〉에서 언급한 사회복지정책 쟁점과 사건을 두고 33개의 조직들 사이에서 이루어진 의사소통 연결망 구조를 분석하려 한다. 의사소통 연결망은 의사소통의 내용을 기준으로 ① 일상적 정보교환 연결망, ② 보안을 요하는 정보교환 연결망, ③ 전문적 정보교환 연결망으로 구분한다. 또한 의사소통 연결망 구조를 분석하기 위해 구획모형화(block modeling)의 방법을 활용한다. 이 방법은 다수의 행위자들을 하나의 구획으로 묶어줌으로써 행위자들 사이의 연결망 구조를 구획들 사이의 연결망 구조로 단순화하여 연결망 구조의 전체적 특성을 파악하고 비교하는 것으로, 김영삼 정권과 김대중 정권 시기의 의사소통 연결망 구조를 보다 명확하게 비교하는 데 유용하다.

한편, 다수의 행위자들을 하나의 구획으로 묶어주는 데에는 다양한 방법이 활용될 수 있는데, 여기에서는 조직 특성을 기준으로 33개 조직을 8개의 구획으로 단순화하였다. 〈표 8-3〉은 각각의 구획에 속하는 조직들과 그 분포를 나타낸 것이다. 우선 행정부 1은 이 연구에서 다루는 사회복지정책 쟁점과 사건에 직접 관여하는 주무부처로 구성되는데, 대통령 비서실 등 5개의 조직이 여기에 포함된다. 과거에 존재했던 경제기획원, 재정경제원, 기획예산위원회, 예산청 등은 재경부와 예산처로 분류했다. 한편, 행정부 2는 사회복지정책의 쟁점과 사건에 관여하긴 하지만, 사회복지정책의 주무부서는 아닌 교육부 등 네 개의 정부조직을 포함한다.

국회 및 정당은 사회복지정책과 관련된 국회의 해당 상임위원회와 정당들을 포함한다. 정당의 경우 이미 사라진 민주자유당과 신한국당은 한나라당으로, 평민당과 국민회의는 민주당으로, 민주공화당은 자민련으로 분류했다. 기업과 자본의 이해를 대표하는 경총 등 네 개 조직은 사용자단체로, 노동의 이해를 대표하는 한국노총 등 두 개 조직

〈표 8-3〉 조직유형에 따른 조직들의 분포(n=33)

조직유형	해당조직	비율
행정부 1	비서실, 복지부, 노동부, 예산처, 재경부	15.2
행정부 2	교육부, 국방부, 산자부, 행자부	12.1
국회 및 정당	보건복지위, 환경노동위, 한나라당, 민주당, 자민련	15.2
사용자단체	경총, 전경련, 중기협, 대한상의	12.1
노동자단체	한국노총, 민주노총	6.1
이익단체	지역의보, 직장의보, 병원협회, 의사협회	12.1
시민단체	경실련, 참여연대, 여연, YMCA, 건강연대	15.2
국책연구기관	보건사회연구원, 한국개발연구원, 노동연구원 국민연금연구센터	12.1
합 계		100.0

은 노동자단체로 유형화하였다. 지역의료보험조합과 직장의료보험조합은 노동조합이지만, 건강보험(의료보험)과 관련한 활동에만 관여했으므로 이익단체로 분류하였다. 한편 경실련 등 5개의 조직은 시민단체로, 한국보건사회연구원 등 4개의 조직은 국책연구기관으로 분류하였다.

의사소통 연결망의 구조를 비교하기에 앞서 그것이 가진 일반적 특성을 요약해서 제시한 것이 〈표 8-4〉이다. 이를 보면 김대중 정권의 의사소통 연결망이 김영삼 정권에 비해 행위자들 사이의 **결속** 정도가 더 큼을 알 수 있다. 연결정도는 한 행위자가 맺는 다른 행위자의 숫자로 정의되는데, 김영삼 정권의 의사소통 연결망의 평균 연결정도보다는 김대중 정권의 그것이 더 크다.

한편 **밀도**는 행위자들 사이에 가능한 전체 관계의 수 중에서 실제로 맺어진 관계의 수로 정의되는데, 역시 김대중 정권의 의사소통 연결망

〈표 8-4〉 정책 연결망의 일반적 특성

	일상 정보 연결망		보안 정보 연결망		전문 정보 연결망	
	김영삼	김대중	김영삼	김대중	김영삼	김대중
평균 연결정도	11.030	13.970	7.060	9.790	6.490	9.520
밀도	0.345	0.437	0.221	0.306	0.203	0.297
경로거리						
1(직접적 관계)	0.345	0.437	0.221	0.306	0.203	0.297
2	0.497	0.428	0.479	0.527	0.539	0.570
3	0.007	0.044	0.109	0.045	0.077	0.042
4	-	0.001	0.009	-	-	-
5	-	-	-	-	-	-
∞(연결 안 됨)	0.152	0.091	0.182	0.121	0.182	0.091

밀도가 김영삼 정권의 그것보다 더 촘촘함을 알 수 있다. **경로거리도** 연결망의 결속 정도를 보여주는 지표 중의 하나로, 두 행위자들이 연결되기 위해 필요한 단계를 의미한다. 두 행위자들 사이의 경로거리가 1이라는 것은 두 행위자가 직접 연결되어 있음을 의미하며, 경로거리가 2라는 것은 두 행위자는 하나의 다른 행위자를 거쳐 간접적으로 연결되어 있음을 의미한다. 또한 경로거리가 ∞라는 것은 두 행위자가 간접적으로도 연결되지 않음을 말한다. 경로거리의 분포를 살펴보아도 역시 김대중 정권의 의사소통 연결망의 결속 정도가 김영삼 정권의 그것보다 큼을 확인할 수 있다.

한편 연결망의 종류에 따른 결속 정도의 차이를 살펴보면 일상적 정보교환 연결망, 보안을 요하는 정보교환 연결망, 전문적 정보교환 연결망의 순서대로 결속 정도가 작아진다는 점을 알 수 있다. 이는 정책결정과 관련된 정보의 가치가 가지는 차이를 반영하는 것으로 해석된다. 즉, 정책결정과 관련하여 보다 중요한 전문적 정보의 교류는 보안을 요하는 정보나 일반적 정보의 교류보다 상대적으로 적게 이루어지며, 보안을 요하는 정보의 교류 또한 정책결정과 관련하여 보다 덜 중요한 일반적 정보의 교류보다는 적게 이루어진다는 점을 보여주는 것이라고 할 수 있다.

연결망 분석에서 특정 행위자가 가지는 권력은 **중앙성**(*centrality*)이나 **위세도**(*prestige*)라는 지표로 측정된다(Knoke, 1990). 중앙성은 결속의 양을 중시하는 개념으로 다른 행위자들로부터 많은 관계를 수신할수록 높아지며, 위세도는 결속의 질을 중시하는 개념으로 위세가 높은 행위자들로부터 많은 관계를 수신할수록 높아진다. 의사소통 연결망과 같은 쌍방적 교류관계에서는 행위자들이 가지는 권력을 주로 중앙성 지수를 통해 측정한다는 점을 고려하여(Knoke, 1990), 여기에서는 내향 중앙성(*in-degree centrality*) 지수를 통해 행위자들 사이에 권력이 어떻게 배분되어 있는지를 살펴본다.

〈표 8-5〉 일상적 정보교류 연결망의 조직유형별 내향 중앙성 지수

조직유형	김영삼 정권	김대중 정권	t 값
행정부 1	0.56	0.61	1.21
행정부 2	0.13	0.20	1.63
국회 및 정당	0.47	0.58	7.04**
사용자단체	0.29	0.38	4.41
노동자단체	0.34	0.48	8.81
이익단체	0.22	0.33	5.38
시민단체	0.31	0.41	4.82**
국책연구기관	0.36	0.46	2.27
전체 평균	0.34	0.44	8.58**

** $p < 0.01$

먼저 〈표 8-5〉는 구획모형화 된 일상적 정보교류 연결망에서 각각의 구획이 가지는 중앙성을 측정한 결과이다. 분석결과를 보면, 사회복지정책 쟁점과 사건을 두고 이루어지는 일상적 정보교류 연결망에서 가장 큰 권력을 가진 조직은 행정부 1이다. 행정부 1이 사회복지정책을 결정하고 실행하는 주무 부처들로 구성되어 있음을 고려하면, 이는 당연한 분석결과라고 할 수 있다. 국회 및 정당 또한 두 시기 모두에서 큰 권력을 가진 조직들로 드러났는데, 이는 이 연구에서 다루는 정책 사건이 주로 입법적 사건이기 때문인 것으로 해석된다. 국책연구기관의 경우는 김영삼 정권 시기에는 세 번째의 중앙성 순위를 갖지만, 김대중 정권 시기에는 노동자단체보다 작은 권력을 갖는 것으로 분석되었다. 각각의 조직유형들이 가지는 중앙성 지수가 김영삼 정권과 김대중 정권 시기에 얼마나 다른지를 살펴보기 위해 종속 2표본 T-test를 수행해본 결과 국회 및 정당과 시민단체의 중앙성 지수가 0.01 수준에서 통계적으로 유의미하게 차이가 나는 것으로 드러났다.

〈표 8-6〉은 보안을 요하는 정보교류 연결망을 조직유형에 따라 구

〈표 8-6〉 보안을 요하는 정보교류 연결망의 조직유형별 내향 중앙성 지수

조직유형	김영삼 정권	김대중 정권	t 값
행정부 1	0.39	0.49	3.13
행정부 2	0.12	0.09	0.88
국회 및 정당	0.33	0.41	5.96**
사용자단체	0.16	0.22	2.82
노동자단체	0.19	0.31	82.33**
이익단체	0.13	0.23	6.70**
시민단체	0.17	0.31	6.54**
국책연구기관	0.20	0.31	4.02
전체 평균	0.22	0.31	7.68**

** p<0.01

획모형화하여 중앙성을 측정한 결과이다. 일상적 정보교류 연결망과 마찬가지로 여기에서도 김영삼 정권과 김대중 정권 시기 모두에서 행정1이 가장 큰 권력을 가지며, 국회 및 정당이 두 번째로 큰 권력을 가지는 것을 알 수 있다. 하지만, 다른 조직들의 중앙성 지수 순위는 두 시기에서 상당히 다르게 나타난다. 노동자단체와 시민단체의 순위 변화가 특히 두드러지게 나타나는데, 김영삼 정권 시기에 노동자단체의 중앙성 지수 순위는 국책연구기관보다 아래에 있고, 시민단체의 순위는 노동자단체의 아래에 있지만, 김대중 정권 시기에 이들 조직유형들의 중앙성 지수 순위는 국책연구기관의 그것과 같다. 노동자단체와 시민단체를 포함하는 시민사회 세력이 사회복지 정책결정 구조에서 차지하는 위상이 김대중 정권 시기에 상당히 높아졌다는 것이다. 한편, 종속 2표본 T-test를 수행해본 결과 국회 및 정당과 노동자단체, 이익단체, 그리고 시민단체의 중앙성 지수가 0.01 수준에서 통계적으로 유의미하게 차이가 나는 것으로 나타났다.

〈표 8-7〉 전문적 정보교류 연결망의 조직유형별 내향 중앙성 지수

조직유형	김영삼 정권	김대중 정권	t 값
행정부 1	0.33	0.44	3.50
행정부 2	0.11	0.12	1.73
국회 및 정당	0.32	0.41	4.77**
사용자단체	0.13	0.20	3.45
노동자단체	0.17	0.28	2.32
이익단체	0.10	0.20	3.43
시민단체	0.15	0.29	5.42**
국책연구기관	0.24	0.36	3.15
전체 평균	0.20	0.30	8.87**

** p<0.01

김대중 정권 시기에 시민사회 세력의 위상이 높아졌다는 점은 전문적 정보교류의 연결망에 대한 분석결과에서도 드러난다. 〈표 8-7〉은 앞에서와 같은 방법으로 전문적 정보교류 연결망을 분석한 결과인데, 시민단체와 이익단체의 중앙성 지수 순위의 변화가 특히 두드러진다. 김영삼 정권 시기에 시민단체는 전체 8개의 조직유형 중 다섯 번째의 순위에, 이익단체는 여덟 번째의 순위에 있었지만 김대중 정권 시기에는 시민단체가 네 번째의 순위에, 이익단체는 사용자단체와 같은 여섯 번째의 순위로 변화하였다. 중앙성 지수의 시기별 차이를 종속 2표본 T-test로 분석한 결과 국회 및 정당과 시민단체의 중앙성 지수가 0.01 수준에서 통계적으로 유의미한 차이를 가지는 것으로 나타났다.

2) 의사소통 연결망의 구조

두 시기 동안에 발생한 이러한 변화를 염두에 두면서 이번에는 의사
소통 연결망 구조를 직접 비교해보자. 연결망 구조를 보다 명확하게
비교하기 위해 여기에서는 행위자들 사이의 연결망 구조를 구획들 사
이의 연결망 구조로 단순화하는 한편, 각 구획들 사이의 거리를 시각
적으로 명료하게 나타내기 위해 다차원 척도(MDS) 분석을 실시하였
다. 다차원 척도 분석은 모든 개체 쌍에 대해 유사성이나 상이성을 나
타내는 자료가 주어져 있을 때, 적은 수의 공간에서 그 개개의 관계를
최대한 만족하는 전체적 배치를 찾아서 시각적으로 보여주는 방법이다
(김용학, 2003). [2] 따라서 좌표공간에서 가깝게 배치된 행위자들은 그
만큼 유사성이 크다고 할 수 있다.

이하의 분석에서는 행위자들을 구획들로 단순화하였으므로, 좌표공
간에서 가깝게 배치된 조직유형들은 의사소통 연결망에서 그만큼 유사
성이 큰 조직유형들이라고 해석된다. 또한 밀도의 크기에 따라 각각의
구획 내부와 구획 사이를 연결하는 선을 표시하였다. 구획 내부와 구
획 사이의 밀도가 연결망 전체의 평균적 밀도보다 적으면 관계가 없는
것으로 간주하여 선을 표시하지 않았으며, 평균적 밀도보다 두 배 이
상 큰 밀도를 가지면 상당히 촘촘한 관계를 가지는 것으로 간주하여
굵은 선으로 표시하였다. [3]

〈그림 8-1〉은 일상적 정보교류 연결망 구조를 다차원 척도 분석한
결과로, 사회복지정책과 관련하여 이루어진 일상적 정보교류 연결망

---

[2] 다차원 척도분석에서 자료의 재현정도는 SStress 값에 의해 평가된다.
SStress는 부적합 정도를 나타내므로, 그 값이 0에 가까울수록 자료가 잘
재현되었다고 해석한다(김용학, 2003).

[3] 이미지 행렬(image matrix)이라고 불리는 이 방법은 구획모형을 좀더 단순
화하기 위해 활용된다. 이에 대해서는 Wasserman and Faust(1994: 417
~423)를 참조하라.

〈그림 8-1〉 일상적 정보교류 연결망의 구조

■ 김영삼 정권

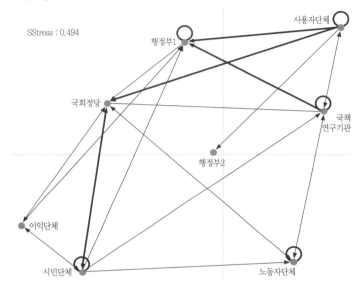

■ 김대중 정권

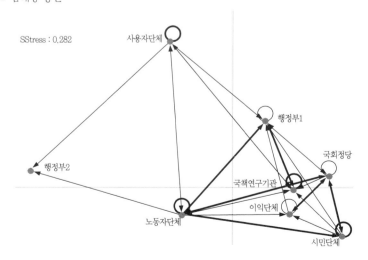

의 구조가 김영삼 정권과 김대중 정권 시기에 어떤 차이를 갖는지를 보여준다. 두 시기의 일상적 정보교류 연결망을 살펴보면 몇 가지의 흥미로운 점이 발견된다.

우선, 사회복지정책 쟁점과 사건을 두고 이루어지는 일상적 정보교류 연결망에서 중심적 위치에 있는 행정부 1과 가깝게 배치된 조직유형들이 두 시기 사이에 상당한 변화를 보인다. 김영삼 정권의 시기에는 행정부 1과 가깝게 배치된 조직들은 국회 및 정당, 사용자단체, 국책연구기관 등이다. 또한 이들 사이의 교류 밀도는 연결망 전체의 평균적 밀도보다 커서 상당히 촘촘한 관계를 형성하며, 국회 및 정당을 제외하고는 구획 내부에서도 상당히 촘촘한 관계를 형성한다. 하지만 김대중 정권 시기에는 노동자단체, 시민단체 및 이익단체 등이 행정부 1과 가깝게 배치되어 있을 뿐만 아니라, 이들 사이의 교류 밀도도 상당히 커졌음을 알 수 있다. 김영삼 정권 시기 동안 행정부 1이 사용자단체와 가깝게 배치된 반면, 김대중 정권에서는 노동자단체와의 거리도 가까워져서 사용자단체와 유사한 거리를 유지한다는 점도 변화된 측면 중의 하나이다.

두 번째로 주목해야 할 점은 사용자단체와 노동자단체, 시민단체 등과 같은 시민사회 행위자들 사이의 관계이다. 김영삼 정권 시기에 사용자단체와 노동자단체, 그리고 시민단체는 상당히 멀리 배치되어 있다. 노동자단체와 시민단체는 교류하지만, 주로 시민단체가 교류를 발신하는 비대칭적 교류에 머물러 있고, 사용자단체는 노동자단체 및 시민단체와 교류하지 않았다.

김대중 정권 시기에도 이들 3개의 조직유형들은 여전히 멀리 배치되어 있지만, 교류의 밀도는 상당한 차이를 가진다. 노동자단체와 시민단체는 상당히 촘촘한 관계를 형성할 뿐 아니라, 사용자단체와 노동자단체 사이에도 대칭적 교류관계가 형성되어 있음을 알 수 있다. 이익단체 또한 사회복지정책을 둘러싼 일상적 정보교류 연결망에서 다른 조직유형들과 보다 밀접한 관계를 형성한다.

좌표공간상에서 국책연구기관이 배치된 지점의 변화도 흥미롭다. 김영삼 정권 시기에 국책연구기관은 행정부 1이나 사용자 단체와 가깝게 배치되어 있지만, 김대중 정권 시기에는 사용자단체와의 거리는 멀어진 반면 국회 및 정당과 상당히 가깝게 배치되어 있으며, 이익단체나 시민단체, 그리고 노동자단체와도 가깝게 배치되어 있다.

보안을 요하는 정보교류 연결망 구조를 비교한 〈그림 8-2〉에서도 변화된 양상을 살펴볼 수 있다. 여기에서도 중심적 역할을 수행하는 행정부 1이 다른 구획들과 맺는 교류관계와 공간적 배치의 양상이 김영삼 정권 시기와 김대중 정권 시기에 상당히 다르다는 점을 확인할 수 있다. 김영삼 정권 시기를 보면, 좌표공간에서 행정부 1과 가깝게 배치된 조직유형들은 국회 및 정당과 행정부 2이다. 또한 국책연구기관도 상대적으로 가까운 거리에 배치되어 있다.

보안을 요하는 정보를 행정부 1과 대칭적으로 교류하는 조직유형은 국책연구기관과 행정부 2, 국회 및 정당이며 사용자단체와 노동자단체로부터는 정보를 수신할 뿐이다. 이는 김영삼 정권 시기에 사회복지 정책 결정이 주로 행정부를 중심으로 이루어져 정책결정 구조에 시민사회의 침투 가능성이 크지 않았음을 의미하는 것이다. 하지만 김대중 정권 시기에는 상당히 달라진 양상이 나타난다. 김영삼 정권 시기에 행정부 1과 가깝게 배치되지 않았던 사용자단체, 노동자단체 및 시민단체가 김대중 정권 시기에는 행정부 1과 보다 가까운 좌표공간에 배치되어 있을 뿐 아니라, 행정부 1은 보안을 요하는 정보를 이러한 조직들에게 발신하기까지 한다.

한편, 〈그림 8-3〉은 전문적 정보교류 연결망의 구조를 다차원 척도 분석한 결과이다. 여기에서의 분석결과도 김영삼 정권 시기와 김대중 정권 시기에 적잖은 차이가 존재함을 보여준다. 김영삼 정권 시기의 경우 행정부 1과 국책연구기관이 좌표공간에 가깝게 배치되어 있을

〈그림 8-2〉 보안을 요하는 정보교류 연결망의 구조

■ 김영삼 정권

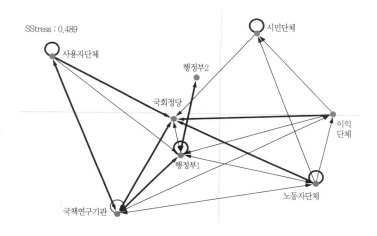

■ 김대중 정권

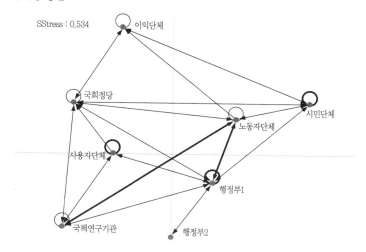

〈그림 8-3〉 전문적 정보교류 연결망의 구조

■ 김영삼 정권

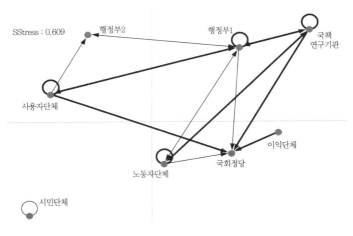

■ 김대중 정권

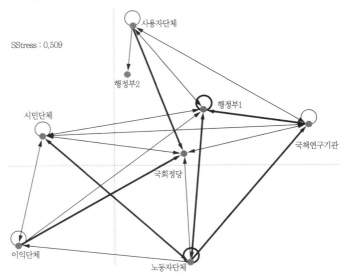

뿐더러, 상호간에 촘촘한 교류를 맺는다는 것을 알 수 있다. 행정부 2와 사용자단체도 좌표공간에 가깝게 배치되어 상호간에, 또한 행정부 1과 전문적 정보를 교류한다.

한편, 국회 및 정당은 노동자단체, 그리고 이익단체와 가깝게 배치되어 있으며 두 단체의 교류를 매개하는 위치에 있다. 주목되는 것은 시민단체로, 시민단체 상호간에는 교류를 맺지만 다른 구획들과는 교류하지 않는 것으로 나타났다. 이는 사회복지정책과 관련된 전문적 정보교류 관계에서 시민단체는 김영삼 정권 시기 동안 주변적 행위자에 불과했음을 의미하는 것이다. 하지만, 김대중 정권 시기의 전문적 정보교류 연결망에서는 이와 다른 양상이 나타난다. 좌표공간에서 시민단체의 배치는 다른 조직유형들과 보다 가까워졌을 뿐 아니라 이익단체, 노동자단체와 같은 시민사회의 행위자들을 위시해서 행정부 1과 국회 및 정당, 그리고 국책연구기관과도 전문적 정보를 교류하는 것으로 나타났다.

시민사회를 구성하는 행위자들 사이의 교류관계도 흥미롭다. 우선, 보안을 요하는 정보교류 연결망에서도 마찬가지였지만 노동자단체와 사용자단체는 행정부 1과 국회 및 정당, 그리고 국책연구기관을 매개로 간접적으로만 교류할 뿐, 직접적 교류를 맺지는 않는다. 이러한 점은 김영삼 정권 시기는 물론 김대중 정권 시기에도 동일하게 관찰되는데, 이는 두 조직유형간의 대립관계를 잘 보여주는 것이라고 해석된다. 한편 노동자단체와 시민단체, 이익단체 사이의 교류관계는 두 시기 동안 상당히 변화한 것으로 나타났다. 김영삼 정권 시기 동안 이들은 직접적 교류를 맺지 않았지만, 김대중 정권 시기에는 서로간에 전문적 정보를 교류하는 관계로 변화하였고, 특히 시민단체와 노동자단체 사이에는 상당히 촘촘한 교류관계가 형성되어 있음을 알 수 있다.

3) 사회복지 정책결정 구조의 변화

정책 연결망 분석의 또 다른 과제는 정책쟁점이나 정책사건에 대한 행위자들의 관심정도나 활동방식을 측정하고, 이를 이용해서 정책결정 구조를 분석하는 것이다. 가령 건강보험의 재정통합이라는 쟁점에 대한 행위자들의 관심정도를 5점 척도로 측정했다면, 이를 통해 행위자들 사이의 상관관계 행렬이나 유클리디안 거리 행렬을 계산할 수 있다. 이러한 행렬은 건강보험 재정통합이라는 쟁점에 대해 행위자들이 가지는 관심의 유사성과 상이성 정도를 나타내는 것으로 이해할 수 있으며, 이 행렬의 구조는 사회복지 정책결정 구조를 분석하는 데 활용될 수 있다.

여기에서는 이러한 분석방법을 활용하여 김영삼 정권 시기와 김대중 정권 시기에 제정되거나 개정된 6개 사회보장제도의 정책결정 구조를 분석한다. 앞의 〈표 8-2〉에 나열한 바와 같이 이 연구에서는 고용보험법 제정과 관련된 4개의 사건들, 생활보호법 개정과 관련된 8개의 사건들, 국민의료보험법 제정과 관련된 5개의 사건들, 국민연금법 개정과 관련된 12개의 사건들, 국민건강보험법 제정과 관련된 15개의 사건들을 선정하고, 각각의 사건들에 대한 행위자들의 활동방식을 ① 관여의 정도, ② 관여의 시기, ③ 관여의 방식 등으로 구분하여 3점 척도로 측정했다.[4] 본격적 분석에 앞서 이 연구에서 선정된 사회복지정책 사건들과 각 사건들에 대한 행위자들의 활동방식을 요약하여 나타낸 것이 〈표 8-8〉이다.

---

4) 활동방식에 대한 세 개의 변수 모두 사건에 관여하지 않은 행위자에게는 0점을 부여했고, 적극관여와 이전부터 관여, 주도에는 2점을, 소극적 관여와 이후에 관여, 공조에는 1점을 부여했다.

〈표 8-8〉 사회복지정책 사건들과 각 사건에 대한 행위자들의 활동방식

		사 건	관여 정도		관여 시기		관여 방식	
			소극적	적극적	이전	이후	주도	수용
김영삼 정권	고용 보험	1. 고용보험연구기획단 보고서 제출	2	8	10	0	4	4
		2. 노동부 고용보험법 초안 마련	2	10	12	0	5	5
		3. 고용보험법안 국회회부	4	11	12	3	2	8
		4. 고용보험법안 국회 통과	1	12	12	1	2	7
	생활 보호	1. 국민복지기획단 보고서 제출	0	6	6	0	2	3
		2. 김홍일 의원 등 개정법률안 국회 회부	1	2	3	0	1	2
		3. 참여연대 생활보호법개정 청원안 국회제출	0	6	6	0	2	3
		4. 김허남 의원 등 개정법률안 국회 회부	0	4	4	0	1	3
		5. 김홍신 의원 등 개정법률안 국회 회부	0	7	7	0	2	3
		6. 황성균 의원 등 개정법률안 국회 회부	0	4	4	0	1	3
		7. 생활보호법 중 개정법률안(대안) 국회 회부	0	9	8	1	2	6
		8. 생활보호법 중 개정법률안 국회 통과	1	8	8	1	2	6
	국민 의료 보험	1. 국민복지기획단 보고서 제출	2	10	10	2	3	9
		2. 이성재 의원 등 법안 국회 회부	1	13	14	0	6	6
		3. 황성균 의원 등 법안 국회 회부	2	15	16	1	4	10
		4. 국민의료보험법안(대안) 국회 회부	1	20	21	0	6	9
		5. 국민의료보험법안 국회 통과	2	20	22	0	6	10

〈표 8-8〉 계속

	사 건	관여 정도 소극적	관여 정도 적극적	관여 시기 이전	관여 시기 이후	관여 방식 주도	관여 방식 수용
김대중정권 국민연금	1. 청와대 공적 연금의 장기발전방안 발표	1	11	11	1	3	5
	2. 1차 사회보장심의위원회 개최	1	11	12	0	7	4
	3. 노총, 경총 법개정 청원안 국회 제출	1	7	8	0	5	2
	4. 국민연금제도개선기획단 보고서 제출	1	12	13	0	8	4
	5. 노사정위원회 사회협약 채택	1	11	12	0	8	3
	6. 보건복지부 국민연금법개정안 확정 발표	1	12	13	0	5	4
	7. 김병태 의원 등 개정법률안 국회 회부	1	11	12	0	4	6
	8. 정부 국민연금법 중 개정법률안 국회 회부	0	12	12	0	4	4
	9. 참여연대 법개정 청원안 국회 제출	1	10	10	1	2	6
	10. 정의화 의원 등 개정법률안 국회 회부	1	10	11	0	1	8
	11. 개정법률안(대안) 국회 회부	1	14	15	0	5	6
	12. 국민연금법 중 개정법률안 국회 통과	2	15	17	0	7	6
건강보험	1. 노사정위원회 사회협약 체결	4	10	3	11	3	11
	2. 의료보험통합추진기획단 보고서 제출	1	18	19	0	5	14
	3. 직장의보노조 청원안 국회 제출	0	9	9	0	5	3
	4. 황성균 의원 등 개정법률안 국회 회부	1	11	11	1	3	9
	5. 정부 국민건강보험법안 국회 회부	1	15	15	1	5	10
	6. 국민건강보험법안(대안) 국회 회부	0	14	13	1	5	8
	7. 국민건강보험법안 국회 통과	1	15	16	1	5	9
	8. 홍준표 의원 등 개정법률안 국회 회부	0	9	9	0	3	5
	9. 이성재 의원 등 개정법률안 국회 회부	0	11	11	0	4	7
	10. 정부 개정법률안 국회 회부	1	12	13	0	4	9
	11. 노총 청원안 국회제출	0	9	9	0	3	5
	12. 김명섭 의원 등 개정법률안 국회 회부	0	9	8	1	5	3
	13. 의사협회 등 청원안 국회 제출	0	6	6	0	1	5
	14. 국민건강보험법개정안(대안) 국회 회부	1	12	13	0	3	8
	15. 국민건강보험법개정안 국회 통과	1	17	17	1	7	8
기초생활보장	1. 새정치국민회의 기초생활보장 정책 기획단 설치	0	4	4	0	1	3
	2. 참여연대 생활보호법개정청원안 국회 제출	0	7	7	0	3	4
	3. 참여연대 청원안 국회 제출	0	8	8	0	2	5
	4. 조세형 의원 등 법안 국회 회부	0	6	6	0	2	3
	5. 국민기초생활보장법안 본회의 상정 보류	1	10	9	2	4	7
	6. 김홍신 위원 등 법안 국회 회부	0	11	11	0	5	6
	7. 국민기초생활보장법안(대안) 국회 회부	0	13	13	0	6	7
	8. 국민기초생활보장법안 국회 통과	1	15	15	1	7	8

고용보험법의 제정과 관련하여 1개의 사건이라도 관여한 행위자들의 수는 17개이며, 생활보호법의 제정과 관련된 사건에 관여한 행위자들의 수는 14개, 국민의료보험법의 제정과 관련된 사건들에 관여한 행위자의 수는 23개였다. 또한 국민연금법 개정에 관련된 사건에는 총 22개의 행위자가 관여하였고, 건강보험법 제정에 관련된 사건에는 24개의 행위자가, 국민기초생활보장법 제정과 관련된 사건에는 16개의 행위자가 참여한 것으로 나타났다. 즉, 건강보험(의료보험)이나 국민연금과 같이 전 국민을 포괄하는 사회보험에 대한 행위자들의 참여가 고용보험이나 공공부조보다는 더 많음을 알 수 있다. 또한 김영삼 정권 시기보다는 김대중 정권 시기에 사회복지 정책 사건들에 대한 행위자들의 참여가 더 활발하였다는 점도 드러난다.

한편 각각의 사건들에 관여한 행위자들은 대부분 특정한 입장을 가지고 사건에 적극적으로 관여했으며, 사건이 발생한 시점 이전부터 해당하는 사건에 관여한 것으로 나타났다. 또한 찬성이나 반대의 입장에서 사건을 주도했던 행위자보다는 각자의 이해관계에 따라 그러한 사건을 수용했던 경우가 더 많은 것으로 분석되었다.

(1) 김영삼 정권의 사회복지 정책결정 구조

고용보험법 제정과 관련된 4개의 사건들에 대한 17개 행위자들의 ① 관여 정도, ② 관여 시기, ③ 관여 방식을 3점 척도로 측정하여 유클리디안 행렬로 행위자들 사이의 상이성을 계산한 후, 그 행렬을 다차원 척도로 분석한 결과가 〈그림 8-4〉이다. 앞의 다차원 척도 분석에서와 마찬가지로, 여기에서도 좌표공간에 근접 배치된 행위자들은 고용보험법 제정과 관련된 사건에서 유사성이 크다는 것을 의미한다. 또한 행위자들이 수행하는 역할의 유사성을 파악하기 위해 유클리디안 행렬을 활용한 위계적 집락분석(hierarchical cluster analysis)을 수행한 결과도 여기에 같이 표현하였다. 참여한 행위자들의 수가 17개에 국한 되므로 3개의 집락으로 묶었는데, 같이 묶여진 행위자들은 고용보험 의 정책 사건에 대해 유사한 역할을 수행했다고 볼 수 있다.

한편 여기에서는 좌표공간의 한가운데에 어떠한 행위자가 배치되어 있는가도 중요한 관심거리이다. 좌표공간의 한가운데에 배치된 행위 자는 다른 행위자들과의 거리를 최소화하는 방향으로 활동했음을 의미 한다. 따라서 그만큼 그 행위자는 정책결정 과정에서 조정자나 중개자 의 역할을 수행했다고 볼 수 있다. 마찬가지의 맥락에서 좌표공간의 한가운데가 비어있을 경우는 정책결정 과정에서 조정자나 중개자의 역 할을 수행한 행위자가 없으며, 그만큼 정책결정 과정에서 이해관계의 첨예한 대립이 존재함을 의미한다.5)

고용보험법 제정의 정책결정 구조에 대한 분석결과, 4개의 사건에 관여한 행위자들은 3개의 집락으로 묶일 수 있었다. 집락 1은 대통령 비서실과 노동부, 경제기획원(재경부 및 예산처)과 같은 정부의 핵심 적 행위자들과 경총, 전경련 등의 사용자단체, 한국노총과 같은 노동 자단체로 구성된다. 한편, 집락 2는 상공부와 상공회의소로 구성되 며, 국회 및 정당은 집락 3으로 묶인다. 좌표공간의 한가운데에는 노 동연구원이 배치되어 있고, 이 행위자는 집락 1에 속하는 것으로 나타 났다. 결국 고용보험법 제정과 관련하여 중심적 역할은 집락 1에서 이 루어졌고, 여기에 속하는 행위자들은 정책결정 과정에서 행위자들의 상이한 이해관계를 조정, 중개했던 것으로 나타났다. 국회 및 정당은

---

5) 미국과 독일, 그리고 일본의 노동정책 결정과정을 정책 연결망 분석방법을 통해 살펴본 연구(Knoke, Pappi, Broadbent and Tsujinaka, 1996)에서 는 이해관계의 첨예한 대립이 정책결정과정에서 나타나는 미국과 독일에서 는 좌표공간의 한가운데가 비어있는 반면, 정부의 조정기능이 잘 발휘되는 일본에서는 행정부의 주무부서가 좌표공간의 한가운데에 배치되는 것으로 나타났다.

이 과정에서 주변적 역할을 수행했다는 점도 발견된다. 또한 이 시기에는 시민단체의 역할도 대단히 제한적이었음을 확인할 수 있다.

〈그림 8-4〉 고용보험법 제정의 정책결정 구조

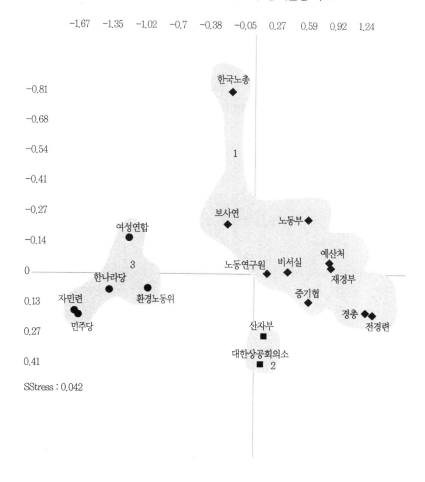

SStress : 0.042

236

생활보호법 개정의 정책결정 구조를 분석한 〈그림 8-5〉에서도 유사한 특성을 엿볼 수 있다. 여기에서는 대통령 비서실과 당시 여당인 신한국당(한나라당)이 좌표공간의 한가운데에 위치해 있는데, 이들은 복지부, 재정경제원(재경부 및 예산처)과 같은 정부의 핵심적 행위자들과 한국보건사회연구원, 한국개발연구원 등의 국책연구기관들, 그리고 자민련과 함께 집락 1로 묶인다. 한편, 시민단체인 참여연대와 노동자단체인 민주노총은 야당인 민주당과 국회 보건복지위와 함께 집락 2로 묶이는데, 집락 1에 비해 상대적으로 정책결정과정에서 주변적 역

〈그림 8-5〉 생활보호법 개정의 정책결정 구조

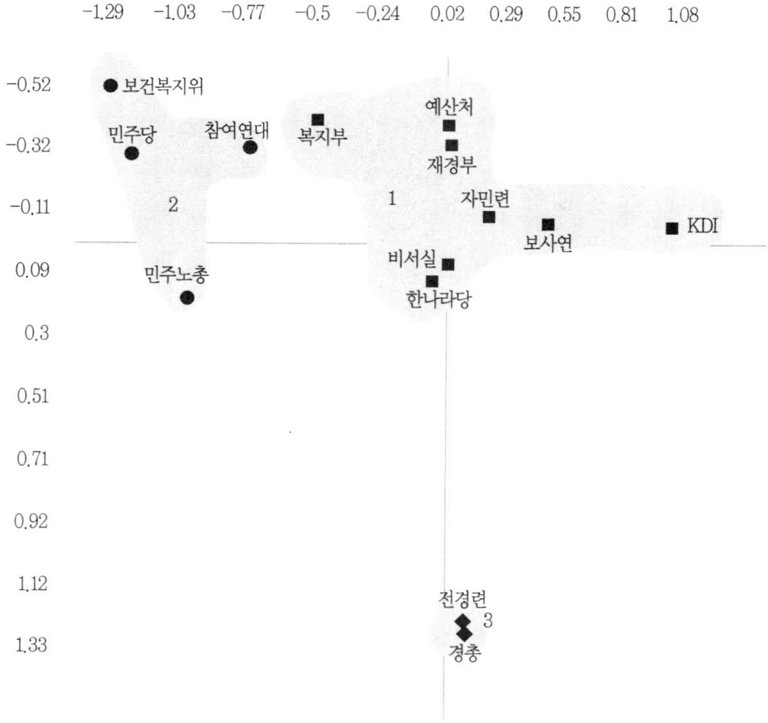

SStress : 0.552

할을 수행한 것으로 나타난다. 전경련과 경총은 집락 3으로 묶이는데, 생활보호법 개정과 관련된 정책결정 과정에서는 대단히 소극적 역할을 수행했다고 볼 수 있다.

국민의료보험법 제정의 정책결정 구조를 분석한 〈그림 8-6〉에서는 〈그림 8-4〉나 〈그림 8-5〉와는 상이한 점을 발견할 수 있다. 특히 정책 결정의 핵심적 행위자인 대통령 비서실과 재정경제원(재경부 및 예산처) 등이 좌표공간의 한쪽에 치우쳐 있다는 점은 주목할 만하다. 이는 이들이 국민의료보험법의 제정과 관련된 정책결정 과정에서는 여러 행위자들을 조정, 중개하는 역할을 수행하지 못했음을 의미한다. 이는 당시가 김영삼 정권의 임기 막바지였을 뿐 아니라 외환위기가 막 발생한 혼란기여서 정책결정의 거부권이 약화되기 시작한 시기라는 점 때문이라고 생각된다. 청와대와 정부 여당의 관계가 단절되어 있었고, 통과된 법률에 대한 재정경제원의 대통령 거부권 행사 요청이 좌절되었다는 선행연구(이홍윤, 2000)는 이러한 측면을 잘 보여주는 것이다. 국민의료보험법 제정의 정책결정 구조에서 이들을 대신한 행위자는 바로 주무부서인 복지부와 당시 여당이었던 신한국당(1997년 11월 이후에는 한나라당)이다. 이들은 집락 1로 묶여 있고, 좌표공간에서 중심에 가까운 곳에 배치되어 있다.

238

〈그림 8-6〉 국민의료보험법 제정의 정책결정 구조

SStress : 0.344

(2) 김대중 정권의 사회복지정책 결정구조

이제부터는 김대중 정권 시기의 사회복지정책 결정 구조에 대해 살펴보자. 먼저 〈그림 8-7〉은 국민연금법 개정의 정책결정 구조를 다차원 척도와 위계적 집락분석을 활용하여 분석한 결과이다. 국민연금법 개정의 정책결정 구조에서는 4개의 집락이 묶여졌는데, 집락 1은 대통령 비서실과 재경부, 예산처, 교육부, 국방부와 한국보건사회연구원, 한국개발연구원 등으로 묶여 있다. 또한 집락 2는 참여연대와 여성연합과 같은 시민단체와 민주노총, 한나라당, 자민련 등으로 묶여있다. 한편 집락 3에는 주무부서인 복지부와 여당인 민주당, 국민연금연구센터(연금관리공단), 사용자단체, 이익단체 등이 포함된다. 국민연금법 개정의 정책결정 구조에서 대통령비서실이 좌표공간의 한가운데에 가깝게 있지만, 이 행위자를 포함하는 집락 1은 1사분면에 치우쳐 있어 행위자들의 상이한 이해관계를 조정, 중개할 만한 지위에 있지는 않다. 또한 집락 2와 집락 3은 좌표공간에서 2, 3, 4 사분면에 배치되어 있을 뿐이어서 결국 좌표공간의 한가운데가 비어있음을 알 수 있다. 이는 그만큼 국민연금법 개정의 정책결정 과정에서 이해관계의 첨예한 대립이 존재했음을 시사한다.

240

〈그림 8-7〉 국민연금법 개정의 정책결정 구조

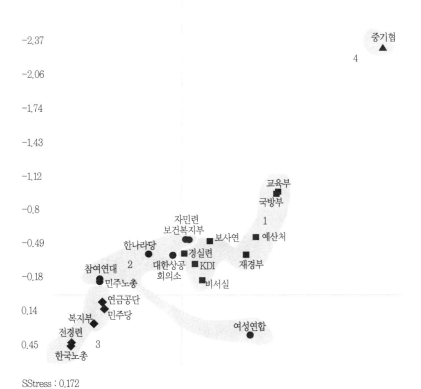

SStress : 0.172

한편, 〈그림 8-8〉은 국민건강보험법의 제정과 이의 시행을 6개월 연기하고, 재정통합을 유예한 법 개정의 정책결정 구조를 분석한 결과이다. 여기에서는 참여한 행위자들을 4개의 집락으로 묶었는데, 집락 1에는 주무부처인 복지부와 대통령 비서실, 참여연대를 비롯한 시민단체, 국회 및 연립여당인 자민련 등이 포함되어 있다. 여당인 민주당과 야당인 한나라당, 민주노총과 YMCA는 집락 2로 묶여졌으며, 예산처와 재경부, 그리고 한국개발연구원은 집락 3으로 묶여졌다. 전경련, 경총 등의 사용자단체와 한국노총, 직장의보노조와 같은 이익단체는 집락 4로 묶여졌다.

〈그림 8-8〉 국민건강보험법의 제정 및 개정의 정책결정 구조

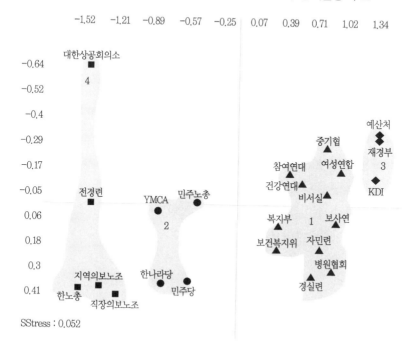

SStress : 0.052

국민건강보험법의 제정 및 개정의 정책결정 구조에서 흥미로운 것은 좌표공간의 한 가운데에 배치된 행위자가 발견되지 않는다는 점이다. 집락 3의 왼쪽에 집락 1이 배치되어 있고, 집락 4의 오른쪽에 집락 2가 배치되어 있지만, 집락 1이나 집락 2가 좌표공간의 한 가운데에 있다고 보기는 어렵다. 이는 국민건강보험법의 제정 및 개정의 정책결정 과정에서 이해관계의 대립이 상당히 치열하게 진행되었고, 이러한 이해관계를 조정하거나 중개할 행위자가 존재하지 않았음을 의미하는 것이다. 참여연대와 건강연대 등 시민단체가 주무부처인 복지부나 대통령·비서실과 같은 집락에 속해있는 반면 재경부와 예산처, 그리고 그러한 부처를 지원하는 한국개발연구원이 좌표공간의 1사분면에 치우쳐 있는 집락 3에 포함된다는 점도 흥미롭다. 이는 정책결정의 고리들에서 경제부처의 통제력이 약화되었고, 그에 따라 시민단체 등이 정책결정 구조에 개입할 수 있는 여지가 제공되었음을 의미하는 것이다.

이러한 변화는 국민기초생활보장법 제정의 정책결정 구조를 분석한 〈그림 8-9〉에서도 뚜렷하게 나타난다. 국민기초생활보장법 제정의 정책결정 구조에서 행위자들은 3개의 집락으로 묶였는데, 집락 1에는 대통령 비서실과 국회 보건복지위, 민주당과 한나라당, 한국보건사회연구원 등 행정부와 입법부의 주요 행위자가 포함되어 있다. 주목해야 할 것은 참여연대나 경실련, 여성연합과 같은 시민단체와 노동자단체 등이 이러한 행위자들과 같은 집락에 포함되어 있다는 것이다. 특히 참여연대는 대통령비서실과 함께 좌표공간의 한가운데에 배치되어 정책결정 과정에서 행위자들의 상이한 이해관계를 조정, 중개하였던 것으로 나타났다. 반면에, 오랜 기간에 걸쳐 형성되고 재생산된 정책결정 구조에서 거부권을 행사했던 재경부나 예산처는 좌표공간의 4사분면의 경계에 치우쳐 있어, 국민기초생활보장제도 제정의 정책결정 구조에서 주변적 역할을 수행했음을 알 수 있다.

〈그림 8-9〉 국민기초생활보장법 제정의 정책결정 구조

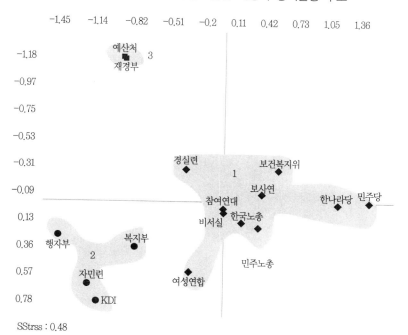

SStrss : 0.48

4. 소 결

　김영삼정권 시기와 김대중정권 시기의 사회복지정책 쟁점과 사건을 두고 행위자들 사이에서 이루어진 의사소통 연결망 구조와 정책 사건에 초점을 둔 정책결정 구조에 대한 분석을 통해 발견한 점은 다음과 같다. 첫째, 사회복지정책을 둘러싼 의사소통 연결망 구조에서 중심적 역할을 수행하는 행위자는 행정부 1로, 이들의 중요성은 김영삼 정권 시기는 물론이고 김대중정권 시기에도 마찬가지로 강조될 수 있다. 이러한 점은 정책 사건을 통한 정책결정 구조에 대한 분석에서도 나타난다. 김영삼정권 시기는 물론이고 김대중정권 시기에도 행정부 1에 속하는 조직들은 좌표공간의 한가운데에 가깝게 배치된다. 이는 오랜 기간에 걸쳐 형성되고 재생산된 정책결정 구조는 쉽사리 변화되지 않는다는 점을 잘 드러낸다.

　둘째, 그럼에도 불구하고 두 정부의 시기 동안 중요한 변화가 존재함을 발견하였다. 의사소통 연결망 구조에 대한 분석 결과 김영삼정권 시기 동안 주변적 위치에 있었고 상호 고립되었던 시민사회, 특히 시민단체와 노동자단체는 김대중정권에서 중심적 역할을 수행하는 행위자들과 상당히 가까운 좌표공간에 배치되었고, 상호간의 교류도 활발해졌다. 이러한 변화는 정책결정 구조에 대한 분석을 통해서도 확인된다. 고용보험법 제정이나 생활보호법 개정의 정책결정 구조에서 주변적 역할을 수행했던 시민사회는 국민연금법이나 국민건강보험법, 국민기초생활보장법의 정책결정구조에서 확연히 다른 모습을 보인다. 이들은 정책결정의 중요한 집락에 포함되어 있을 뿐 아니라 국민기초생활보장법의 정책결정구조에서는 다른 행위자들의 이해관계를 조정, 중개하는 역할을 수행하기도 한다.

　셋째, 이러한 변화와 관련하여 이 연구가 주목하는 점은 시민사회의 역할이 두드러진 정책결정 구조에서는 재경부와 예산처 등 경제부처의 역할이 그에 반비례하여 주변적이었다는 점이다. 외환위기 직후와 정부 교체의 혼란스러운 상황에서 전개된 국민의료보험법 정책결정 구조에서부터 나타난 이러한 양상은 김대중 정권 시기 동안 지속적으로 관찰된다. 이는 정책결정의 고리들에서 거부권을 행사하면서 결정적 영향력을 가졌던 경제부처의 통제력이 김대중 정권의 시기 동안 약화되었고, 그에 따라 시민사회가 정책결정 구조에 개입할 수 있는 여지를 갖게 되었음을 의미하는 것이다. 즉, 김영삼 정권의 시기와는 달리 김대중 정권 시기에는 상황적 요인 때문에 정책결정의 구조에 일시적 변화가 발생했고, 그에 따라 사회복지정책의 변화를 위한 시민사회의 노력은 정책결정의 고리를 통과할 수 있었다는 것이다.

넷째, 이 연구의 초점은 아니었지만 정책결정을 둘러싼 이해관계의 대립 현상이 정책영역에 따라 달리 나타난다는 점을 발견한 것도 흥미롭다. 고용보험법 제정이나 생활보호법 개정, 국민기초생활보장법 제정과 같은 정책영역에서는 행위자들 간의 상이한 이해관계를 조정, 중개하는 행위자가 존재했지만, 국민연금법 개정이나 국민건강보험법 제정과 개정의 정책결정 구조에서는 그러한 행위자가 존재하지 않았다. 이는 해당 제도의 변화를 둘러싸고 이해관계의 첨예한 대립이 존재했음을 의미한다. 각각의 제도들이 가지는 쟁점이 사회성원에게 부각되는 정도가 달랐기 때문에 이러한 차이가 발생했을 수도 있지만, 여기에는 그 외에도 몇 가지의 주목할 만한 요인이 있다고 생각된다. 특히 사회복지제도가 산출하는 정치적 효과의 문제는 중요하다. 국민연금이나 의료보험은 다른 제도에 비해 시행된 기간이 비교적 길고 다수의 사회성원을 포괄하기 때문에, 제도와 관련하여 이해관계를 가지는 다수의 정치적 행위자들을 산출한다. 따라서 제도의 변화와 관련해서 보다 첨예한 이해관계의 대립양상이 표출될 수 있다는 것이다. 비록 국민연금과 건강보험에 국한된 것이긴 하지만, 이해관계의 첨예한 대립이 정책결정 구조에서 나타나기 시작했다는 것은 한국 사회복지체제에서 그동안 억제되어 있던 복지정치가 활성화되기 시작했음을 시사하는 것으로 주목할 필요가 있을 것이다(홍경준, 1999).

다섯째, 정책결정 구조에 대한 이상의 분석은 '분배와 평등'을 남달리 강조하면서, 시민사회와의 근접성도 더 커진 노무현 정권에서 왜 시스템적 개혁은커녕 소폭의 프로그램적 개혁만이 이루어지는지에 대한 설명을 가능케 한다. 그것은 바로 김대중 정권에서 발생했던 정책결정 구조의 변화는 외환위기와 정부조직 개편이라는 상황적 요인에 의한 것이었을 뿐, 오래 지속될 수 있는 성질의 것이 아니었기 때문이다. 김대중 정권에서 발생했던 정책결정 구조의 일시적 변화는 정책 패러다임의 근본적 전환을 동반하지 않았기 때문에, 잠시 약화되었던 거부권의 통제력은 외환위기의 진정과 함께 다시금 복원될 수 있었다. 복지의 확대가 삶의 조건을 향상시킬 수 있는 필수조건임을 일깨우는 담론과 정책 패러다임의 근본적 전환 없이는 정책결정 구조의 변화와 복지정책의 시스템적 개혁이 쉽지 않다는 것을 노무현 정권은 역설적으로 보여준다.

제 9 장

복지정책 변화의 효과분석
소득보장제도와 사회서비스는 얼마나 달라졌나?

1. 복지정책 : 소득보장과 사회서비스

1990년대 후반 동안, 특히 외환위기와 정권교체라는 이중의 큰 전환기에서 나타난 한국 복지제도의 변화는 주목할 만하다. 하지만 한국의 복지제도가 변화했다는 분명한 사실과는 대조적으로 그 변화의 방향과 결과, 그리고 그 변화의 성격이 무엇인지는 분명하지 않다. 한국 복지제도의 변화양상을 어떻게 파악하고 성격 지워야 하는지에 대해 쉽게 답하기 어려운 이유는 사실 분명하다. 복지제도를 구성하는 구체적 정책영역과 프로그램이 수십 가지에 달해서 총체적 면모를 종합적으로 평가할 측정도구가 아직 미흡하고, 정책 수단의 실제효과가 서로 상반되는 경우가 종종 있어서 개별 영역의 관점에서 보면 평가가 달라질 수밖에 없다. 또한, 정책의 투입 측면과 산출 측면이 일치하지 않기 때문에 어떤 측면에 초점을 두느냐에 따라서 변화양상에 대한 해석은 달라질 수 있다. 이처럼 복지정책과 복지제도의 변화양상을 파악하고 그것에 어떤 특성을 부여하는 일은 결코 쉬운 일이 아니지만, 발전 방향을 가늠하기 위해선 지금 발을 딛는 지점에 대한 정확한 이해는 필수적이다. 9장의 목적은 바로 그것이다. 즉, 1990년 이후 전개된 한국 복지정책의 변화양상을 가능하면 정확하게 묘사하고 해석함으로써, 이 변화의 방향과 결과, 그리고 그 성격을 논의할 수 있는 기초자료를 만들어내는 것이 이 장의 목적이다.

복지정책의 변화양상이나 발전정도를 가늠하는 기준은 매우 다양하지만, 크게 보아 투입 측면의 기준과 산출 측면의 기준, 그리고 효과 측면의 기준으로 구분할 수 있다. 핵심적 사회보장제도, 가령 국민연금이나 의료보험, 고용보험, 가족수당 등이 제도화되어 있는지, 제도화되었다면 언제부터인지 등을 따져보거나 GDP 대비 사회지출비의 추세를 점검하는 것은 투입 측면의 기준으로 복지정책의 변화양상을 살펴보는 것이다. 복지정책의 변화양상은 산출 측면의 기준을 통해서도 파악할 수 있다. 가령, 에스핑-앤더슨(Esping-Andersen, 1990) 의 탈상품화 지수(de-commodification score) 는 널리 인용되는 산출 측면의 기준이다. 주요 복지제도의 적용대상, 즉 보편적인가 아니면 선별적인가의 문제나 재원조달방식, 급여 수준 등을 살펴보는 것도 마찬가지이다. 한편, 주요 복지제도가 빈곤 감소나 불평등 완화, 혹은 소득 안정화와 같은 복지정책의 핵심적 목표를 달성하는 정도를 살펴봄으로써 복지정책의 변화양상이나 발전정도를 살펴볼 수도 있는데, 이러한 방식은 효과 측면의 기준을 적용한 것이다.

문제는 여러 연구들(Kohl, 1982; Mitchell, 1992; Korpi and Palme, 1998) 에서 주목하는 바와 같이 어떤 기준을 사용하느냐에 따라 복지정책의 변화양상이나 발전정도에 대한 평가는 상당히 달라질 수 있다는 점이다. 가령, 복지제도의 도입이 상당히 빨리 이루어진 국가일지라도 그 제도의 적용대상은 선별적이어서 매우 협소할 수 있다. 마찬가지로 GDP 대비 사회지출비 규모가 큰 국가일지라도 그 제도의 빈곤감소효과나 불평등 완화효과는 작을 수 있다. 그럼에도 불구하고 지금까지의 대부분의 연구들은 복지정책의 발전을 살펴볼 때 예산의 크기, 법규의 공식적 규정 등 투입 측면에 초점을 두었다. 이는 효과 측면의 중요성을 간과해서라기보다는 정책의 효과를 측정할 수 있는 자료와 분석 도구의 문제 때문이었다. 정책 효과를 측정할 수 있는 자료의 구축과 분석 도구의 개발이 어느 정도 이루어진 만큼, 복지정책의 변화양상은 효과 측면의 기준을 통해 점검될 필요가 있다. 이 장에서 소득보장제도의 변화양상은 그것의 빈곤감소효과와 불평등 완화 효과의 변화추이를 통해 고찰될 것이다.

　한편 이 장에서는 사회서비스의 변화양상도 살펴본다. 사회서비스는 건강과 교육, 그리고 일련의 보호제공 활동들을 포함하는 서비스 영역으로 복지체제를 유형화하거나 복지정치를 분석함에 있어 대단히 중요한 영역이다(Esping-Andersen, 2000; Iversen, 2001; Huber and Stephens, 2001). 그러나 전체 사회지출비에서 사회서비스가 차지하는 비중은 소득보장제도의 비중에 비해 상대적으로 적기 때문에 사회서비스는 소득보장제도보다 훨씬 소홀히 다루어졌다. 더욱이 한국의 경우, 사회서비스는 사회적 취약계층에 대한 시혜적 서비스로 이해되었기 때문에 이러한 경향이 더욱 심했다. 하지만 사회서비스는 소득보장제도와 함께 복지정책을 구성하는 두 개의 기둥 중 하나이다. 따라서 9장의 목적이 한국 복지정책의 변화양상을 파악하는 데에 있다면, 사회서비스도 소득보장제도와 함께 분석되어야 한다. [1]

---

1) 사회서비스에 대한 분석은 투입측면에 한정된다. 그것의 효과를 측정할 수 있는 적절한 분석자료와 분석도구를 확보하지 못했기 때문이다.

2. 분석 방법

1) 소득보장제도

복지정책 영역에 투입된 노력은 사회지출비의 규모로 파악할 수 있다. 하지만, 투입은 반드시 예상된 효과를 낳지는 않는다. 그래서, 특정 정책은 원래의 목표를 얼마나 달성하는가, 즉 정책의 실질적 효과를 평가하는 것이 절실하다. 이런 측면을 고려하여 여기에서는 우선 민주화 이후 한국 소득보장제도의 빈곤감소효과와 불평등 완화효과, 그리고 선별성의 변화추세를 살펴볼 것이다.

소득보장제도의 빈곤감소효과와 불평등 완화효과는 가구의 소득과 지출 정보를 포함한 미시자료의 분석을 통해 측정될 수 있다. 우선, 소득보장제도의 빈곤감소효과는 소득보장제도를 통한 공적 소득의 이전이 이루어지기 전의 빈곤정도(이전 전 빈곤)와 소득이전 후의 빈곤정도(이전 후 빈곤)를 비교[2]함으로써 측정된다. 여기에서 이전 전 빈곤은 소득보장 이전을 고려하지 않은 상태에서의 가구소득(근로소득+사업소득+부업소득+재산소득+사적 이전 후 소득)을 기준으로 파악한 빈곤을 말하며, 이전 후 빈곤은 이전 전 소득에 소득보장제도를 통해 획득한 이전 소득을 더한 가구소득(근로소득+사업소득+부업소득+재산소득+사적 이전 후 소득+공적 이전 후 소득)을 기준으로 파악한 빈곤을 의미한다.

---

2) 일반적으로는 이러한 비교에서 조세의 효과도 함께 고려되지만, 이 연구에서는 분석자료의 한계로 인해 조세의 효과는 고려하지 않는다. 분석자료의 한계란 이 연구에서 활용하는 1996년 소비실태조사 자료의 경우, 비근로자가구의 소득은 연(年) 소득으로 측정된 반면, 조세지출은 조사시점 월의 지출액으로 측정되어 불일치하기 때문이다.

$$빈곤 \ 감소효과 = \frac{이전 \ 전 \ 빈곤 - 이전 \ 후 \ 빈곤}{이전 \ 전 \ 빈곤}$$

한편, 소득보장 이전이 이루어지기 전의 빈곤과 소득보장이 이루어 진 후의 빈곤을 비교하기 위해서는 빈곤측정과 관련된 몇 가지 기준이 결정되어야 한다. 먼저 빈곤지위의 결정이 필요한데, 여기에는 절대 적 빈곤 개념이나 상대적 빈곤 개념, 혹은 주관적 빈곤 개념이 사용될 수 있다. 빈곤지위를 결정하는 세 가지 개념 모두 각각 장점과 단점이 있지만, 국가간 비교연구에서는 주로 상대적 빈곤개념이 널리 활용된 다. 여기에서는 중위소득의 50%를 빈곤지위 결정의 기준으로 사용한 다[3]. 빈곤의 측정과 관련하여 또 제기될 수 있는 문제는 가구 규모의 조정이다. 빈곤지위를 결정하기 위해서는 다양한 가구특성에 따라 빈 곤선을 조정해야 하는데, 이는 가구균등화 지수를 통해 이루어진다. 가구균등화 지수를 산출하는 방식은 상당히 다양한데, Buhmann 등 (Buhmann et al., 1988)은 이를 다음과 같은 식으로 요약하였다.

$$조정된 \ 소득 = 소득/가구규모\, E$$

여기에서 균등화 탄력성 E는 0부터 1의 값을 가질 수 있는데, 값이 커질수록 규모의 경제가 적게 작용함을 의미한다. 이 연구에서는 일반 적으로 널리 사용되는 방식에 따라 성인과 아동을 구분하지 않고 균등 화 탄력성을 0.5로 두어 가구 규모를 조정한다.

---

3) 상대적 빈곤개념을 활용하는 것은 두 가지 이유 때문이다. 첫째, 한국에서 공식적 절대빈곤선은 1999년 국민기초생활보장제도의 시행과 함께 산출되 기 시작했다. 이 연구는 공식적 절대빈곤선이 산출되지 않았던 시기까지도 분석대상에 포함하기 때문에 불가피하게 상대적 빈곤개념을 활용해야 했 다. 둘째, 소득보장제도 효과성의 변화양상을 다른 국가들의 그것과 비교 하기 위해서는 상대적 빈곤개념이 더 적절하다.

세 번째로, 여러 빈곤지수 중에서는 빈곤율(*head-count ratio*)과 빈곤갭비율(*poverty gap ratio*), 그리고 포스터(Foster) 등이 제안한 FGT 지수($a=2$)를 활용한다. 4)

한편 소득보장제도가 소득불평등을 어느 정도 완화하는가? 라는 점도 소득보장제도의 효과를 살펴보는 중요한 기준의 하나인데, 여기에서는 지니계수를 활용하여 소득불평등의 정도를 측정하였다. 5)

$$불평등\ 완화효과 = \frac{이전\ 전\ 불평등 - 이전\ 후\ 불평등}{이전\ 전\ 불평등}$$

이런 식으로 효과의 측정을 통해 소득보장제도의 발전을 평가하는 것은 투입 측면에 초점을 두는 방식보다는 더 정교한 것이라고 말할 수 있지만 제기될 수 있는 쟁점이 있다. 그것은 바로 선별성(*selectivi-*

---

4) 빈곤율은 소득액이 빈곤선 이하에 있는 개인(가구)이 전체 인구(가구)에서 차지하는 비율을 말한다. 하지만 소득보장제도의 빈곤완화 효과를 빈곤율을 기준으로 측정하면, 실제의 효과를 과소 추정하는 결과를 초래할 수 있다. 왜냐하면 빈곤율은 상당한 액수의 사회보장 급여가 어떤 개인(가구)에게 주어진다 할지라도 그러한 급여가 그 개인(가구)의 소득을 빈곤선 이상으로 끌어올리지 못하는 경우를 무시하는 결과를 초래하기 때문이다. 빈곤 갭 비율은 빈곤율이 가지는 이러한 문제점을 극복하기 위해 개발된 지수이다. 한 개인의 관점에서 볼 때 빈곤 갭은 자신의 소득이 최저생계비에 얼마만큼 미달되어 있는가를 나타내는데, 빈곤 갭 비율은 이러한 개개인의 빈곤 갭을 평균한 평균 빈곤 갭과 빈곤율의 곱으로 산출한다. 한편 FGT지수는 파라미터 a의 값에 따라 달라지는데, 일반적으로 사용하는 파라미터는 0과 1, 그리고 2이다. a=0일 경우는 빈곤율을, a=1인 경우는 빈곤율과 빈곤 갭 비율의 곱을, a=2인 경우는 빈자들 사이의 소득분배까지도 고려한 지수가 된다.

5) 가구소득을 활용하여 지니계수를 구할 때에도 가구균등화지수를 통해 가구소득을 조정해야 한다. 여기에서도 성인과 아동을 구분하지 않고, 균등화 탄력성을 0.5로 두어 가구 규모를 조정한다.

ty)의 문제이다. 널리 알려져 있듯이 공공부조는 선별성이 높다. 즉, 빈곤계층이라는 특정한 표적집단에게만 급여를 제공한다. 따라서 투입량이 동일한 경우에 선별성의 정도에 따라 빈곤감소효과성은 얼마든지 달라질 수 있다. 가령, 어떤 국가는 선별성의 확대를 통해 소득보장제도의 효과성을 높인 반면 또 다른 국가는 투입량의 확대를 통해 소득보장제도의 효과성을 높였다면, 두 국가의 소득보장제도의 변화양상은 사뭇 다르다고 볼 수 있다. 이런 점을 고려하여 이 연구에서는 소득보장제도의 선별성 정도가 어떻게 변화하는가도 고려할 것이다. 소득보장제도의 선별성은 소득보장 이전이 이루어지기 전까지의 가구소득을 기준으로 할 때 빈곤한 가구에게 돌아간 소득보장 급여액이 전체 소득보장 급여액 중에서 차지하는 비중으로 측정될 수 있다. 6)

2) 사회서비스

 일반적으로 사회서비스는 예산의 규모 면에서는 소득보장제도에 훨씬 미치지 못하지만, 두 가지 정도의 측면에서 복지정책의 발전정도를 가늠하는 시금석이다. 우선 사회서비스의 발전정도는 복지체제를 특성화하는 중요한 기준이 된다. 사회서비스는 그 특성상 다양한 제공주체에 의해 제공될 수 있다. 1990년대 중반까지의 한국 복지체제처럼 비상품화된 채로 가족을 비롯한 공동체의 책임으로 남겨져 있을 수도 있고, 자유주의적 복지체제에서와 같이 상품화되어 시장에 의해 제공될 수도 있다. 물론 사민주의 복지체제에서는 그것이 탈상품화되어 국가에 의해 제공되기도 한다. 특히 유럽 대륙 국가들과 스칸디나비아 국가들은 서로 상이한 복지체제를 가지는 것으로 평가되는데, 그것을

 6) 이는 소득보장의 수직적 효율성(*vertical efficiency*)과 동일한 개념이다. 소득보장의 수직적 효율성 개념에 대해서는 Mitchell(1991)을 참조하라.

가르는 기준은 소득보장제도가 아니라 사회서비스이다. 사회서비스는 또한 복지정치를 구성하는 복지동맹의 정치적 동원역량과 관련해서도 중요하다. 복지정책 확대의 사회적 지지기반은 전통적 친복지 세력인 노동조합에만 국한되는 것이 아니다. 여성 유권자 집단과 복지 공급자 집단이 복지동맹에 가담하느냐의 여부는 복지정책의 발전방향을 결정 하는 핵심적 사항인데 이는 사회서비스의 특성과 밀접한 관련이 있다.

분석의 일관성을 생각하면, 사회서비스에 대한 분석 또한 소득보장 제도와 마찬가지로 그것의 효과에 초점을 두어야겠지만, 아직까지는 사회서비스의 효과를 측정할 수 있는 측정도구와 자료가 쉽게 구해지 지 않는다. 따라서 여기에서는 투입측면 위주로 그것의 변화양상을 살 펴볼 수밖에 없다. 우선, GDP 대비 사회서비스 지출규모의 변화양상 을 소득보장지출규모의 변화양상과 비교하는 방법이 활용된다. 이러 한 비교를 통해 소득보장제도의 확대가 사회서비스 영역의 확대를 동 반하지, 또한 그 변화가 유사한 추세를 나타내는지를 점검할 것이다.

일반적으로 산업구조가 고도화되고 자본주의 경제가 발전하게 되면 서비스의 다양한 영역이 상품화되기 때문에 서비스산업 종사자의 규모 는 확대된다. 이는 사회서비스의 경우에도 마찬가지이다. 더욱이 탈 산업화 시대에 들어선 대부분의 선진국에서 사회서비스 분야의 확대와 종사자 수의 증가는 매우 빠르고 크다. 이는 가족구조의 변화와 인구 의 노령화, 여성의 노동시장 참여에 따른 사회서비스 욕구의 증가에 의한 것이기도 하지만, 생산성 증대에 따라 초래된 잉여인력 흡수를 위해 정책적으로 사회서비스 분야의 확대를 추진했기 때문이기도 하다 (Iversen and Wren, 1998; Huber and Stephens, 2001). 이 연구에서 는 이런 점에 주목하여 사회서비스 부문 종사자 수의 변화양상을 투입 측면의 또 다른 지표로 활용할 것이다. 즉, 사회서비스 부문 종사자 수의 증감 정도를 전체 산업의 종사자, 혹은 서비스산업 부문 종사자 의 증감과 비교해 보는 것이다.

3. 소득보장제도의 변화양상

소득보장제도의 빈곤감소효과와 불평등 완화효과가 어떻게 변화되어 왔는가를 살펴보기 위해서는 가구 혹은 개인의 소득원천별 소득정보를 수록한 미시자료가 필요하다. 한국에서 이러한 분석에 활용될 수 있는 미시자료는 두 가지가 있다. 우선 도시가계조사 자료이다. 도시가계조사 자료는 조사 가구가 직접 가계부 수치를 기입하는 방식을 통해 매 분기별로 가계수지 관련자료를 수집함으로써, 비교적 신뢰성 있는 소득자료를 제공하는 장점을 가진다. 하지만 도시가계조사는 도시 지역에 비해 더 높은 빈곤율을 보이는 농어촌 지역을 조사대상에서 제외할 뿐 아니라 도시 지역에서도 빈곤율이 더 높을 것으로 예상되는 1인 가구와 비근로자 가구의 소득자료를 제공하지 않는다는 한계를 가진다.

또 다른 자료는 가구소비실태조사자료이다. 이 자료는 도시가계조사 자료에는 없는 1인 가구, 농어촌지역 거주가구, 비근로자가구 등의 소득이 조사, 발표되기 때문에 이 연구의 분석에는 더 적합하다고 할 수 있다. 하지만, 가구소비실태조사자료는 1991년부터 시작되어 5년마다 조사되는 자료로 현재는 1991년 자료와 1996년 자료, 그리고 2001년 자료만이 생산되어 있다. 그나마 1991년 자료에는 비근로자가구의 소득정보가 누락되어 있다. 이런 점을 고려하여 여기에서는 도시가계조사자료와 가구소비실태조사를 모두 활용하여 소득보장제도의 효과를 분석한다. 자료의 특성 때문에 도시가계조사자료를 통해 파악한 소득보장제도의 효과성은 가구소비실태조사를 통해 파악한 효과성보다는 과소추정된다.

먼저 〈그림 9-1〉은 소득보장제도의 빈곤감소효과를 1989년과 1994년, 1996년, 1998년, 2000년, 2002년의 도시가계조사자료를 통해 추

256

정한 결과이다. 선택된 빈곤지수에 따라 빈곤의 정도가 달라질 수 있기 때문에, 여기에서는 빈곤율과 빈곤갭 비율, 그리고 FGT지수(a=2)를 활용하여 소득보장제도의 빈곤감소효과를 추정하였다. 활용한 빈곤지수에 따라 빈곤의 정도와 빈곤감소효과의 크기는 차이가 나지만, 그 변화양상은 유사하다. 우선, 빈곤의 추세부터 살펴보자. 1960년대 이후의 권위주의적 산업화에 따른 고도성장이 다양한 문제점을 산출했지만, 동시에 그것이 절대빈곤층을 줄이고 소득불평등을 완화시켰다는 것은 대내외적으로 알려진 사실이다. 이른바 경제성장의 낙리효과(*trickle-down effects*)가 존재했다. 하지만 〈그림 9-1〉을 보면 1994년을 기점으로 그런 낙리효과는 더 이상 존재하지 않음을 알 수 있다. 어떤 빈곤지수를 활용하더라도 1994년 이후에 한국 사회의 빈곤문제는 점차로 심각해졌다. 특히 외환위기 직후인 1998년과 2000년에는

〈그림 9-1〉 소득보장제도의 빈곤감소효과의 변화 추세(1989~2002)

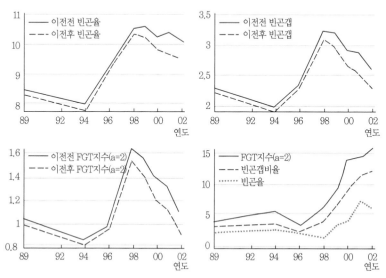

출처: 도시가계조사자료, 각 연도.

그 심각성의 정도는 매우 컸다. 가령, 1994년에 소득 이전 후 빈곤율은 약7.75%였는데, 외환위기 직후인 1998년에는 약 10.36%, 2000년에는 약 9.83%로 크게 증가하였다. 이는 외환위기 과정에서 IMF가 부과한 이행조건과 그에 따른 구조조정의 산물이었다. 외환위기가 어느 정도 진정된 2000년 이후 빈곤의 심각성은 다소 줄어들지만, 1994년의 수준까지 떨어지지는 않았다. 경제성장의 낙리효과는 더 이상 기대하기 어려운 상황이 된 것이다.

그렇다면 소득보장제도는 이러한 빈곤을 어느 정도 감소시켰는가? 1998년 이전까지의 경우, 소득보장제도의 빈곤감소효과는 거의 없었다고 말하는 것이 정확한 표현이다. 그것은 〈그림 9-1〉에서 빈곤율, 빈곤갭 비율, FGT지수(α=2)를 활용한 세 개의 그림 모두에서 소득보장 이전 전 빈곤과 소득보장 이전 후 빈곤을 나타내는 그래프 사이의 간격이 매우 좁다는 것을 통해 쉽게 알 수 있다. 소득보장제도의 빈곤감소효과 정도를 직접 나타낸 네 번째 그림은 그것을 좀 더 명확하게 보여주는데, 1998년 이전까지는 소득보장제도의 빈곤감소효과가 대단히 작았을 뿐 아니라 그 추세 또한 뚜렷하지 않았다. 하지만 1998년 이후의 상황은 이와 다르다. 소득보장제도의 빈곤감소효과가 상당히 커졌을 뿐 아니라, 빈곤갭 비율과 FGT지수(α=2)로 측정한 경우는 그 추세 또한 일관성 있게 커졌다.

이렇게 소득보장제도의 빈곤감소효과가 커진 배경에는 국민연금의 개보험화와 고용보험의 확대, 그리고 국민기초생활보장제도의 도입과 같은 일련의 변화가 있다. 앞의 6장을 통해 투입 측면에서의 변화를 확인한 바 있는데, 효과의 측면에서도 이렇게 뚜렷한 변화가 확인된다면 1990년대 중반 이후 한국 소득보장정책이 변화했음은 거의 틀림없는 사실이다. 또한 그 변화의 방향 또한 축소지향적인 것이 아니라, 확대지향적이라는 점도 확인된다.

〈그림 9-2〉 소득보장제도의 불평등완화 효과의 변화 추세(1989~2002)

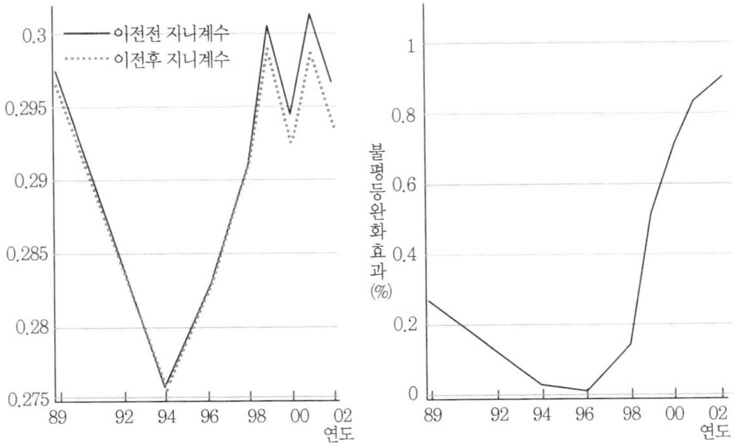

출처: 도시가계조사자료, 각 연도.

　불평등 완화효과에 대한 〈그림 9-2〉의 분석 결과도 마찬가지이다. 우선 〈그림 9-2〉의 왼쪽 그림은 소득보장 이전 전의 소득불평등 정도와 소득보장 이전 후의 소득불평등 정도를 지니계수로 나타낸 것이다. 앞의 〈그림 9-1〉에서 나타난 빈곤의 추세처럼 소득 불평등 정도 또한 1994년을 기점으로 확대되었음을 알 수 있다. 되풀이 말하자면, 권위주의적 산업화를 통해 빈곤을 감소시키고 소득 불평등을 완화하는 전략은 1990년대 중반을 기점으로 더 이상 지속될 수 없었다. 소득보장제도의 불평등 완화효과 또한 1998년 이전까지는 거의 존재하지 않았는데, 이는 1998년 이전까지 소득이전 전 지니계수를 나타내는 그래프와 소득이전 후 지니계수를 나타내는 그래프 사이의 간격이 거의 없음을 통해 알 수 있다. 좀 더 구체적으로 살펴보면 1989년의 소득이전 전 지니계수는 0.2974, 소득이전 후 지니계수는 0.2966으로 그 차이가 거의 없다. 1994년이나 1996년, 1998년에도 소득보장제도의 불평등 완화효과는 대단히 미약했다. 하지만, 1998년 이후에는 소득보장제도의 불평등 완화효과가 뚜렷하게 나타나기 시작한다. 2000년의 경우 소득이전 전 지니계수는 0.2941이었는데, 소득이전 후 지니계수는 0.2920이었고, 2002년에는 소득이전 전 지니계수가 0.2966이었는데, 소득이전 후 지니계수는 0.2940으로 작아졌다. 소득보장의 불평등 완화효과를 직접 나타낸 <그림 9-2>를 보면, 1996년을 기점으로 그 효과가 커지기 시작하며, 특히 1998년 이후에는 그러한 변화가 급격하게 나타나는 것을 알 수 있다.

결국, <그림 9-1>과 <그림 9-2>를 통해 소득보장의 빈곤감소효과와 소득불평등 완화효과가 1998년 이후 일관되게 커지는 것을 확인할 수 있다. 이제는 이 두 가지 효과의 변화정도를 종합적으로 살펴보자. 아래의 <그림 9-3>에서 위쪽에 있는 두 개의 그림은 서로 다른 두 개의 빈곤 지표로 표시한 소득보장의 빈곤감소효과를 종축으로, 소득보장의 불평등 완화효과를 횡축으로 하여 그 변화추세를 살펴본 것이다. 여기에서는 1인 가구, 농어촌지역 거주가구, 비근로자가구 등을 포함한 가구소비실태조사자료의 분석결과도 함께 제시하였는데, 앞서 기대한 바와 같이 그 효과는 더 크게 나타난다. 그래프는 1998년 이후 소득보장의 빈곤감소효과와 소득불평등 완화효과의 확대가 동반하여 나타나는 것을 보여준다. 즉, 이 시기 이후 한국 소득보장제도는 빈곤을 감소시킴과 동시에 불평등을 완화하는 방식으로 발전한다는 것이다.

소득보장제도의 발전은 효과성의 증대가 선별성의 확대를 통해 이루어졌는가를 분석한 <그림 9-3>을 통해서도 확인된다. 빈곤감소효과나 소득불평등 완화효과가 커진다고 하더라도 그것이 선별성의 확대를 통해 이루어지는 경우, 즉 수급자격 제한을 강화하는 방식으로 이루어질 때는 그것을 소득보장제도의 발전이라고 말하기 어렵다. 왜냐하면 투입량을 변화시키지 않은 채로 선별성을 강화해도 소득보장제도의 효과성은 커질 수 있기 때문이다. 수급자격의 완화, 즉 보편성의 강화와 효과성의 증진이 동시에 이루어질 때 비로소 소득보장의 발전을 언급

할 수 있다는 주장(Korpi and Palme, 1998)이 설득력이 있는 것은 바
로 이 지점에서이다.

〈그림 9-3〉의 아래쪽에 있는 두 개의 그림을 보면, 1989년부터
1996년까지는 효과성의 증진과 선별성의 강화 사이에 일관성 있는 관
계가 나타나지 않는다. 그러나 1996년부터 1999년 사이에는 효과성의
증진이 이루어지지만, 동시에 선별성도 강화되는 것을 알 수 있다. 하
지만 그 기울기가 1보다 작다는 점에 비추어보면, 강화된 소득보장제
도의 선별성이 그 효과성의 증진으로 고스란히 귀결된 것은 아니라는
점을 확인할 수 있다. 더욱이 1999년 이후에는 소득보장제도의 효과
성 증진 폭이 그 이전 시기보다 더 커지지만, 선별성은 오히려 완화되
었다. 1999년 이후에 초점을 맞추어 보면, 결국 소득보장의 효과성 증
진이 나타나지만, 그것이 선별성의 강화를 통해 이루어진 것은 아니라

〈그림 9-3〉 소득보장제도의 발전 추세(1989〜2002)

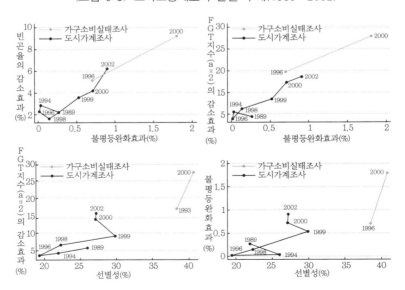

출처: 도시가계조사자료, 각 연도, 가구소비실태 조사자료, 각 연도.

고 말할 수 있다.

〈그림 9-1〉과 〈그림 9-2〉, 그리고 〈그림 9-3〉에서 확인된 빈곤감
소효과 및 소득불평등 완화효과의 뚜렷한 확대, 그리고 그 확대가 선
별성의 강화를 통해 이루어진 것이 아니라는 분석결과는 여야간의 정
권교체와 외환위기 이후 한국 소득보장제도가 발전했음을 보여주는 명
확한 증거이다.

그렇다면, 이러한 발전은 다른 국가들과 비교해 볼 때 어떠한 수준
인가? 〈그림 9-4〉는 LIS 자료를 활용하여 OECD의 몇몇 국가들의 소
득보장제도가 가지는 빈곤감소효과성의 변화양상을 FGT 지수(α=2)로
측정한 후, 한국의 그것과 비교한 결과이다. 우선, 1995년 무렵부터
2000년 무렵 사이에 발생한 변화의 양상은 놀라운 것임을 다른 국가들
과의 비교를 통해 알 수 있다. 이 시기에 한국에서는 소득보장제도의

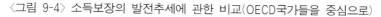

〈그림 9-4〉 소득보장의 발전추세에 관한 비교(OECD국가들을 중심으로)

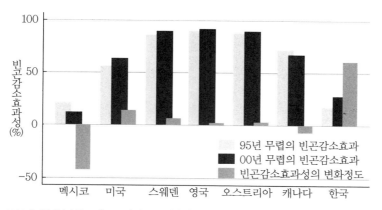

주: 1995년 무렵(미국·영국·멕시코·캐나다·오스트리아 1994년, 스웨덴 1995년, 한국
　　1996년), 2000년 무렵(미국·영국 1999년, 멕시코·캐나다 1998년, 오스트리아 1997
　　년, 스웨덴·한국 2000년)

출처: LIS Data, 각 연도. 가구 소비실태조사자료, 각 연도.

빈곤감소 효과성이 매우 큰폭으로 늘어난 것이다. 하지만 문제는 빠른 속도의 발전에도 불구하고, 소득보장제도의 빈곤감소 효과성을 다른 국가들과 비교하면 여전히 선진복지국가들과의 차이는 크다는 것이다.

소득보장 급여의 빈곤완화효과가 이처럼 미미한 데에는 물론 국민 연금의 미성숙이라는 문제가 상당한 영향을 미친다. 따라서 국민연금 이 성숙해감에 따라 소득보장 급여의 빈곤완화효과는 자동적으로 커질 수 있다. 실제로 65세 이상 노인의 국민연금을 포함한 전체 공적 연금 수급률은 2000년 12월의 7.9%에서 2003년 12월에는 12.4%로 빠른 속도로 확대되었다. 하지만, 2004년 6월 현재 경제활동인구 대비 공 적 연금 가입자 수(명목가입률)는 87.3%이지만, 보험료 납부자 수(실 질가입률)는 58.2%에 그쳤다. 이는 매우 광범위한 공적 연금 사각지 대가 존재함을 보여주는 것으로, 현재로선 공적 연금의 성숙에 따른 빈곤감소효과가 기대만큼 크지 않을 가능성이 높다. 이런 맥락에서 볼 때, 한국의 소득보장제도는 심각한 문제에 봉착해 있다.

4. 사회서비스의 변화양상

소득보장제도 영역에서 커다란 변화가 있었음을 염두에 두면서, 이제는 사회서비스 영역에서의 변화를 살펴보자. 소득보장제도와의 분석의 일관성을 생각한다면 효과성에 초점을 두어야겠지만, 측정도구와 분석자료의 문제를 고려하여 여기에서는 투입 측면 위주로 분석을 진행한다.

우선, 〈그림 9-5〉는 GDP 대비 사회서비스 지출규모의 변화양상을 소득보장 지출규모의 변화양상과 비교해 본 것이다. 여기에서 사회서비스 지출규모는 OECD 사회지출 항목 중 ⑤ 노인과 장애인 복지서비스, ⑧ 가족복지서비스의 두 개 항목의 지출규모를 더하여 구성한 것으로, 사회서비스 영역 모두를 포괄하는 것은 아니다. 하지만, 한국의 경우 사회서비스는 주로 취약계층을 표적집단으로 하여 발전했음으로 이를 통해 사회서비스의 변화양상을 판단할 수 있을 것이다. 앞서 살펴본 바와 같이 1998년 이후의 소득보장 지출의 규모 증가는 급격한 것이었고, 그러한 증가가 GDP 대비 전체 사회복지지출의 규모를 늘린 주된 이유였다.

모든 국가에서 사회서비스 지출의 규모는 소득보장 지출보다 작게 나타나지만, 〈그림 9-5〉에서 중요한 점은 사회서비스 지출의 변화양상이 소득보장 지출의 변화양상만큼 뚜렷하지 않다는 것이다. 물론 사회서비스에 대한 투입량 또한 꾸준히 증가해서 1990년 0.1%에서 2001년에는 GDP의 약 0.37%에 이를 만큼 커진 것은 틀림없는 사실이다. 그러나 산업화와 탈산업화, 핵가족화와 탈가족화가 동시에 진행됨에 따라 커지게 된 서비스 욕구를 감안한다면, 이 정도의 증가폭으로 사회서비스 부문의 발전을 말하기는 쉬운 일이 아니다. 특히 〈그림 9-5〉에서 소득보장 부문의 급격한 발전이 이루어진 시기 동안 사회서비스부문의 발전이 동반되었다는 증거를 찾기는 힘들다. 사회서비스 부문은 소득보장의 발전에 비해 상대적으로 정체되어 있다는 것이다.

　사회서비스 부문의 정체는 다른 자료를 통해서도 확인된다. 사회서비스는 서비스 제공자를 매개로 급여가 이루어지기 때문에, 사회서비스 부문의 발전은 종사자 수의 증가를 동반하게 된다. 이런 측면을 고려하여 〈그림 9-6〉은 사회서비스 영역에 종사하는 취업자 비중이 어떻게 변화하였는가를 살펴본 것이다. 자료의 제약으로 인해 1992년부터 2001년까지의 변화추세만을 분석할 수 있었는데, 〈그림 9-6〉을 통해 우선 알 수 있는 것은 사회서비스 영역에 종사하는 취업자의 비중은 매우 적다는 사실이다. 1992년 이후 사회서비스 종사자의 비중은 조금씩 늘어왔지만, 2002년의 경우에도 전체 취업자의 2.5%에 미치지 못하는 수준에 불과하다. 서비스 부문 취업자 수와 비교하면 사회

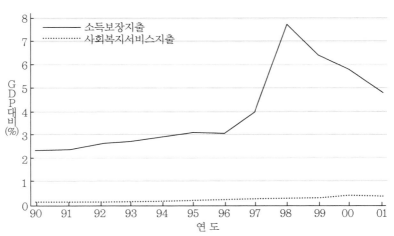

〈그림 9-5〉 GDP 대비 사회서비스 지출의 변화추세 (1990~2001)

주: 사회서비스 지출은 OECD 사회복지 지출항목 분류(구분류) 중 ⑤ 노인과 장애인 복지서비스, ⑧ 가족복지 서비스를 더하여 구성함.

출처: 고경환 외, 《한국의 사회복지지출 추계(1990~2001)》, 한국보건사회연구원, 2003.

서비스 부문은 서비스 부문 취업자 대비 10% 미만에 머물러 있다. 서
비스 부문의 성장속도와 비교해 본 사회서비스 부문의 성장속도 또한
빠르다고 말할 수 없다. 〈그림 9-6〉의 위 그래프는 서비스산업의 취업
자 수와 사회서비스산업의 취업자 수의 변화추세를 나타낸 것인데, 사
회서비스산업 취업자 수를 나타내는 그래프의 기울기가 서비스산업 취
업자 수를 나타내는 그래프의 기울기보다 결코 크지 않음을 알 수 있
다. 전체 산업 취업자 중에서 차지하는 비중으로 살펴본 아래 그래프
에서도 이러한 점은 동일하게 확인된다. 사회서비스 영역의 발전을 확
인하기 위해서는 서비스 부문의 확대와 비교할 때 사회 서비스 부문의

〈그림 9-6〉 사회서비스 부문 취업자 비중의 변화추세(1992~2001)

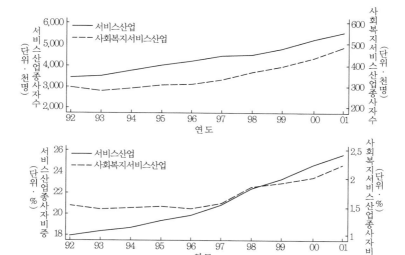

주 1) 서비스산업 취업자는 한국표준산업분류 6차 개정(1991년) 기준의 사업·개인·
     공공서비스 및 기타 서비스 부문 취업자를 말함.
  2) 사회서비스산업 취업자는 한국표준산업분류 6차 개정(1991년) 기준의 보건 및
     사회복지사업부문 취업자를 말함.

출처: 경제활동인구조사, 각 연도.

266

확대경향이 뚜렷하게 나타나야 하는데, 〈그림 9-6〉에서 그런 사실을 발견할 수는 없다는 것이다.

사회서비스 부문의 상대적 정체는 〈그림 9-7〉을 통해서도 알 수 있다. 〈그림 9-7〉은 사회서비스 부문 취업자수의 증감률 변화를 전체 취업자 수의 증감률, 서비스 부문 취업자의 증감률과 비교한 결과이다. 전체 취업자 수는 경제상황에 따라 그 증감 폭이 다르게 나타나는데, 외환위기 직후인 1998년의 전체 취업자 수는 1997년의 전체 취업자수 보다 약 6% 정도 감소하였고 경기가 호전된 2000년의 경우는 1999년의 전체 취업자 수보다 약 4.3% 정도 늘어났다. 전체 취업자 수가 줄어든 1998년을 제외할 경우 전체 산업의 취업자 수는 연평균 약 2.43% 정도씩 증가하였다.

한편, 서비스 부문 취업자 수는 그 증가 폭은 다르지만 1993년 이후 계속 증가했다. 특히 경기가 호전된 2000년에는 그 전해에 비해 약 9.8% 정도 증가했다. 하지만 사회서비스 부문 취업자 수의 증감률을 살펴보면 1992년의 경우에는 그 전해에 비해 약 3.4% 정도의 감소가 나타났으며, 1996년까지는 그 증가폭이 전체 산업, 혹은 서비스산업에서의 증가폭보다 적었다. 이러한 추세는 1997년부터 1999년까지는 역전되어 사회서비스 부문 취업자의 증가폭이 전체 산업이나 서비스산업의 취업자 수 증가폭보다는 컸다. 가령, 1999년에는 사회서비스 부문 취업자 수는 그 전해에 비해 약 6.8% 증가한 반면 전체 산업의 취업자 수 증가율은 약 1.8%, 서비스산업의 취업자 수 증가율은 약 6.2% 정도이다. 그러나 여기에서 중요한 것은 이러한 경향이 2000년에서도 일관되게 나타난 것은 아니라는 점이다. 2000년에는 다시 서비스산업의 취업자 수 증가폭에 미치지 못하는 수준에서의 증가가 이루어진 것이다. 2001년에는 사회서비스 부문 취업자 수의 증가폭이 다시 서비스산업의 그것을 추월하지만, 1990년대 전반을 볼 때 사회서비스 부문 종사자 수의 증가폭이 산업 전체의 종사자, 혹은 서비스

부문 종사자 수의 증가폭과 비교해서 뚜렷하게 커지는 경향이 나타난
다고 보기는 어렵다.

한국의 사회서비스가 상대적으로 정체되어 있음을 보다 정확하게
확인하기 위한 것이 〈그림 9-8〉이다. OECD 9개 회원국의 '사회서비
스 발전 정도'를 'GDP 대비 사회서비스 지출비중'과 '전체 취업자 대비
사회서비스 종사자 비중'을 기준으로 비교하였다. 여기에 포함된 9개
국가들은 다양한 복지체제 유형을 모두 망라하는 것이다. 즉, 사회서
비스가 탈상품화되어 소득보장과 함께 발전한 스웨덴이나 노르웨이 같
은 사민주의 유형에 속하는 국가와 소득보장 위주로 발전한 독일, 네
덜란드와 같은 보수주의 유형의 국가, 소득보장 뿐 아니라 사회서비스

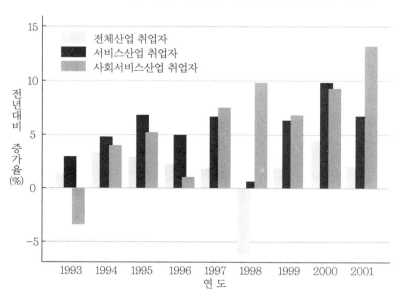

〈그림 9-7〉 사회서비스 부문 취업자수의 증감률 변화(1993~2001)

주: 각 부문별 취업자에 대한 정의는 〈그림 9-6〉과 같음.

출처: 경제활동인구조사, 각 연도.

의 탈상품화 정도도 상대적으로 낮은 영국이나 호주와 같은 자유주의
유형의 국가들이 바로 그것이다. 또한 여기에는 유럽에서 상대적으로
비공식 부문의 비중이 커서 사회서비스의 발전정도가 낮은 이태리와
탈냉전 이후 자본주의 이행의 길을 걸은 체코와 같은 국가도 포함되어
있다. 이처럼 다양한 복지체제들을 대표하는 국가들이 〈그림 9-8〉에
나열되어 있지만, 모든 국가들이 한국보다는 사회서비스의 발전정도
가 앞서 있음을 확인할 수 있다. 다른 국가들은 차치하고라도, 비공식
부문의 비중이 큰 이탈리아나 자본주의로의 체제전환이 비교적 최근에
이루어진 체코와 한국을 비교해보면 이러한 점은 한층 더 명확해진다.
이탈리아의 경우 1998년의 GDP 대비 사회서비스 지출의 비중은 약
0.47%로 한국의 그것보다 약 1.8배 가량 많으며, 2000년의 사회서비
스 부문의 종사자 비중도 1.4배 정도 많다. 체코 역시 사회서비스 지
출 비중은 이탈리아와 비슷한 수준이며, 사회서비스 부문의 종사자 수
는 한국보다 약 1.3배 정도 많다.

한국에서의 변화추세를 살펴본 결과, 또한 다양한 유형의 국가들과
비교해 본 결과 한국의 사회복지서비스는 1990년대의 약 10년 동안 상
대적으로 정체되어 있음을 확인할 수 있었다. 더욱이 이 10년 동안 소
득보장제도 영역에서 이루어진 발전에 견주어본다면, 소득보장제도에
서 나타난 한국 사회복지정책의 변화양상이 사회서비스 측면에서는 유
사하게 나타나지 않는다는 점은 더욱 명확해진다.

〈그림 9-8〉 사회서비스의 발전양상에 관한 비교(OECD 국가들을 중심으로)

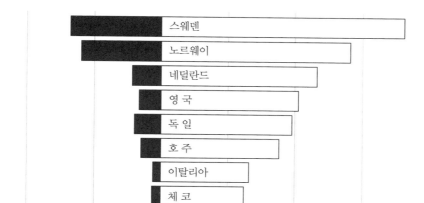

주 1) 사회복지서비스 종사자 비중은 국제표준산업분류(ISIC Revision 3)를 활용하여 2000
　　 년의 보건 및 사회사업 종사자와 기타 사회서비스 및 대인서비스 종사자 수를 전체
　　 산업종사자 수(민간부문)로 나누어 구함. 2)사회복지서비스 지출은 OECD 사회복
　　 지 지출항목 분류(구분류) 중 ⑤ 노인과 장애인 복지 서비스, ⑧ 가족복지 서비스를
　　 더하여 구성함.

출처: *Social Expenditure Database 1980~1998*, OECD, 2001. *OECD Annual Labor Force
　　 Statistics*, Part Ⅱ. 2002.

5. 소 결

   사회복지정책의 변화양상에 대한 이상의 분석결과, 몇 가지의 흥미
로운 사실이 발견되었다. 그것을 간단히 요약하고 그 함의를 살펴보
자. 첫째, 6장에서 분석한 바와 같이 1990년 이후 사회복지정책 영역
에 대한 투입량은 크게 증가하였다. 특히 1998년에는 GDP 대비 11%
선까지 사회복지비 지출규모가 늘어났다. 그 이후 사회복지 지출규모
의 확대는 정체, 내지는 축소하는 경향을 나타내지만, 1998년 이전 수
준으로 후퇴할 가능성은 거의 없다. 민주주의 이행의 심화와 세계화의
급진적 확산 속에서 한국의 사회복지정책은 하나의 전환점을 통과한
것이다. 이러한 전환은 복지를 둘러싼 국가와 기업의 역할 재조정을
의미한다. 물론 이러한 역할 재조정은 민주주의의 공고화와 세계화의
급진적 확산이라는 거대한 흐름을 배경으로 한 것이다. 신자유주의적
세계화 규범의 확산은 기업으로 하여금 글로벌 스탠더드의 준수와 그
에 따르는 구조조정을 명목으로 위임되었던 복지의 책임을 회피할 수
있는 기회를 제공했다. 국가 또한 민주주의의 공고화에 따라 커진 시
민사회의 요구와 국제통화기금이 부과한 이행조건을 준수하기 위해서
는 기업에 위임하였던 복지의 책임을 이제는 가져가야 하는 상황이 된
것이다. 복지를 둘러싼 국가와 기업의 역할 재조정은 바로 '낙후된 국
가, 성장한 시장'이라는 한국 복지체제의 중요한 특성을 변화시키는
것이었다.
   둘째, 이러한 전환의 핵심적 내용은 소득보장제도의 발전으로 요약
된다. 사회복지지출규모의 증대를 초래한 주된 원인은 국민연금의 개
보험화와 고용보험 확대와 같은 사회보험의 발전과 국민기초생활보장
제도의 도입으로 요약되는 공공부조의 정비이다. 1998년 이후의 소득
보장 지출의 규모 증가는 급격한 것이었고, 그러한 증가가 GDP 대비

전체 사회복지지출의 규모를 늘린 주된 이유였다. 소득보장제도의 발전은 다양한 지표를 통해 확인된다. 소득보장제도의 빈곤감소효과와 불평등 완화효과의 증대가 실증적으로 확인되었으며, 이러한 변화는 선별성의 확대를 통해 이루어진 것이라고 보기는 어려웠다.

셋째, 소득보장제도의 발전과는 대조적으로 한국의 사회서비스 영역은 상대적으로 정체되어 있다. 이 또한 여러 지표들을 통해 확인된다. 우선, 투입 측면에서 볼 때 소득보장 지출규모가 급격하게 증가하는 시기 동안 사회서비스 지출규모는 그에 훨씬 미치지 못하는 수준을 지속적으로 유지했다. 사회서비스 영역의 종사자 규모를 통해 파악해 본 결과도 마찬가지여서, 아직까지 한국의 사회서비스 부문의 발전 정도는 대단히 미약한 수준이다. 가족을 비롯한 공동체의 책임으로 남겨져 비상품화되어 있던 사회서비스 부문은 주로 기업에 위임되었던 소득보장 부문과는 대조적으로 크게 변화하지 않은 것이다.

결국 1990년 이후 한국 사회복지제도의 변화양상은 소득보장제도의 상대적 발전과 사회서비스의 낙후성으로 요약될 수 있다. 이러한 변화는 한국 복지체제의 변화를 의미하는가? 영국 거시경제정책의 변화를 탐구한 홀(Hall, 1993)에 따르면, 정책변화의 차원들은 다층적이다. 홀이 제시한 경제정책의 영역을 예로 든다면 이자율의 조정이나 정부재정 운용방식 등 프로그램 수준에서의 변화는 존재하지만, 정책의 목표와 그 달성을 위한 정책수단은 동일하게 유지되는 변화는 1차원적 변화이다. 또한, 정책목표는 변화하지 않지만 그 달성을 위해 새로운 정책수단이 도입되는 2차원적 변화가 있다. 마지막으로 드물기는 하지만, 정책목표 그 자체의 변화가 초래되는 3차원적 변화도 존재한다. 이러한 다양한 차원의 변화를 염두에 둔다면, 3차원적 변화의 존재 여부가 체제의 전환을 가늠하는 기준이 될 것이다. 2부의 서두에서도 언급했지만, 민주화 이후 진행된 사회복지제도의 변화는 결코 3차원적 변화, 혹은 시스템적 개혁은 아니었다. 소득보장제도의 확대와 같은 프로그램적 개혁은 존재했다. 따라서 한국 복지정책의 변화는 프로그램 수준에서의 변화임에는 틀림없다. 더 나아가 사회성원으로부터 제기되는 복지요구를 기업에 전가시키는 방식으로 구성된 정책수단 또한 변화하였다. 소득보장제도의 확대를 통해 복지를 둘러싼 국가와 기업의 역할을 재조정하는 정책수단이 활용되기 시작했다는 것이다. 이를 다시 정책변화의 차원들로 요약하면 1차원적 변화와 2차원적 변화가 존재했다는 것이다. 그러나 3차원적 변화, 즉 정책목표 그 자체가 변화했다는 증거를 찾기는 힘들다. 산업화와 탈산업화, 핵가족화와 탈가족화가 동시에 진행됨에 따라 급속하게 커지는 사회서비스 욕구를 가족을 비롯한 공동체에 전가하면서 공공부문에 의한 보편적 사회서비스의 발전을 모색하지 않는다는 것이 이의 유력한 증거이다.

제 10 장

고용체계와 복지
고용연계적 복지와 분절시장

1. 세계화와 노동시장의 탈규제

　기업과 노동시장은 세계화의 조류에 가장 직접적으로 영향을 받는 부문이다. 1부에서 서술한 세계화를 촉진하는 다섯 가지 요인들은 기업과 기업, 기업과 노동자, 그리고 노동자들 간의 상호교류와 경쟁관계를 변화시킨다. 초국적기업은 그 자체 세계화의 이념과 원리를 조직 내부에 내장한 촉진체(promoters)이고, 국가경계를 빠르게 넘나드는 세계 자본은 국내 자본시장의 작동원리를 전면적으로 변화시킨다. 기업과 노동자들은 세계화의 촉진체들이 시시각각으로 뿜어내는 이런 원리로부터 결코 자유롭지 못하다. 기업 가치를 측정하는 주가(株價)가 자본시장에서 결정되고, 자본시장은 광속도로 이동하는 자본의 성격에 의해 좌우되기 때문이다. 세계화 시대에 기업가치의 상승을 원하는 노동자들은 '몸집 줄이기'(downsizing)를 통해 조직유연성을 높이라는 자본시장의 명령을 수용해야 하는 딜레마에 봉착한다. 다시 말해, 노동자들이 자신들을 정리해고의 위험에 노출시킬수록 기업가치가 상승하는 역설이 그것이다.

1980년대 만해도 일본형 장기고용제도는 노동자들의 심리적 안정과 기업헌신도를 높여 생산성 향상에 긍정적 효과를 가져오는 바람직한 제도로 각광받았다. 그러나, 세계화의 파고가 거세지면서 기업들은 이런 믿음을 버려야 했다. 장기고용제도는 고용비용의 점진적 상승과 인사적체를 초래해서 외부 시장의 환경변화에 적응력을 낮춘다는 새로운 진단이 세계화와 함께 설득력을 갖게 된 것이다. 기업은 언제든지 몸집을 줄일 수 있는 유연성을 갖춰야 한다는 것이 새로운 시장의 명령이었다. 기업조직의 유연성은 곧 기업내부 노동시장의 유연성을 의미했는데, 이는 채용과 해고의 용이성을 전제로 한 것이었다. 이에 따라 고용안정성은 세계 도처에서 파손되었다. 자본이동과 교역량의 증가가 더욱 가속화되는 상황에서 기업은 고용안정성이라는 1970년대의 고전적 명제를 버렸다. '다운사이징'이 이른바 '월스트리트 자본주의'가 원하는 기업혁신의 방향이었다.

이런 물결은 세계화의 선두주자인 미국에서 거세게 나타났다. 《뉴욕타임스》는 일자리 축소가 얼마나 빠르게 일어났고 미국인들이 이런 변화의 물결에 얼마나 무방비 상태로 노출되었는지를 "미국의 몸집 줄이기"에서 생생하게 묘사하였다(New York Times, 1996).

사내 노동전문가의 분석에 의하면 1979년 이래 (1995년까지) 미국에서는 43만 개의 일자리가 사라졌다. 대부분의 직장 소멸은 공장과 상점 이전에 따른 자연스런 결과였다. 이 후, 그보다 많은 수의 일자리가 생겨나기는 했지만, 사라진 일자리는 남녀를 불문하고 고소득, 사무직, 대기업 직종 등 직장경력에서 절정에 이른 좋은 자리들이었다. 고속으로 질주하는 자동차의 거리측정기가 빠르게 올라가듯 그렇게 일자리가 없어졌다. … 여론조사부는 1980년 이래 미국 가정의 4분의 3이 정리해고의 위험에 직면했다는 조사결과를 발표했다. 3분의 1은 자신이나 가족의 일원이 직접 정리해고를 당

했다고 응답했고, 친구, 친척, 이웃이 해고당했다고 답한 사람들도
무려 응답자의 40%를 넘었다.

《뉴욕 타임스》가 취업시장의 구조변화를 조사한 이 기간 동안 27만
개 일자리가 더 생겨났다는 것인데, 새로 생겨난 일자리가 과연 사라
진 일자리보다 더 좋은 일자리인가는 회의적이다. 좋은 일자리의 현저
한 감소는 유수기업들의 대규모 정리해고에서 잘 나타난다. 1990년
대, 미국의 케미컬은행에서는 15개 부서가 하루아침에 단 한 명의 여
사원으로 압축되었고, AT&T는 12만 명, 델타항공사와 코닥사는 2만
명씩을 해고했다. 이름난 유통업체인 시얼즈는 5만 명을 해고한 다음
날 주가가 4% 올랐고, 1만 명을 해고한 제록스의 주가는 7% 상승했
다. 도요타의 약진에 눌려 파산 직전에 내몰린 제너럴모터(GM)도 결
국 2005년 말 3만 명 해고안을 발표했다.

월스트리트발(發) 해고명령이 마치 '신(神)의 뜻'처럼 들리는 요즘
의 현실에서 '설계가능한 삶'은 종언을 고했다. 고용불안정의 증가는
생애설계를 불가능하게 만들어 결국 삶의 위엄을 앗아간다. 세계화가
노동시장에 미치는 영향력을 연구한 로드릭(Rodrik)은 세계화의 부정
적 영향이 경쟁력이 낮은 취약계층에 집중되는 경향이 있다고 지적하
였지만, 미국의 경우 정리해고에 따른 고용불안정은 직종을 가리지 않
고 발생해서 관리직과 사무직도 노출되었다고 보고하였다.

1부에서 지적하였듯이, 유럽과 미국에서 '복지국가의 축소'는 그다
지 현격하지 않게, 그러나, 여러 형태로 진행되었다고 보면, 노동시장
이야말로 복지축소가 가장 빠르고 뚜렷하게 추진된 부문이다. 노동시
장에 한정해서 말한다면, '복지축소는 실질적으로 일어났다'고 단언할
정도이다. 예를 들면, 실업보험 수혜기간의 단축(벨기에, 영국, 덴마
크, 미국), 실업수당의 삭감(독일, 아일랜드, 뉴질랜드, 스위스), 수혜
자격요건의 강화(영국, 스페인, 네덜란드)가 그것이다.

 독일은 실업수당을 가장 큰폭으로 삭감한 사례에 해당한다. 사민당 정부는 500만 명을 넘어선 실업자 문제가 정치적 쟁점으로 부상하자 2005년 1월 전격적으로 실업수당을 50% 삭감했다.[1] 그것은 이미 사민당이 노동시장의 경직성 완화와 실업률 인하를 위해 21세기 초반에 구상한 "아젠다 2010"에 명시된 내용이었지만, 실직자라고 하더라도 최소한의 '위엄 있는 삶'을 보장한다는 복지국가의 이념에 정면 배치된 혁신적 조치였다. 기민당은 실업수당의 삭감이 노동시장의 활력을 촉진한다고 환영했지만, 노동조합은 강경투쟁에 나설 것을 선언했다. 그러나, 총선에서 사민당이 패배하고 기민당 연립정부가 들어서자 노동조합의 정책기조는 대중적 설득력을 잃었다.

 1990년대 중반 유럽국가의 실업률 급증에 대해 국제기구들과 유럽연합 연구소들이 내놓은 대안은 이른바 '공급측면의 개혁'이란 공통점이 있다. 케인스적 복지국가가 '수요 관리'를 통해 노동공급을 흡수하는 것이었다면, 이제는 노동시장의 구조개혁이 실업률 인하에 필수적 요건이라는 것이다. OECD가 발행한 "일자리 연구"(Job Study)를 비롯해서 유럽대학 연구협의회가 내놓은 《실업 : 유럽의 선택》도 '공급측면의 개혁'을 정책대안으로 제시한다. 그것은 취업시장에 대한 구직자들의 적응력을 키우는 것을 골자로 한다. 예를 들면, 채용과 해고에 개입하는 제도적 요인들의 영향력 약화, 취업시장에 대한 노동조합의 개입력 약화, 정치적 임금결정기제의 완화, 국가의 시장규제 완화, 실직자들에 대한 국가지원 구조의 변화 등등이다.

---

 1) 500만 명은 독일인들에게 악몽을 되살려주는 수치로 받아들여졌다. 나치정권이 태어날 때 실업자의 규모가 500만 명이었기 때문이다. 이런 사회적 공포를 바탕으로 사민당 정부는 정치적 위험을 무릅쓰고 실업수당을 1인당 1,350유로에서 700유로로 정도로 삭감했다. 700유로는 실직자가 주택임대료 정도를 충당할 수 있는 액수다. 독일인들은 2005년 겨울을 "유난히 춥고 어두운 겨울"로 기억한다.

  그것은 한마디로 '노동시장의 탈규제'로 요약될 수 있겠다. 노동시장
의 탈규제란 공급을 수요에 맞추는 것, 그 과정에 작용했던 각종 국가
규제를 완화하는 것, 그리고, 노동시장의 경쟁을 높이고 유연성을 증
대하는 것을 내용으로 한다.

  노동시장의 탈규제는 에스핑-앤더슨이 말하는 탈상품화의 역과정을
밟는 것, 즉, 노동력의 재상품화 과정이라고 규정할 수 있는데, 결국
복지국가의 이념을 훼손한다는 점에서 유럽 국가들에게는 상당한 부담
으로 작용했다. 그런데, 정도는 다르지만, 노동시장의 유연성 증대는
대부분의 국가에서 추진되었다. 유럽 국가들이 유연성 증대를 선택할
수밖에 없었던 이유는 복지국가를 떠받치던 재정, 고용, 분배간의 선
순환적 관계가 심각하게 위협받은 때문이었다(Iversen and Wren, 1998).
과거에는 노동자를 대상으로 한 각종 복지정책들과 보호정책이 고용친
화적 효과를 낳아 국가재정에 그다지 큰 위협이 되지 않았다. 그러나,
임금과 복지비용을 비롯한 고용비용이 증가해서 기업의 지불능력을 압
박하고 이것이 다시 고용능력을 훼손하는 요인으로 작용하자 기업들은
고용을 점차 줄여야 하는 전략을 선택하지 않을 수 없었다. 여기에 기
술발전에 의한 '고용 없는 성장'(jobless growth)이 취업증가를 둔화시키
고 급기야는 유연생산방식의 확산에 따라 조직축소를 단행하지 않을
수 없었다.

  고용감소는 국가 재정 자원의 축소를 초래하는데, 역으로 취약계층
과 실직자들을 보호해야 할 재정수요는 늘어나 국가재정은 만성적자에
시달리게끔 된다. 이것이 복지국가의 재정위기가 부상하게 된 배경이
다. 이런 배경 아래 재정, 고용, 분배 간의 선순환적 관계는 서로를
침해하는 부정적 관계로 악화되었다. 그렇다면, 재정위기에 직면한
복지국가는 세 가지 중요 목표 중 어느 한 가지를 희생시켜야 하는 선
택의 기로에 직면한다. 이것이 삼자택일의 딜레마(trilemma)이다.

  삼자택일의 딜레마를 푸는 방식은 국가마다 다르다. 그런데, 유연

성 회복이라는 목표 아래 대부분의 국가는 '노동시장의 탈규제'를 공통
적 프로그램으로 채택했다. 물론, 이 경우도 각국 정치체제의 성격과
이익집단의 구조에 따라 그 심도가 달라지지만, 노동시장에 개입하는
각종 보호기제를 완화시키거나 거둬들인다는 정책목표에서는 유사성
을 공유했다. 그래도 노동자의 보호조치들을 전면 철회한 것은 아니
다. '유연성(flexibility)과 보장(security)을 어떻게 조화시킬 것인가'가
각 나라의 공통적 고민이었다. OECD가 발간한 연구서는 이런 고민을
충분히 반영한다(OECD, 2004).

> 각국의 정책대안들은 유연성 증대를 꾀하려는 기업의 목표와 노동
> 시장의 각종 위험으로부터 노동자를 보호하려는 목표 간 균형을 모
> 색한다. 예를 들면, 유럽위원회는 EU 회원국들에게 다음과 같이
> 권고한다. '필요하다면, 고용제약 요인들을 어떻게 개혁할 것인지
> 를 검토하되 유연성과 보장을 동시에 충족시킬 수 있는 방안을 고
> 려해야 한다.'

　이른바 '유연보장'(flexicurity)이 노동시장의 탈규제 조치에서 가장
중대한 쟁점으로 부상했다. 그렇다면, 유럽 각국들이 어떤 정책을 통
해 '유연보장'을 실현하는가, 그것이 과연 유연보장에 부합하는가, 어
떤 집단이 유연성의 대상이 되고 어떤 집단은 보장대상이 되는가 등의
문제가 제기된다. 이런 일반적 조류와 관련해 본다면, 한국은 노동시
장에서 어떤 정책을 추구했는가? 노동시장의 탈규제라는 기업의 요구
에 국가는 어떻게 대응 또는 부응했으며, 그 결과는 무엇인가? '고용
과 복지'에 해당하는 이런 질문들이 이 장의 분석대상이다. 한국의 정
책변화와 그 결과를 유럽 각국과의 비교분석을 통하여 이 질문에 답하
려고 한다.

2. 유연성으로의 질주?

　복지국가의 위기에 대한 각국의 대응방식은 유형별로 뚜렷한 특징
이 나타난다(Esping-Andersen, 1996). 에스핑-앤더슨은 자신의 유형
구분에 맞춰 대응방식을 '세 개의 경로'(three routes)로 요약했다.

① 스칸디나비아 경로 : 분배를 포기하지 않기 위해 공공부문을 늘
　려 고용안정을 꾀하고 여성고용을 대폭 늘렸다. 실직자를 사회
　서비스 부문으로 흡수하는 대신, 재정안정을 위해 사회보장의 요
　건 강화와 복지혜택의 소폭 축소를 단행했다. 이른바 사회적 투
　자(social investment) 전략이다. 그러나 여전히 복지재정의 압박
　요인을 제거하지 못했다.

② 신자유주의 경로 : 노동시장의 탈규제를 통해 전면적으로 유연성
　강화를 꾀한 국가군이다. 고용창출을 최대의 목표로 설정하여
　서비스 부문을 필두로 저임금 직종을 대폭 확대했다. 고용창출
　은 이뤄졌지만, 그 대가로 빈곤과 불평등 악화라는 사회적, 경
　제적 문제에 봉착하였다.

③ 노동 감축의 경로(labor-reduction route) : 유럽대륙 국가, 에스핑-
　앤더슨이 보수주의 유형으로 구분했던 국가군이 밟았던 경로로
　서, 노동규모의 감축을 우선적 목표로 설정했다. 신규노동자의
　진입을 돕기 위해 여성고용을 억제하고(가족중시 이념) 조기퇴직
　을 제도적으로 권장했다. 이 유형에서는 원래 정규직에 대한 노
　동보호의 수준이 높아 정규직과 임시직 간에 매우 단단한 분절선
　이 존재한다. 신규고용에 대한 노동조합의 개입과 각종 규제조

치들이 작용하기 때문에 서비스부문을 활성화하기 매우 어렵다. 따라서 고용창출 전략은 이런 제도적 제약에 부딪혀 효과가 별로 없다. 그래서, 노동규모를 줄이면서 노동보호 조치들과 사회보장제도의 완만한 하향조정을 동시에 추진했다. 그러나, 구조적 실업문제는 풀지 못한 상태이다. 2)

이렇게 보면, 노동시장 탈규제를 가장 과감하게 추진한 것은 신자유주의 유형이다. 다른 유형에서는 노동시장 보호조치들을 완만하게 하향조정하거나 소폭 축소한 것으로 나타난다. 노동시장의 탈규제 대상은 대체로 다섯 가지로 집약된다. 노동조합의 권한, 단체협약 구조, 최저임금제, 실업보험, 채용과 해고에 수반되는 각종 규제들이 그것인데, 이와 관련된 하위 규정들은 수없이 많다.

노동시장 규제가 거미줄처럼 작동하는 라틴아메리카의 경우에도 유연성 강화는 불가피한 생존전략으로 간주되었다. 민중주의의 제도적 유산이 강하게 잔존하는 라틴아메리카 역시 노동시장의 탈규제를 장기적 경제침체로부터 탈출하는 유일한 돌파구로 설정했지만, 자본, 노동, 국가의 정치적 이해관심이 엇갈려 원만한 해결이 어려운 실정이다. 라틴아메리카에서 추진되는 노동시장 개혁의 어려움은 다음의 예문에서 잘 나타난다(Edwards and Lustig, 1997).

대부분의 라틴아메리카 국가들과 카리브해안 국가들은 노동기준법에 최소임금제, 안전기준, 최소노동연령, 연장노동임금 등을 명시하였다. 그런데, 최근의 노동입법 조항들을 여기서 더 나아가 모든 노동자들과의 노동계약 조건을 상세하게 규제한다. 예를 들면, 기간제 계약의 제약조건, 고용주 임의의 해고 제약, 해고 시 고용주

---

2) 구조적 실업이란 장기실직자, 청년실업, 고실업률 등이 지속되는 현상을 일컫는다.

책임, 휴가일수, 출산휴가, 숙식 및 교통비 등의 부가혜택 등이 그
것이다. 법적 규제들은 노동자의 복지를 증대하는 데에 기여하지
만, 사실상은 일부 정규직에게만 적용된다. 다른 한편으로 그것은
고용주의 일자리 창출능력을 훼손한다.

이런 어려움을 돌파하는 정책대안은 말할 것도 없이 유연성 증대다.
중앙집중적 교섭구조를 분산구조로 바꾸고, 3단계로 이뤄진 교섭절차
를 일원화하며, 정규직에게 한정된 보호조항을 완화하고, 사회보장
기여금을 낮추거나 민영화하는 것, 그리고 광범위한 '공급 측면의 개
혁'을 실행하는 것 등이 경제파산을 우려하는 국제금융기구들의 권고
이다.

유럽국가들을 대상으로 한 OECD의 분석도 대체로 유사한 결론에
도달한다. 그러나, 라틴아메리카에 대한 국제금융기구들의 제안과는
달리 '유연성과 보장의 정교한 균형'에 더 초점이 맞춰질 뿐이다. 1990
년대 초반 이후 지금까지 유럽국가들의 노동시장 탈규제, 또는 노동보
호조치(employment protection legislation, EPL)를 분석한 보고서는 그
전반적 동향을 다음과 같이 요약 제시했다(OECD, 2004: 63~4.). 3)

① 지난 15년 동안 유럽 각국의 고용보호조치는 수렴과정(process of
   convergence)을 겪는다는 사실이다. 이 수렴과정은 두 가지 현상
   이 중첩된 결과인데, 하나는 보호제도의 엄격성이 강한 국가의
   점진적 완화조치이고, 다른 하나는 기간제 취업자들에 대한 보
   호조항은 철회하는 반면 정규직에 대한 조치들은 손대지 않았다

---

3) 여기서 EPL은 세 가지 요인들을 고려하여 만든 지수인데, 그것은 정규직
   보호, 비정규직 보호, 집단해고 제약요인이다. 이 세 가지로 노동시장 규
   제의 정도를 측정하기에는 부족한 점이 많지만, 비교분석을 위한 객관적
   지수를 만든다는 목적에는 부합한다.

는 점이다. 그래서, 수렴현상이 관찰됨에도 불구하고, 1980년대 이후 EPL 분포에서 각국이 점하는 위치에는 약간의 변동이 발견될 뿐 큰폭의 변화는 일어나지 않았다.

② EPL이 큰폭으로 변화하지 않았기에 기존 일자리의 보호라는 원래의 취지를 대체로 충족시킨 것으로 보인다. 두 가지의 상반된 효과를 창출하는 EPL의 역할도 그대로다. 노동자의 실업 유입을 막았던 동시에 구직자의 취업도 어렵게 만들었다.

③ 따라서, EPL이 실업률에 영향을 미쳤는지는 불분명하다. 여러가지 연구를 검토하면, 엄격한 EPL은 청년, 젊은 여성구직자에 압박요인으로 작용하는 반면, 다른 연령집단과 숙련집단에게는 취업 안정에 긍정적 요인이 되기도 한다.

④ 정규직/비정규직 간에 차별적으로 적용되는 EPL은 청년과 미숙련노동자의 기간제 취업이 늘어나는 것과 직접 관련이 있다. 다시 말해, 정규직보호 수준의 불변과 비정규직 보호의 철회는 이중노동시장(dual labor market)의 격차를 더욱 악화시켰다.

⑤ 그런데 EPL에 대한 전반적 평가 분위기는 혜택보다 비용을 낳는 것으로 기울고 있다.

⑥ 그래서, 실업보험, 적극적 노동시장정책과 같은 정책영역과의 역동적 균형이 요구되는데 덴마크는 바로 이런 정책수단들을 적절히 구사하는 모범사례에 해당한다. 비정규직 보호조치를 완화한 경우라도 정책혼합(policy mix) 방식을 통하여 유연보장(flexicurity)을 꾀할 수도 있다.

이런 정교한 관찰로부터 어떤 일관적 경향을 추출하기란 어렵지만, 두 가지 점은 분명하다. 지난 20여 년 동안 대부분의 국가들이 노동시장의 유연성을 증대하는 정책을 추진했다는 사실과 유연성 증대 조치들이 주로 비정규직과 기간제 취업자들에게 집중되었다는 사실이다. 비정규직과 기간제 취업자들이 유연성 증대전략의 주요 타깃이 되었다는 점은 별도의 분석을 필요로 한다. 이는 3절에서 자세히 살펴보기로 하고, 위에서 지적한 수렴가설(convergence hypothesis)은 다음의 두 개의 지표로 입증할 수 있을 것이다. [4]

〈표 10-1〉은 1980년대 말 이후부터 2003년까지 EPL 지수의 변화를 유형별로 보여준다. EPL 지수가 크면 고용보호의 엄격성이 높다는 것을 뜻하고, 작으면 엄격성이 낮음을 의미한다. 몇 가지 주요 경향을 추출하면 다음과 같다.

① 이 기간 동안 모든 국가가 예외 없이 보호수준을 낮췄다는 사실이다. 아일랜드가 0.9에서 1.1로, 영국이 0.6에서 0.7로 소폭 높인 것 외에는 모두 지수의 하향조정이 나타났다. 말하자면, 유연성 증대를 꾀했다는 뜻이다. 자유주의 유형의 유연성은 매우 높은 상태여서 미미한 정도의 상향조정은 별로 의미가 없는 것으로 보인다.

② 자유주의 유형의 보호수준이 가장 낮고, 보수주의와 사민주의 유형은 서로 비슷한 양상을 보인다. 그럼에도, 두 유형에서 예외없이 비슷한 폭의 하향 조정을 단행했음을 알 수 있다.

③ 사민주의 유형보다 보수주의 유형에서 보호수준이 다소 높은 것이 드러난다. 그것은 앞에서 지적한 바, 보수주의 국가들이 노

---

4) OECD, 앞의 책, 부록의 통계치에서 작성.

동감축을 유연성 증대의 수단으로 활용하고자 했는데, 이 과정에서 정규직의 고용안정과 보호조치들은 변화시키지 않은 때문이다. 엄격성 지수가 사민주의와 유사하다고 하더라도 보수주의 국가들은 정규직/비정규직의 분절선이 매우 단단하다.

〈표 10-1〉 복지레짐별 고용보호제도의 엄격성 지수 변화

구분	국가	EPL 지수		레짐별 평균	
		1980년대 말	2003년	1980년대 말	2003년
보수주의 유형	오스트리아	2.2	1.9	2.81	2.16
	벨기에	3.2	2.2		
	프랑스	2.7	3.0		
	독일	3.2	2.2		
	이탈리아	3.6	1.9		
	일본	2.1	1.8		
	네덜란드	2.7	2.1		
자유주의 유형	오스트레일리아	0.9	1.2	0.68	0.8
	캐나다	0.8	0.8		
	아일랜드	0.9	1.1		
	영국	0.6	0.7		
	미국	0.2	0.2		
사민주의 유형	덴마크	2.3	1.4	2.75	2.05
	핀란드	2.3	2.0		
	노르웨이	2.9	2.6		
	스웨덴	3.5	2.2		

출처: OECD, *Employment Outlook 2004*, p.117, table 2.A와 2.4. 이 수치는 두 개의 통계치 중 version 1(정규직과 임시직의 고용보호수치로 만든 지수)에 해당한다. 수치가 낮으면 유연성이 높고, 크면 경직성이 높다.

이 통계치들은 대부분의 국가에서 EPL의 하향조정을 단행한 결과 일종의 수렴현상이 일어났음을 뒷받침한다. 수렴현상을 한눈에 볼 수 있는 것이 〈그림 10-1〉인데, 위의 두 시점에서의 국가별 EPL지수를 서로 대비시킨 것이다.

대부분의 국가들이 45도선 하단에 위치하는 것은 2003년의 수치가 1980년대 말의 수치보다 작다는 사실을 뜻한다. 즉, 유연성이 증대되는 방향으로 이동했다는 것, 다시 말해 보호제도의 수준을 낮추는 '하향적 수렴현상'이 일어났음을 증명한다(프랑스, 영국이 예외이지만, 그래도 45도선과 가까운 곳에 위치해 있다). 그러나, 하향 조정의 크기가 생각보다 크지 않다는 점(보수주의유형은 0.65, 사민주의 유형은 0.7이 각각 작아졌다), 자유주의 유형은 그 수치가 오히려 소폭 커졌다는 점(고용보호의 강화)은 '유연성으로의 질주' 명제와는 그 의미가 사뭇 다르다. 달리 표현하면, 유럽국가들이 노동시장의 탈규제를 모색했고 실제로 추진하기는 하였지만 '유연성을 향해 질주했다'고 표현할 정도는 아니다. 유연성은 주로 비정규직과 기간제 취업자들에게 맞춰져 있었기 때문에 유연성으로의 질주가 일어났다면 기간제 노동자들과 경쟁력이 취약한 청년, 젊은 여성, 미숙련노동자에 집중되었다. 이 점은 3절에서 관찰할 것이다.

유럽국가들이 소폭의 유연성 증대전략을 취해 왔다면, 한국은 어떠한가? 이것이 다음 3절에서 살펴볼 주제다.

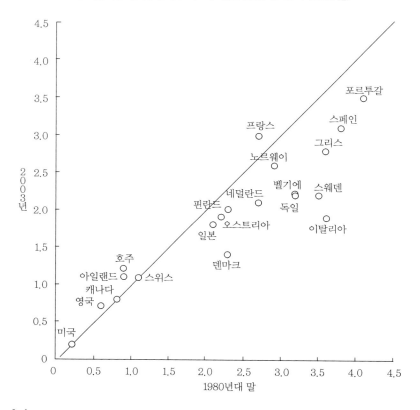

〈그림 10-1〉 EPL지수의 대비(1980년대 말과 2003년)

출처 : OECD, *Employment Outlook 2004*, p. 73. EPL version 2 지수. 45도선 아래쪽의 국가들은 고용보호제도가 완화된 사례이고, 위쪽의 국가들은 강화되었음을 나타낸다. 이 기간 동안 변화가 없었던 국가들은 45도 선상에 위치할 것이다.

3. 한국 : 유연성과 엄격성의 분리

한국의 노동시장 구조는 1987년 이후 급격한 변화를 겪었다. 그 변화의 중심에 노동조합의 세력확장, 자본가의 수세와 공세, 정치세력의 이념성향 등 다양한 요인이 존재한다. 그런데, 노·사·정의 정치적 게임은 세계화의 물결이 유입되는 속도와 충격에 의해 그 결과가 좌우되었다는 것은 놀랄 일이 아니다. 특히 세계화에 대한 인식과 대응정책이 본격화된 1990년대 중반 기업의 대량 해고사태가 일반화되면서 '유연성'과 '고용안정' 간 이해충돌이 발생했다. 유연성이란 개념이 경영전략의 핵심 화두로 자리잡았던 것도 그 무렵이었다. 부드럽고 무언가 긍정적 정서를 풍기는 이 개념이 현실적으로는 고용불안의 공포를 숨긴다는 사실을 깨닫게 된 것도 대량 해고사태가 관리직과 사무직에 불어닥쳤을 때와 일치한다.

1990년대 중반은 장기고용 관행에 친숙했던 한국에서 정리해고가 불가피한 생존전략으로 받아들여지기 시작했던 시기였다. 1987년 이후 부침을 거듭하던 노동조합은 전국 규모의 정상조직을 구축하는 데에 역량을 집중하였는데, 몇 개의 산별조직을 규합한 민주노총이 출범한 것은 1995년 10월의 일이었다. 당연히 민주노총이 내건 최고의 투쟁목표는 고용안정 쟁취였으며, 이를 통해 세력 확장을 꾀하고 급기야는 노동정당을 건설한다는 목표로 나아갔다. 그러나, 자본에게는 다운사이징과 정리해고가 급선무였다. 김영삼 정부는 자본의 이런 요구를 수용했으며, 1996년 4월 노동법개정위원회(노개위)를 발족시켰다. 노개위는 노동법 개정의 목표를 권위주의적 노사관계의 청산과 노동악법의 개혁에 두었지만, 노동시장의 유연성 증대라는 세계화의 요구를 제도화시키는 데에 더 큰 관심을 보였다(송호근, 1999).

1996년 12월 31일 국회를 통과해서 1997년 초에 발효된 개정 노동법은 노동시장의 유연성 증대라는 세계적 조류에 대한 한국의 부응이었다. 이 법이 국회를 통과하기까지 무려 7개월 동안 노사정간 치열한 이해충돌이 발생했고 급기야 민주노총의 탈퇴선언이 이어지기도 했다. 노총이 빠진 상태에서 최종 확정된 개정 노동법은 정부주도로 이뤄졌다는 뜻에서 '정부안'으로 명명되기도 했다. 그런 까닭에, 자본가의 요구에 더 충실했던 정치세력의 의지가 관철된 법이었다. 이 개정법안은 노동조합법, 근로기준법, 노동쟁의법의 3개 부문에서 기존법을 대폭 손질한 것이었는데, 대체적 취지는 "유연성 증대"로 집약된다. 노동시장 구조변화와 관련된 골자를 요약하면,

① 노동조합법 관련 : 복수노조를 인정해서 단체교섭권이 분산되었다. 단체교섭의 분산은 곧 근로조건과 계약에 관한 노동조합의 일관된 개입과 규제를 약화시킨다.

② 근로기준법 관련 : 정리해고제와 변형근로시간제를 도입해서 고용과 노동시간에 대한 경영자율성을 대폭 강화했다. '유연생산방식'의 핵심요소인 임금과 고용의 유연성이 이 두 조항을 통해 보장되었다. 파견근로제 역시 노사합의에 의해 가능하도록 명문화했다. 대공장은 파견근로제를 통해 임금과 고용비용을 낮출 수 있는 통로를 얻었다.

③ 노동쟁의 관련법 : 노사분규로 인한 무용한 손실을 최대한 줄이고 장기적 노사분규에 정부가 개입하는 데에 목적을 두었다. 냉각기간을 조정기간으로 바꾸어 쟁의행위에 돌입하려면 반드시 조정과정을 거칠 것을 명시하였으며, 노동위원회의 권한을 대폭 강화하여 쟁의해결의 판결권을 부여했다. 공익사업장의 범위를 줄이는 한편, 쟁의행위 중 대체근로를 허용함으로써 노동조합의

단체행동의 충격을 약화시켰다.

  '노동조합의 교섭력 약화'와 '유연성 증대'로 요약할 수 있는 개정 노동법의 기본 취지가 친노동적 정부로 평가받았던 김대중 정부의 '사회협약'에서도 별로 변화하지 않았다는 점은 흥미롭다. 1998년 2월, 외환위기가 전국을 엄습하던 때 체결된 노사정 합의는 정치권으로서는 위기관리전략이었고 노동계로서는 자본의 실패에 대한 응징이었다. 그러나, 노동계는 1996년 개정 노동법의 불리한 규정을 역전시키지는 못했다. 1996년 개정 노동법에서 발효가 늦춰졌던 '정리해고법'이 비로소 합법적으로 실행되는 계기가 되었기 때문이다. 사회협약의 7항에 해당하는 '노동시장의 유연성 제고'는 IMF가 막대한 액수의 차관을 제공하는 대가로 김대중 정부에게 요구한 가장 중요한 조항이었으므로 그것을 거스를 수 있는 방법은 노·사·정 아무에게도 없었다.

  정리해고의 발효를 허용하는 대신 노동계는 고용보호조항을 얻어냈다. 3항의 '고용안정 및 실업대책'과 4항 '사회보장제도의 확충'이 고용보호의 수준을 높이는 조치들로 채워져 있으며, 5항 '임금안정과 노사협력 증진'과 6항 '노동기본권 보장' 역시 노동자의 보호조치 및 노동조합의 교섭력 강화조치에 해당한다. 이런 합의가 이후 어느 정도 실질적으로 추진되었는가는 논외로 치더라도, 사회협약 직후 이뤄진 노동법개정은 '노동시장의 유연성'과 '고용보호'를 맞바꾼 것으로 평가된다. 말하자면, 자본가는 유연성을 얻고, 노동자는 고용보호를 약속받았다. 바로 이 점이 문제다. 유연성과 고용보호라는 상반된 목표가 어떻게 맞교환 되었는가는 정규직과 비정규직간 분절시장을 전제로 해야 비로소 이해된다. 위 두 개의 목표를 맞교환할 때 정규직 노동자들만으로 구성된 노동조합은 비정규직을 유연성 증대의 대상 집단으로 내주고 자신들은 엄격성(고용보호)을 약속받은 것이었다. 그것은 비정규직 비율이 급증하던 당시의 현실에서 자본에게도 그리 불리하지 않은

290

교환형식이었다. 1998년 중반 이미 비정규직은 취업자의 45% 선을 돌파하였다.

이렇게 보면, 한국의 1990년대는 노동시장의 유연성이 증대되는 시기였다. 두 차례의 노동법 개정은 유연성과 엄격성을 동시에 증대시키는 효과를 낳았는데, 날로 뚜렷해졌던 분절 노동시장의 구조 위에서 유연성은 비정규직에 엄격성은 정규직에 각각 한정적으로 적용하는 상호배제적 현상을 재촉했기 때문이다. 한국에서 1990년대를 "유연성으로의 질주"라고 규정한다면, 그것은 오직 비정규직 시장에 한정된 것이다. 더욱이, 사회보장제도와 기업복지가 정규직에게 집중되었기 때문에 복지제도의 한국적 특성인 '고용연계적 복지'(employment-entitled welfare)는 더욱 단단히 고착되었다.

고용보호, 취업자에 대한 사회적 지원(노동시장정책), 비정규직 문제 등의 관점에서 한국의 특성을 다른 국가들과 비교한 것이 〈그림 10-2〉와 〈그림 10-3〉이다. 〈그림 10-2〉와 〈그림 10-3〉은 고용보험제도의 엄격성(strictness)과 노동시장정책 예산비중을 1980년대 말과 2003년을 기준으로 각국의 위치를 도해한 것이다.5)

5) 엄격성을 달리 표현하면 경직성(rigidity)이 될 것이다. 즉, 보호수준을 의미한다.

〈그림 10-2〉 고용보호제도의 엄격성과 노동시장정책 예산 비중(80년대 말)

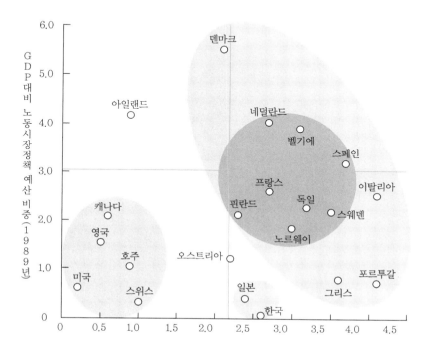

- 1980년대 말의 고용보호제도(EPL)의 엄격성은 정규직과 임시직 노동자에 대한 고용보호제도만을 가지고 구성되었음(Version 1).
- 한국과 일본의 경우는 1980년대 말의 자료 대신 고용보호제도의 엄격성 지수는 1998년의 자료를, 노동시장정책 예산 비중의 자료는 1993년의 자료를 사용하였음.

<그림 10-3〉 고용보호제도의 엄격성과 노동시장정책 예산 비중(2003년)

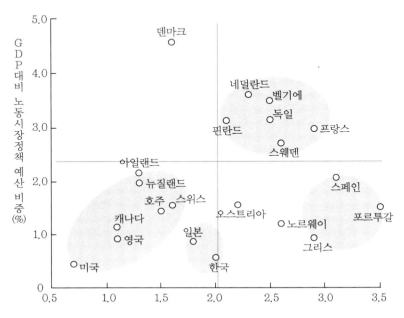

- GDP 대비 노동시장 프로그램예산 비중 자료는 OECD, *Employment Outlook 2002*의
  Statistical Annex의 자료로서 대개 2000~2001년의 수치임
- 고용보호제도의 엄격성 지수는 2003년의 version 2를 사용. 자료 출처는 OECD,
  Employment Outlook 2004, p. 117.

〈그림 10-2〉와 〈그림 10-3〉으로부터 대체적인 변화양상을 추론하면 다음과 같다.

① 전반적으로는 고용보호 수준은 변화시키지 않은 채 예산비중을 소폭 늘린 국가가 많다. 그 결과 세 개 정도의 군집이 형성되었다.

② 1980년대 말에 비하여 2003년에는 딱히 유형화라고 말할 수는 없지만 매우 미묘하고 중대한 변화가 관찰되었다. 자유주의에 속하는 국가군은 EPL과 노동시장정책 예산을 소폭 늘려 45도선 상에 정렬하는 것처럼 보이고, 다른 국가군은 두 개의 뚜렷한 유형으로 구분되었다. 고용보호 엄격성은 그대로 둔 채 노동시장정책 예산을 늘려 상호 거리가 가까워진 국가군과, 예산비중은 작고 고용보호가 높은 라틴 유럽국가군이다. 즉, 자유주의국가군, 유럽국가군, 라틴유럽국가군이 동질성을 공유하였다.

③ 일본과 한국은 고용보호의 수준이 중간 정도이고 예산비중은 지극히 낮은 독자적 유형을 구성한다. 1980년대 말에 비해 2003년은 고용보호가 다소 낮아진 반면, 예산비중은 다소 늘었다.

자유주의국가군은 노동시장의 유연성이 높으므로 노동시장정책 예산을 늘릴 필요를 느끼지 않을 것이다. 그러나, 엄격성이 비교적 높은 국가군(유럽국가들과 라틴 유럽국가)은 두 개의 패턴으로 나뉜다. 유럽국가들은 노동시장의 경직성에 의해 야기되는 고용침체의 문제를 이른바 '적극적 노동시장정책'으로 해결한다는 점이다. 이에 비해, 라틴 유럽국가들(포르투갈, 스페인, 그리스)은 경직성 문제를 해결할 별다른 기제를 발전시키지 못해 비정규직이 고용불안과 고실업에 직면했다.

한국은 어떠한가? 한국은 경직성이 중간 정도인데, 2003년에 다소 낮아진 것으로 파악된다. 그러나, 여기서 사용한 지표가 각국의 노동입법을 활용해 만든 것이어서 실제적 관행과는 약간의 거리가 있다. 앞에서 지적하였듯이, 1996년과 1998년 개정노동법을 통해 정리해고, 파견근로, 변형근로시간제 등이 합법화되었기에 지표상으로는 낮아진 것으로 나타날 수밖에 없지만, 노동조합의 보호를 받는 대공장 정규직 노동자들은 정리해고가 현실적으로 어렵다는 점을 감안하면 오히려 변화가 없다고 봐야 적절할 것이다. 그런 상황에서 노동시장정책 예산은 소폭 증가했다. 말하자면, 경직성은 그대로 둔 채 매우 소극적 노동시장정책을 통해 고용침체의 문제를 해결하려고 한 것이다.

한국의 노동시장정책이 김대중 정부 초기인 1998년~2000년간에는 비교적 활발하게 작동하였지만 그 이후에는 이렇다 할 성과가 별로 없다고 보면, 1980년대 말 이후 2003년까지 한국의 고용복지 레짐에는 골격을 바꾸는 패러다임적 변화는 일어나지 않았고 시의에 맞는 프로그램적 변화가 한시적으로 작동했을 뿐이라고 단언할 수 있다. 이는 고용연계적 복지라는 복지제도의 기본원리가 복지국가의 태동이 일어났던 김대중 정부 기간에도 그대로 관철되었다는 뜻이며, 사회보험제도의 확대 역시 고용연계의 제약 아래 진행되었음을 뜻한다. 그 결과는 유연성 증대 조치의 비정규직 집중이다. 엄격성(고용보호)은 정규직에, 유연성은 비정규직에 적용되는 분절시장이 형성된 것이다.

분절시장의 문제는 정규직의 EPL지수와 임시직 비중을 교차시킨 〈그림 10-4〉에서 극명하게 나타난다. 정규직 EPL과 임시직 비중은 정비례관계를 형성하는데, 자유주의국가군이 좌측 하단에, 유럽국가군이 중간에, 그리고 한국, 포르투갈, 스페인이 우측 상단에 위치한다. 이들은 정규직 EPL이 높아서 임시직 비중이 높아진 국가군이다. 다시 말해, 고용지위를 분절선으로 매우 단단한 분절시장이 존재한다는 뜻이며, 이 분절시장은 곧 고용복지의 자격요건을 구분하는 복지분절선이기도 하다.

〈그림 10-4〉 고용보호와 임시직 비중

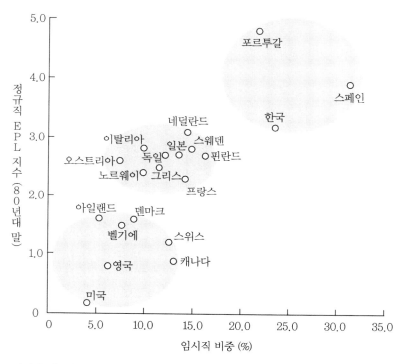

- 임시직 비중은 *OECD Employment Outlook 2003*의 자료임.
- 한국의 경우 2004년 경제활동인구조사 부가조사의 수치임.
- 정규직 EPL 지수는 정규직 노동자에 대한 고용보호제도의 경직성을 나타냄.
- 한국의 자료는 1998년의 지수를 사용함.

4. 유연안정을 향하여 : 정책의 황금 삼각형

그렇다면, 유연성(flexibility)과 안정성(security)을 동시에 충족시키는 유연안정(flexicurity)은 불가능한 것인가? 한국처럼 유연성과 엄격성이 고용지위에 따라 분절된 노동시장에서 외부 세계로부터 또 다시 강력한 유연성 증대 압력이 가해지면 도대체 어떻게 될 것인가? 그것은 말할 것도 없이 최근 사회적 쟁점으로 부상한 양극화이다.

양극화는 고용지위에 따른 분절노동시장이 약화되어야 치유가 가능하다. 그런데, 분절시장은 좀처럼 없어지지 않고 오히려 더욱 강화되는 경향이 있다. 바로 노동조합과 기업의 저항 때문이다. 정규직에게만 가입자격을 부여한 노동조합은 오직 정규직 취업자의 고용보호와 근로조건의 개선을 위해 작동한다. 단체교섭은 물론 임금 및 복지교섭에서도 정규직이 대상이다. 노동조합의 관점에서 정규직은 내부자이고, 비정규직은 외부자이다. 내부자/외부자간에는 첨예한 이해충돌이 발생한다. 외부자를 내부자로 흡수하는 것은 노동조합의 조직 확대에 기여해서 교섭력을 증대시키지만, 내부자의 취업안정을 해칠 우려가 많다. 또한 임금 및 기업복지의 하향 조정과 양보교섭도 불가피하다. 외부자의 내부자화, 민노총의 강령대로 '비정규직의 정규직화'에는 사회보험의 확대가 불가피하게 수반된다. 그것은 고용주에게는 사회보험 부담금의 증가를 뜻하고, 급기야는 기업의 고용능력의 저하로 이어질 우려가 많다.

외부자의 내부자화는 노동계급이 오랫동안 추구했던 계급평등과 사회정의의 관점에서는 정당한데, 이는 결국 내부자에게 돌아가는 혜택의 전면적 양보를 전제로 하는 것이다. 그러므로, 노동조합이 무작정 외부자를 수용할 수가 없다. 민노총이 내건 '비정규직의 정규직화'에 사회보험의 동시적 확대 요구가 명시되지 않은 것은 이 때문이다.

  민노총이 비정규직의 정규직화에 그다지 적극적이지 않았던 다른 이유는 극단적인 경제위기 탓도 있었겠지만 '정치세력화'라는 단기적 목적을 조기에 달성하려는 데에서도 발견된다. 정당건설을 통한 정치세력화에 비정규직 규합은 그다지 매력적이지 않았다. 비정규직과의 연대 내지 정규직화를 통한 기반 확대는 작업현장에서 노동조합의 교섭력을 증대하는 데에는 긍정적이지만, 동질성을 바탕으로 한 강한 정치적 메시지를 만들어내는 데에는 부정적이라고 판단했기 때문이다.

  비정규직과 정규직은 당연히 이해관심이 다르다. 비정규직의 규합은 산업별, 직종별로 이해관심의 균열을 발생시켜 신생 노동조합이 하나의 일관된 정치적 메시지와 이해관심을 발전시키기 어렵다고 판단했다. 말하자면, 민노총으로 대표되는 한국의 노동조합은 비정규직의 정규직화라는 장기적 목표를 우선 유보하고, 동질성에 바탕을 둔 균열 없는 연대력과 일관된 정치강령을 발전시키고자 했다. 이를 위해 비정규직의 복지배제라는 엄청난 대가를 받아들여야 했다.

  분절노동시장과 분절된 복지의 요인으로 노동조합만을 탓하는 것은 정당하지 못하다. 자본과 국가의 이해도 상당히 중대한 원인으로 작용하기 때문이다. 국가는 1990년대 중후반에 시작된 사회보험의 확대과정에서 비정규직을 배제했는데, 그것은 재정건전성을 훼손하지 않으려는 국가의 의도 때문이었다. 재정건전성이 훼손되면 국가의 재정부담이 늘어나고 이는 국가의 정책실행능력 저하를 야기한다. 정책실패는 자주 정치적 정당성의 결핍을 낳고 정치적 지지자의 기반을 침해한다. '정책은 정치를 낳는다'는 피어슨의 진단은 비단 복지확대의 정치뿐 아니라 복지축소의 정치에도 그대로 적용된다.

  기업 또한 마찬가지이다. 기업복지비용을 부담하는 한국의 기업은 규모가 대폭 늘어난 정규직의 사회보험 비용을 동시에 부담하려 하지 않을 것이다. 그리고, 기업에게 엄청난 금액의 사회보험 부담금을 갑작스레 부과한다면, 고용창출능력에 제동이 걸린다. 그것은 고용창출을 통해 정치적 정당성을 높이려는 국가에게도 별로 좋지 않은 효과를 낳을 것이다.

한국의 노동시장에서 고용과 복지 모두에 긍정적 효과를 창출하는 '유연안정'을 기하려면 대규모 정규직 노동조합이 향유하는 고용보호조치들을 양보할 것을 전제로 한다. EPL의 하향 조정, 그리고 비정규직으로 혜택을 분배하는 것이 급선무이다. 그것은 노동조합의 정치적 결단을 필요로 한다. 그러나, 정리해고의 위협이 보편화된 세계화의 시대에 노동조합이 과연 양보교섭을 할 것인가는 의문이다.

유연안정을 가장 효과적으로 실행하는 국가가 바로 덴마크이다. 〈그림 10-3〉과 〈그림 10-4〉에서 보듯이, 덴마크는 예외적 사례로 나타난다. 고용보호의 수준이 중간 정도이며 1980년대 말에 비해 2003년에는 엄격성이 한층 낮아졌다. 고용보호의 엄격성도 유럽국가군보다 낮고 보호수준으로 〈그림 10-4〉에서 보듯 임시직의 비중은 미국, 영국과 함께 자유주의국가군에 속한다. 덴마크는 이런 노동시장구조를 유지해서 실업률을 낮추고 비교적 고성장률을 기록할 수 있었다. 그 비결은 바로 '황금 삼각형'(*golden triangle*)으로 불리는 정책조율 때문이다. 황금 삼각형의 구조는 〈그림 10-5〉와 같다(OECD, 2004: 97~98).

〈그림 10-5〉 정책의 황금 삼각형

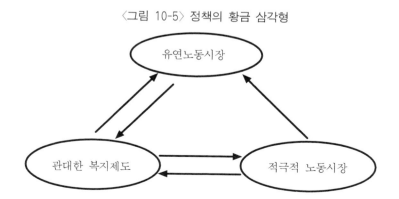

노동시장의 유연안정을 기하는 방식은 세 개의 제도간의 상승효과를 높이는 것이다. 적극적 노동시장, 복지제도, 유연한 노동시장 간의 상호 침투효과가 그것인데, 우선, 노동시장정책 예산의 비중은 비교대상 국가 중에 가장 높다(GDP의 5%. 〈그림 10-2〉와 〈그림 10-3〉). 적극적 노동시장정책은 실업보험으로부터 직업훈련, 직업알선, 적응훈련 등 다양한 제도로 구성된다.

실업보험은 실직자에게 최대한 4년간 전직 임금의 90%를 지급할 만큼 관대하다. 실업보험의 임금대체율은 저소득층일수록 높아져서 86~96%에 달할 정도이다. 물론, 수혜자격과 요건은 매우 까다롭게 규정되고 관리된다. 구직자로 하여금 정기적 직업훈련을 받도록 의무화하고 구직활동을 적극적으로 전개할 것을 명시한다. 1994년 개정노동법은 1년 이상 장기실직자와 6개월 이상의 청년실업자들이 반드시 직업훈련에 응하는 것을 실업보험의 수혜자격으로 규정했다.

노동시장의 경직성을 하향 조정한 여러 조치들은 구직자와 실직자들의 재취업 장벽을 낮춰주고 고용주로 하여금 고용창출의 비용을 줄여주었다. 여기에 복지제도의 관대성이 부가된다. 앞에서 지적하였듯이, 실업보험 수혜자격을 최대한 4년간 연장한 것은 유럽에서도 보기 드문 관대한 사례라고 할 수 있다. 그 밖에 실직자들에게 주어지는 사민주의형 복지혜택은 아동수당을 비롯하여 주택수당, 의료보험 등 매우 다양하다. 이런 형태의 정책 조율은 유연성이 높은 노동시장을 견지하면서도 저실업과 고성장이라는 사민주의적 국가개입의 목표를 달성하게 해주었다. 황금삼각형은 이른바 '유연안정'의 운영원리인 것이다.

한국에서 이런 취지의 개혁정치가 이뤄지려면 노동조합의 양보교섭과 정치적 결단 외에도 노동시장제도의 초기설계의 경계를 뛰어넘어야 하는 어려움이 배가된다. 초기설계란 두 가지이다. 하나는 고용연계적 복지제도이고, 다른 하나는 정규직 중심의 보호정책이다. 이 장에서 누차 지적하였지만, 이 양자는 서로 맞물려 있는 것으로서 어느 하나만 풀어서는 해결되지 않는다.

국가복지를 취업자 전반으로 확대하는 시스템적 개혁이 우선 필요하고, 정규직 중심의 고용보호 관행과 규제장치를 하향 조정해서 비정규직으로 확산시켜야 한다. 전자는 국가 재정건전성의 위험부담이 따르고, 후자는 정규직이 정리해고의 위험부담을 감수해야 한다. 국가복지는 리스크 풀링(risk pooling)을 극대화해야 보편성을 높일 수 있다. 그러나 분절적, 고용연계적 성격이 제도설계의 원칙으로 고착되고 산업화시기를 거쳐 장장 40여 년 동안 발전해온 일련의 과정에서 피어슨이 말하는 잠김효과(lock-in effect)는 어떤 정치적 결단으로도 풀기 어려운 단단한 관행으로 변했다. 노동시장의 규제정치는 위의 세 개 정책영역간 원활한 조율을 필요로 하는데, 행위자들의 이해관심이 단단히 고착되어 있는 한국의 현실에서 요원한 과제이다.

최근 국회 상임위원회를 통과하고 법제사법위원회에 계류중인 이른바 '비정규직보호법안'은 분배, 성장, 재정의 순순환적 관계를 복원시키고 유연안정을 기하려는 의욕적 시도로 평가된다. 무엇보다 기간제 근로자와 파견근로자의 활용기간을 2년으로 한정함으로써 별 다른 사유가 없는 한 2년이 경과한 비정규직은 정규직으로의 전환을 기대할 수 있게 되었다. 그러나, 고용주가 보호법안을 어기지 않고 기존의 비정규직 규모를 그대로 유지할 수 있는 편법적 운영도 가능한 것으로 보여 노동계의 엄청난 반발을 몰고 왔다. 비정규직의 활용기간을 2년으로 못박은 것은 좋으나, 2년 이내에 비정규직을 해고하고 다시 동질의 신규노동력을 고용하는 고용주의 편법운영을 막을 조항이 없다는 것이 노동계의 주장이다.

노동계의 이런 우려 외에도, 법조항대로라면 정규직의 규모 확대에 따른 고용주의 임금 및 복지비용 부담의 문제가 있다. 생산성 향상이 뒷받침되지 않는다면, 이는 결국 고용주의 고용능력 저하를 가져와 실업률을 촉발하는 부정적 효과를 창출할 것이기 때문이다. 실업률 촉발은 노동자들에게도 좋지 않은 영향을 미친다. 이 법안은 노동시장의 유연성보다는 안정성을 개선하는 데에 우선적 목표가 있는데, 임시직 비중이 워낙 높은 한국에서 안정성 제고는 시급한 조치이기는 하나 유연성 약화에 따르는 비용을 누가 감당할 것인가의 문제 역시 매우 심각하다. 아무튼 두고볼 일이지만, 그럼에도, '관대한 복지제도'로 뒷받침되지 않는 한 취업안정에 역점을 두는 보호법안이 향후 어떤 새로운 이해갈등을 촉발시킬 것인가는 중대한 연구과제임에 틀림없다.

'노동시장 규제의 정치'의 최대 목표가 세계화의 압력에 대응할 수 있는 유연안정을 기하고 동시에 재정, 분배, 성장의 선순환 관계를 정립하는 데에 있다면, 자본, 노동, 국가간의 긴밀한 협의정치가 필수적이다. 그런데, 그 중에서도 관대한 국가복지제도 구축이야말로 자본과 노동의 양보교섭을 이뤄내는 데에 우선적으로 필요한 조치일 것이지만, 그것은 복지제도의 초기적 설계를 어떻게 넘어서고 그 속에 고착된 잠김효과를 어떻게 풀어내는가에 달려 있다.

제 11 장

결 론
새로운 복지정치의 탐색

이제 이 연구의 결론을 내려야 할 때가 되었다. 그런데 5장에서 제기한 질문들이 아직 분명히 규명되지 않은 상태에서 어떤 결론을 내린다는 것은 무모하다는 생각이 든다. 더욱이, 6장에서 10장에 이르는 분석들이 또 다른 연구과제들을 제기한다고 보면, 모종의 결론을 내려야 할 시점은 분명 아니다. 그러나 큰 묶음의 세 개의 질문에 대해 답을 얻으려는 우리의 노력이 향후 연구의 작은 실마리라도 제공했다고 생각한다면, 이 연구를 일단락 짓는 것도 다음의 연구를 위해 필요한 타협이 될 수 있다.

우리는 복지제도와 복지이념이 대단히 척박한 한국적 풍토에서 '복지국가가 탄생했다'고 단언했다. 권위주의 통치로 얼룩진 오랜 세월을 고려한다면, 그 탄생은 주목받고 축하 받을 만한 현상이다. 그러나, 여기에 조건을 달았다. 탄생은 했으나, 발전과 성장의 길은 험난하다고. OECD의 평균수준은 고사하고라도, 남미국가 중 복지수준이 괜찮은 국가들을 따라가자면 아직 용의주도한 복지정치가 필요하다는 인식이 그것이다. 이런 의미에서 복지국가의 탄생보다 '복지국가가 비로소

시동을 걸었다'는 표현이 적합할 것이다. 시동을 걸게 한 계기는 민주화이고, 김대중 정권 시기의 단기적 폭증은 세계화 덕분이다. 이 연구에서 누차 지적하였듯이, 세계화가 복지국가에 미치는 영향이 반드시 부정적인 것만은 아니다. 국가는 세계화의 충격을 흡수하려는 완충장치를 만든다. 이 완충장치가 복지제도로 나타나는 것인데, 민주주의의 발전수준이 높은 국가일수록 더 나은 복지로 나가려는 성향을 보인다. "더 많은 민주주의가 더 많은 복지"(more democracy, more welfare)를 낳는다는 말은 서유럽 국가뿐만 아니라 한국을 위시한 동아시아국가에도 적용되는 공통적 명제이다.

노무현 정권에서 복지제도의 성장이 더디게 나타나는 것, 사회지출비가 김대중 정권에 비해 다소 하락한 것은 민주주의가 후퇴했다는 것을 뜻하는가? 그렇지는 않다. 유럽의 복지제도 발전사에서 보듯, 민주주의가 복지제도 발전에 미치는 영향은 대체로 느리고 완만하다. 단절적, 급진적 발전이 일어나는 것은 내외부로부터 엄청난 충격이 가해졌을 경우가 대부분이었다. 정치적 위기는 내부적 요인의 전형이다. 정치적 정당성을 높이고 정치적 지지기반을 넓히고자 할 때 민주정부가 동원하는 것이 바로 복지제도이다. 20세기 유럽의 경우, 노동당과 사민당은 주로 새로운 복지프로그램을 도입하거나 신설하는 일을, 보수당은 그것의 예산과 제도적 기반을 확대하는 일을 담당했다. 이른바 복지 제도적 분업이 일어났는데, 그것은 모두 정치적 지지 시장으로부터의 시그널에 충실한 결과였다.[1]

한국과 같이 복지확대에 대한 거부권이 광범위하게 분포된 국가에서 체제변혁(systemic shift)이 발생하려면 매우 강한 외적 충격이 필요하다. 외환위기 사태는 바로 그런 충격이었다. 갑작스럽게 급증한 실직자, 불어난 빈곤층, 소득급락에 대처하는 것은 정부의 몫이다. 정부

---

[1] 복지국가의 위기가 가시화되던 1980년대 초반부터 이런 분업은 깨졌다.

가 케인스주의적 개입방식에 익숙하지 않더라도 사회안전망을 서둘러 구축하고, 사회적 구제를 위한 비상기금을 만드는 것이 예외적인 일은 아니다. 마침, 외환위기사태와 중첩해서 친노동정권이 태어났고 서민을 위한 여러 가지 다양한 사회정책과 경제정책이 저항 없이 실행될 수 있었다. 거부권의 일시적 약화에 따라 '기회의 창구'가 열렸기 때문이다. 그 기회의 창구는 경제위기가 가라앉음과 동시에 서서히 닫히기 시작했고, 일시적으로 약화되었던 거부권도 원래 상태로 복원되었다. 노무현 정권이 분배와 평등을 국정원리로 내세워 분배프로그램에 정책적 역량을 집중했지만 별반 성과가 없는 것처럼 보이는 이유는 바로 경제위기의 소멸과 거부권의 회복 때문이다. 노무현 정권 기간 내내 경기침체가 지속되었으므로 '경제위기의 소멸'에 동의하지 않을 사람들이 많을 것으로 생각되는데, 경기침체와 경제위기는 본질적으로 다른 유형의 것이다. 경기침체는 복지의 확대발전에 부정적 영향을 끼친다. 더욱이, 복지반대론이 비교적 강한 한국사회에서 경기침체는 분배정책에 대한 중산층과 상층의 관용 수준을 낮춘다. 중상층이 복지국가의 주요 납세자들이라고 보면, 경기침체가 지속되는 상황에서 이들이 분배개선을 위한 정부의 증세조치를 환영할 리가 없다.

민주주의가 복지확대에 기여하는 효과는 비교적 작고 발전의 속도도 느리다. 우리는 이런 사실을 앞의 6장에서 확인했다. 사회지출비가 10%를 넘어설 정도의 '비약적 성장'은 주로 세계화의 충격과 연관된 것이다. 고용보험의 외연 확대, 퇴직금 지급, 위기관리적 실업정책의 실행 등이 사회지출비를 늘린 주된 요인인데, 그것들은 모두 세계화의 충격 흡수와 적응비용에 해당한다. 사회보험을 전 국민에게 확대한 것, 다시 말해 제도적 성숙도 사회지출비의 급증을 촉발했다. 이에 반해, 같은 기간 동안 사회서비스와 공적 부조의 비용증가 추세는 매우 완만했고, 그런 추세는 현재까지도 지속되고 있다. 퇴직금과 실업보험금의 지출이 정상적 상태로 회복(하락)되었기에, 사회서비스와 공적 부조를 아무리 늘린다고 해도 사회지출비는 소폭 하락할 수밖에 없는 것이 한국 복지제도의 지출구조이다. 분배와 평등을 국정원리로 내세운 노무현 정권이 김대중 정권에 비해 복지 업적이 상대적으로 적게 보이는 것은 이런 까닭이다. 노무현 정권은 주로 표적집단을 대상으로 사회서비스를 확대하는 것에 초점을 두었고, 그것에 소요되는 예산은 상대적으로 적을 수밖에 없다. 여기에, 여러 가지 다양한 프로그램들은 다양한 이해집단의 분산적 반대를 불러왔다는 점이 부가되어야 한다. 비교적 적은 예산이 드는 작은 프로그램이라고 할지라도 이는 곧 주요 납세자들의 반발을 사기 마련이다. 신규 프로그램의 도입을 두고 여러 형태의 갈등과 대립이 일어났지만 뚜렷한 복지업적은 거의 없어 보이는 것은 이렇게 설명된다.

노무현 정권은 국정원리에 관한 한 패러다임적 전환을 일궜다고 평가해야 옳다. '분배와 평등'은 노무현 정권이 추진해온 가장 강력한 정치적 슬로건이고, 따라서 복지제도는 그것을 실현하는 수단이다. 그런데 국정이념에서 성취한 패러다임적 전환은 실질적 효과를 거두지 못했다. 이념과 정책업적 간의 엄청난 격차는 결국 정치적 정당성을 훼손한다. 노무현 정권 후반기에 지지도가 급락한 것도 이런 사실과 무관하지 않다. 이 글을 쓰는 현 시점에서도 청와대 정책 홍보사이트에는 다음과 같은 절박한 호소가 머릿기사로 올라 있다.[2]

오히려 지금이야말로 40년 성장지상주의를 반성하고, 제대로 된 나라를 만들어 가야 할 때다. 우리가 선진국이라 부르는 나라들이 보편적으로 존중하는 중요한 가치들—인권, 자유, 환경, 복지, 평등, 연대 등—을 우리도 이제는 소중히 여기면서 시간이 지나면 성장만으로 이 모든 문제가 해결될 것이라는 막연한 낙관이 얼마나

2) 이정우 전 정책실장의 글. 글의 제목은 "시장맹신주의와 성장지상주의를 극복하자"이고, 부제는 "복지예산, 미래를 위한 투자"이다.

근거 없는 것인가를 밝혀야 한다.

　40년 우리 머리를 지배해온 '선성장 후분배'의 철학을 이제는 폐기하자. 분배와 성장이 같이 가야 한다는 것, 분배를 통한 성장이 얼마든지 가능하다는 세계 보편적 인식을 우리도 이제는 가질 때가 아닌가. 언제까지 성장에만 매달려 인류 보편의 가치들을 뒷마당에 방치할 것인가? 양극화가 날로 심해지는 한국의 상황은 결코 많은 여유를 주지 않는다(강조는 필자).

　복지전공 학자라면 윗글에서 틀린 구절을 찾아내지 못할 것이다. 다 맞는 말이다. 그리고, 꼭 필요한 말이다. 그런데 왜 반향이 적은가? 그 정책이념의 지지자들이 날이 갈수록 축소되는가?3) 경기침체가 주범이다. 경제의 객관적 지표들은 경기침체가 아니라 회복이고, OECD국가 중 경제성장률도 상대적으로 높다는 정부의 반론은 고도성장에 익숙한 한국인들에게는 제대로 와 닿지 않는다. 객관적으로는 맞는 말이지만, 설득력을 상실했다는 말이다. 그런 대로 괜찮아 보이는 경제지표들은 사실상 대기업의 호조와 중소기업의 침체, 정규직의 소득증가와 비정규직의 소득불안정, 상층과 하층 간 점증하는 소득격차의 평균치이다. 말하자면, 객관적으로 괜찮은 경제지표들은 '양극화'를 내포한다. 정부 입장은 이 양극화문제를 해결하지 못하면 중상층의 소득도 악화될 것이라는 공동체적 위기의식에 입각해 있는데, 중상층은 이 논리를 수용할 여유가 없는 것이 문제다. 앞에서도 지적하였듯이, 장기간 지속되는 경기침체는 중상층의 심리적 관용의 수준을 낮췄고, 또 '분배와 평등'에 요구되는 부담증가가 경기를 더욱 악화시킬 수 있다는 두려움도 이론적 근거를 확보했기 때문이다.

　앞의 예문에서 강조된 구절, "분배와 성장이 같이 가야 한다는 것, 분배를 통한 성장이 얼마든지 가능하다는 세계 보편적 인식"은 경기가

---

3) 축소의 객관적 증거는 없지만, 일반시민들의 반응은 대체로 시큰둥하다.

좋은 때라면 어느 정도 설득력을 가질 것이다. 그러나 분배를 통해 성장이 가능하다는 것을 '적어도 통치기간 동안'에 입증하지 못했다면, 설상가상으로, 거듭되는 정책부작용이 시민들의 기대를 꺾어버렸다면, 정책사령탑의 그런 호소에 귀 기울일 사람은 별로 없다. 시민들은 미래를 내다보기보다 현재의 생계에 더 많은 관심을 갖기 마련이다. 그런 마당에 다음과 같은 정당한 주장이 귀에 들어올 리 없다.[4]

> 한국의 시장경제는 다른 나라에 비해 정부역할, 혹은 공공영역이 협소한 특징이 발견된다. 특히 노동, 복지, 보육, 교육, 보건의료 등 공공서비스 분야 등 공공영역이 다른 선진국에 비해 월등히 협소하다. 이 분야에서 일하는 사람의 숫자가 전체 취업자에서 차지하는 비중이 한국의 경우 5%인데, 스웨덴은 30%나 된다. 스웨덴은 워낙 사민주의 모델이니 한국과 비교하기 어렵다 치고, 우리나라의 많은 사람들이 시장모델의 모범으로 간주하는 미국의 예를 보면 이 비율이 15%나 된다. 한국에서 과도한 시장 의존이 어느 정도인지를 짐작할 수 있다.

8장에서 강조했듯 한국은 분명 복지서비스 영역을 늘려야 한다. 더욱이, 세계 최저의 출산율과 빠른 속도의 고령화에 대처하려면 사회서비스 부문을 확충해야 하고, 미래 수요에 맞춰 매우 치밀한 복지제도를 설계해야 한다. 그러나 이것도 경기침체와 낮아진 관용심 앞에서 속수무책이다. 정부가 어떤 논리를 동원해도 증세논쟁으로 비화하고 비방과 왜곡으로 귀결된다. 이념전환을 성취한 정권으로서는 통탄할 노릇이다.

그러나 이렇게 된 또 다른 중요한 구조적 원인에 주목할 필요가 있다. 다른 정권이 집권해서 더 높은 강도의 분배정책을 추진하더라도 동일한 상황에 직면하게 하는 구조적 요인이 항존한다는 점을 지적해

4) 같은 글에서 인용.

야 한다. 그것은 복지제도의 성장과 확대를 결정하는 계기가 '국가'에 있다기보다 '기업과 생산체제'로부터 기인한다는 한국적 특성이다. 이 연구의 7장에서 분석한 '생산체제'(*production regime*) 개념이 바로 여기에 해당한다.

한국의 복지제도 성장과정에서 국가는 미래대응적이 아니라 항상 반응적 역할에 머물렀다. 민주화 이후 복지제도를 개혁하는 과정에서도 국가의 반응적 역할이 두드러졌는데, 최저임금제의 도입(1988)은 반응적 대처방식의 전형이었다. 다시 말해, 복지수요가 충분히 무르익은 후에야 비로소 정책을 도입하는 국가의 뒤늦은 적응양식이 그것이다. 물론 서구의 복지제도 발전사에서도 국가의 반응적 태도는 일반적으로 나타난다. 그러나 한국은 사회적, 경제적 수요가 다른 방식으로 충족된 연후에 최종 단계에서 국가복지가 도입되는 경우가 허다했고, 따라서 그 정책효과도 미미할 수밖에 없었다. 최저임금제가 도입될 당시 최저임금제에 적용되어 임금혜택을 받은 임금노동자의 숫자는 지극히 적었다. 그것은 사후 승인과 다름없었다. 고령화와 노인복지 문제가 중대한 쟁점으로 등장한 것이 어제 오늘 일이 아니지만, 여전히 연복지로 불리는 가족 및 친족들로부터의 현금지원이 고령층 소득의 80% 이상을 점하는 현실을 봐도 국가의 반응적 태도를 확신할 수 있다. 아마 고용보험법이 미래대응적 조치로는 유일한 것인데, 그 덕분에 외환위기사태 당시 노동시장정책과 실업정책을 적시에 실행할 수 있었다.

이 '반응적 조치' 개념은 한국의 국가복지가 곧 '생산체제 변화의 함수'라는 사실을 환기시켜 준다. 생산체제의 구조변화가 낳는 사회적, 경제적 문제를 국가복지의 영역으로 흡수하는 것이 국가의 주된 역할이었다. 그것은 기업의 구조조정과 맞물려 있다. 특히, 대기업의존도가 높은 한국 경제구조에서 구조조정은 항상 기업단위로 이뤄지기 마련이다. 국가가 추진하는 거시적 구조조정은 산업정책의 형태로 실행되는 데 비해 그 구체적 충격은 기업단위로 발생한다. 그런데 각각의 대기업이 어떤 구조조정정책을 차용하는가에 따라 국가가 풀어야할 쟁점과 정책대안도 달라지는 것이다. 예를 들어, 정리해고의 합법화와 같이 커다란 물꼬는 국가가 터주지만, 어느 정도의 인력, 어떤 위치에 있는 인력을 방출할 것인가는 기업·노조의 교섭체계와 결과에 따라 다르다. 대기업과 노조의 결정을 기다려 사회적 충격을 최소화하는 방안을 찾아야 하는 것이 국가의 역할이다. 이런 경우 미래대응적 조치를 기대하기는 힘들고, 역으로 반응적 조치들이 대부분이다. 만약 기업차원의 정치가 국가차원의 정치로 원활히 전환되는 연결고리가 존재한다면 미래대응적 조치들을 기대해볼 수도 있을 것이다. 그것은 주지하다시피, 노동조합과 긴밀한 연대력을 가진 계급정당의 출현이다.

노무현 정권이 겪는 저항과 거듭되는 실패는 반응적 조치로부터 미래대응적 조치로 복지정치의 기조를 옮긴 탓이다. 중상층의 시선으로 보면 현재의 양극화는 그리 절박한 문제가 아니다. 비정규직의 활용에 기반을 둔 생산체제에 아직 이렇다할 위기가 발생한 것은 아닌 터에, 그런 만큼 대기업과 중소기업들이 획기적 구조조정의 필요성을 느끼지 못하는 터에, 노동비용의 급증을 수반하는 복지정책이 시급하다고 주장하는 정부의 미래대응적 정책기조에 사용자들은 선뜻 찬성할 수 없는 것이다. 더욱이 비정규직보호법안과 같이 양극화 해소에 기여할 의욕적 정책을 사용자들이 달갑게 생각할 이유는 없다. 생산체제를 근본적으로 변화시켜야 할 필요성이 아직은 그다지 높지 않은 상황에서 정부의 미래대응적 시도는 긍정적 반향을 얻기 힘들다. 이것이 이념전환에 성공한 진보정권이 '새로운 복지정치'를 구축하는 데에는 실패한 이유이다.

여기에 노동조합에 가해진 일종의 '구조적 덫'이 부가된다. 서유럽의 발전사가 입증하듯, 복지제도 연구자들은 강력한 노동조합의 존재가 복지발전에 긍정적임을 부인하지 않는다. 높은 조직률, 강력한 노조,

일원화된 조직구조, 그리고 이들이 지지하는 강력한 정당(사민당, 노동당)이 복지발전의 필수불가결한 동인이다. 이런 사실을 한국에 그대로 대입하면, 노무현 정권의 지지부진한 업적을 만회하는 데에 노동조합, 특히 민주노총에 매우 많은 과제들을 요구하기 십상이다. 틀린 것은 아니다. 그러나 그 전에 노동조합에 씌어진 구조적 덫에 대해 보다 더 심각하게 고려할 필요가 있다. '구조적 덫'이란 7장에서 분석한 노동시장의 삼분구조에 관한 것이다.

삼분구조는 고용조건이 관리사무직, 정규직, 비정규직으로 구획된 분절노동시장을 지칭하며, 이는 임금 및 채용과 해고의 규칙이 전혀 다른 세 개의 내부노동시장이 작동함을 뜻한다. 그러므로 기업구조조정의 필요성이 제기되었을 때 세 개의 내부노동시장은 매우 다른 방식으로 대응했다. 노동조합의 보호를 받는 정규직 노동시장은 경제위기가 발생할 때마다 폐쇄성을 높이는 방식으로 대응했음에 반하여, 노동조합이 없는 관리사무직과 비정규직 노동시장은 입직구와 퇴직구를 개방하려는 고용주의 압력에 그대로 노출되었다. 1990년대 중반 대량감원 사태가 발생했을 때 고용주는 조직화되지 않은 이 두 개의 내부노동시장에 주목했고, 당시에는 합법화되지 않았던 정리해고를 여기에 적용시켰다. 이 급작스런 사태에 직면해서 노동조합에게는 비정규직 노동자를 조직 내부로 끌어들이는 것보다 조직원을 보호하는 것이 더 급박한 과제로 바뀌었다. 이 연구에서도 자주 지적했지만, 그 즈음해서 노동조합이 집단이익 보호기능(collective-voice function)에서 독점기능(monopoly function)으로 전환했던 것은 자의적 선택에 의한 것이 아니라 기업구조조정에 의해 강제되었다고 보는 편이 더 적합할 것이다. 다시 말해, 대량감원 사태 앞에서 노동조합에게 남겨진 전략선택의 공간은 매우 좁았고, 역으로 노동시장구조에 의해 결정된 외적 제약은 매우 공고했다.

따라서, 노동조합에게 왜 이 삼분구조를 넘어설 수 없었는가 라고

312

반문하는 것은 그다지 정당한 질문은 아니다. 노동시장의 삼분구조는 대기업/중소기업의 격차와, 그것을 외주, 하청 및 협력업체라는 이름으로 활용했던 대기업의 경영전략과 맞물려 있기 때문이다. 노동조합은 매우 오래된 이런 구조하에서 조직화를 시도했고, 그 조직화는 본청 기업 노동자를 중심으로 이뤄질 수밖에 없었다. 대공장의 현장에서는 외주업체, 하청업체, 협력업체의 노동자들이 모기업 노동자들과 동일한 노동을 수행했지만, 모기업 노동자들에게는 대단히 다른 규칙들이 적용되었다. 이런 상황에서 외부 하청업체 노동자들을 노동조합에 끌어들이는 일은 '노노갈등'의 불씨가 있었을 뿐 아니라, 조직화라는 절박한 과제를 무산시킬지도 모른다는 전략적 고려가 확산되었다.

1987년 '노동자 대투쟁' 이후 노동자들의 최대 과제는 우선 '노동조합 설립'과 '합법성 획득'이었으므로, 비정규직의 문제는 애초부터 제외될 수밖에 없었다. 1995년 10월 민주노총의 탄생은 '노동조합의 설립과 합법성 획득'이라는 1987년의 목표가 일단락되었음을 의미한다. 전국 조직의 탄생과 동시에 조직노동자들은 감원과 대량해고 사태에 당면했고, '조직원 보호'는 그에 대한 노동조합의 우선적 대응전략으로 채택되었다. 그러므로 조직노동자에게 비정규직 배제는 산업현장의 오랜 관행과 경영전략하에서 전국 조직의 설립이라는 최대의 목표와 맞바꾼 결과였다. 그것은 제약이자 덫이었다. 민주노총에게 비정규직 배제는 이후 '도덕적 상처'로 남게 되었는데, 정치세력화를 통한 노동정치의 개혁이 그 상처를 치유해 줄 수 있는 가장 빠른 길로 간주되었다. 정치적 투쟁과 참여를 통한 입법화가 비정규직 문제를 해결하는 가장 효율적 방법으로 설정되자 민주노총은 모든 역량을 정당 건설에 집중했다. 그러나 급작스럽게 닥친 외환위기 사태로 민주노총은 조합원까지도 정리해고의 폭풍에 내맡겨야 하는 상황으로 몰려갔고, 비정규직 문제는 노동조합의 차후의 의제로 유보되었다. 그리하여 노동시장의 삼분구조는 이제 노·사·정 모두 인정할 수밖에 없는 매우 단단

한 구조적 요인이 되었으며, 기업복지를 포함하여 모든 교섭사항이 삼
분구조의 구획선을 전제로 하지 않으면 안 되는 상황이 되었다.

이 '구조적 덫'은 복지정치에 있어 노동조합으로 하여금 어떤 뚜렷한
방향의 주도권을 행사할 수 있는 여지를 축소한다. 그것은 노동조합에
게는 전략선택의 공간을 축소시키는 한계이자 자율성을 침해하는 요인
이다. 이런 사정은 국가도 마찬가지이다. 복지정책을 확대하려는 의
지를 가진 국가는 기업과 생산체제의 동향을 먼저 살펴야 하다. 생산
체제에 아무런 위기 요인이 발생하지 않는 상황에서 복지확대를 꾀하
는 것은 곧 저항에 부딪친다. 복지재정의 주요한 자원인 기업과 자본
의 반대가 거세지기 때문이다.

이 연구에서 거듭 강조해온 복지정치의 본질을 하나의 간결한 명제
로 집약한다면, '한국의 복지정치는 생산체제의 함수이다'라는 점이다.
한국의 복지제도는 기업과 생산체제에 어떤 위기 징후가 발생할 경우
에 그것을 해결하는 방향으로 변화한다. 복지정치의 주요 행위자인 자
본, 노동, 국가는 그 위기를 가장 효율적으로 해소하는 방식을 모색하
고 합의한다. 1995년의 고용보험, 김대중 정권 때의 일련의 개혁 조치
들이 그 명제와 부합하고, 친복지정권인 노무현 정부에서 왜 성과가
별로 없는지를 설명해준다. 경기가 활성화된 것은 아닐지라도 외환위
기 이후 생산체제는 어느 정도 안정되었고, 비정규직이라는 대규모의
완충지대는 고용주들의 기업구조조정의 여력을 높여주기 때문이다.
이런 관점에서, 정치경제학의 오랜 명제인 '국가와 노동의 자본종속성'
이 한국 복지정치를 관통하는 기축원리라는 점은 매우 흥미롭다. 기업
과 생산체제로부터 발생하는 위기현상을 '성장효율성의 유지'라는 관점
에서 국가가 수용하는 대응정책이 복지제도로 발현된다. 여기에 노동
과의 타협, 거부권의 설득, 국가재정의 고려, 조세정책의 수정 등의
사후 조치들이 포함된다. 복지정치는 노동으로부터 조세정책에 이르
는 일련의 장애물을 돌파하는 과정이다.

이런 시각은 6장에서 서술한 복지제도 발전의 특성과 결과적 현상을 더욱 선명하게 설명해준다. 1990년대의 복지발전이 어떤 유형을 낳았는가, 또는 어떤 경로를 밟았는가라는 논제와 관련하여 이 연구는 그것을 한마디로 집약할 수 없다는 입장을 취했다. 우선, 복지제도 발전의 특성은 점진주의(incrementalism)로 규정했음을 기억할 것이다. 각 시기마다 새롭게 발생하는 복지수요를 조금씩 수용하는 형태로 발전했고, 그것도 어떤 단절적 변혁 없이 초기의 제도적 설계를 단계별로 충족시키는 점진적 발전궤도를 밟았다. 점진주의는 생산체제의 단계별 변화에 의한 것인데, 복지제도가 성장우선주의와 반복지 이념의 장벽을 뚫고 그야말로 느리고 완만한 발전과정을 거쳤다는 사실을 뜻한다. 그것도 성장우선주의의 장벽이 뚫리고 거부권이 일시적으로 약화된 시기에 점진적 발전이 이뤄졌다. 주로 민주정권 초기가 이런 시기에 해당하는데, 각 정권의 후반기에 이르면 다시 성장주의가 강조되고 반복지세력의 거부권이 회복되는 양상이 반복적으로 일어났다.[5]

다른 한편, 유형론적 관점에서는 한국의 복지국가를 여러 복지유형의 특성이 중첩된 '혼합형'(mixed regime)으로 규정했다. 사회보험의 기본설계는 '보수주의 복지국가'와 유사한데 그 혜택 요건은 고용연계적 원리에 기초한 '임금생활자 복지국가'와 공통점이 많다.[6] 노동시장정책(사회복지서비스를 포함하여)과 공적 부조(빈곤정책)는 '자유주의 복지체제'와 유사성을 공유하는 반면, 재정부담과 수혜기준은 '가톨릭 보수주의 복지체제'를 따른다. 그런 반면, 정책입안자 내지 복지정책과 관련된 여론주도자 중에는 사민주의적 지향을 가진 부류도 많다. 다시 말해, 제도설계, 수혜요건, 재정, 복지행정, 정책이념 등이 어떤 하나의 원리로 파악되지 않는 다중적 성격을 갖는다.

---

5) 이런 의미에서, 노무현 정권의 후반기에 정권 차원의 복지강화 전략에도 불구하고 어느 정도 성과를 낼지는 미지수이다.

6) 후버와 스티븐스에 따르면, 뉴질랜드와 호주가 이런 유형이다.

이런 상황에서 각 시기별로 돌발하는 기업문제와 새로운 복지수요를 '개별적으로' 충족시켜 왔다는 점을 감안하면, 한국의 복지제도를 특정 유형으로 확정하기 어려워진다. 가족과 공동체, 기업에 전가된 복지부담이 매우 크고 그것을 당연시했던 전통적 요인, 강한 자조이념 (self reliance), 높은 교육열, 사회서비스 지출에는 인색하지만 교육투자에는 너그러운 정부의 전통적 태도, 상대적으로 풍부한 조세자원과 낮은 조세부담률 등을 포괄적으로 고려하면, 유럽이나 남미의 어떤 국가들과도 구별되는 배타적 특징이 더욱 뚜렷하게 나타난다. 에스핑-앤더슨은 이런 점 때문에 한국을 일본과 더불어 동아시아모델(East Asian Model)로 분류하는 것을 제안하기도 했는데(Esping-Andersen, 1996), 동아시아모델을 독자적 유형으로 인정할 것인가는 아직 논의가 분분하다. 일본, 대만, 한국, 싱가포르, 홍콩, 그리고 경제개방 이후의 중국간에는 유교주의적 요소 외에는 이렇다할 만한 제도적 공통점을 발견할 수 없다는 것이 일반적 견해이다(Goodman, White와 Kwon, 1998).

동아시아에는 처음부터 국가주도로 보편적 성격의 복지제도를 도입한 싱가포르로부터 최소한의 공공부조에 한정시킨 홍콩에 이르기까지 복지제도의 스펙트럼이 매우 넓고 다양하며, 권위주의 체제를 겪은 대만과 한국은 그 중간 어느 지점에 위치한다. 대만이 보편적 성격을 띤 노동보험을 일찍이 1950년대 후반에 도입했던 것은 토착민과 이주민간의 화합이 주된 목적이었는데, 이후 민주화가 이뤄진 1987년까지 이렇다할 복지제도의 발전은 보이지 않았다. 1988년의 의료보험도 독자적 프로그램이기보다는 이미 시행하던 노동보험에 부가되는 방식으로 도입되었다. 중국은 동아시아모델과는 공통성이 전혀 없는 사회주의적 복지유형에 속하는데, 시장경제 도입 이후 점차로 와해, 해체, 재편과정을 빠르게 겪는 중이다. 중국 정부는 사회보험을 중앙집중적으로 할 것인가, 아니면 지역과 기관마다 분리된 분절적 구조로 할 것인가를 두고 고심하고 있다. 다시 말해, 동아시아모델은, 개념 그 자체로는 뭔가 실체가 있는 듯이 보이지만 유럽, 남미와 비교하여 '권역 내 차이'가 '권역간 차이'보다 넓고 다양하다는 점이 고려되어야 한다. 동아시아모델이 개념상으로만 존재하는 이론적 구성물이라면, 아직은 한국의 동아시아모델과의 유사성을 논의할 단계는 아니다.

한편, 한국의 복지유형이 라틴유럽과 유사하다고 주장하는 논자들도 있다. 외견상의 유사성이 있을 수는 있다. 10장에서 논의하였듯이 정규직과 비정규직 간의 노동시장 분절, 노동시장보호의 수준, 낮은 사회지출비 비중, 비교적 낮은 수준의 사회보장과 사회서비스 등을 그 예로 들 수 있다. 그러나 이런 외견상의 유사성은 복지정치 내부기제의 현격한 차이를 감추고 있다. 권위주의체제가 와해된 이후 라틴 유럽이 지향하는 준거틀은 유럽이다. 복지국가 구축에서 라틴 유럽국가들은 이른바 '유럽화'를 목적으로 설정했고, 보편적 성격의 사회보험을 단기간에 성숙시키려는 것이 그들의 복지합의다. 또한 이런 합의를 유지 존속시킬 수 있는 정당구조를 갖추었다. 예를 들면, 스페인은 신자유주의정책을 통해 경제성장을 꾀하면서, 그것의 폐해를 조합주의적 정치협약으로 조율한다. 중앙정치 무대에서 활약하는 다섯 개의 주요 정당은 모두 노동조합과 긴밀한 연계를 갖고, 특정 정책의 실행을 위해 정당간 연대전략이 구사되기도 하는 것이다. '가톨릭적 복지국가'가 스페인이 속한 유형이라면, 앞에서 지적하였듯이 복지재정과 제도설계에서 한국과 유사성을 보일 것이다. 그러나 그것을 작동시키는 복지정치는 유럽과 아시아의 거리만큼이나 멀고도 다르다.

그렇다면, 우리의 관심인 '새로운 복지정치'의 문제로 돌아가자. 새로운 복지정치란 한국의 복지발전에 가해졌던 제약들을 극복하는 정책양식을 말한다. 한국 복지정책의 특성인 점진주의적, 부가적 방식의 느린 성장, 새로운 복지수요가 사회적 쟁점으로 부상한 이후에야 새로

운 프로그램이 도입되는 사후적 조치, 초기적 제도설계의 경계를 넘어
서지 못하는 소극적 조치들, 기업구조조정이 쏟아내는 문제들을 해소
하는 방식의 반응적 정책양식, 그리고 경기침체와 함께 강화되는 거부
권과 반복지이념 등 한국의 복지제도에 가해지는 이런 제약요인들을
뛰어넘는 새로운 복지정치가 그것이다. 이 연구에서 자주 거론되었던
'프로그램적 개혁'은 국가의 일상적 정치에 의해 그런 대로 이뤄져 나
갈 것이지만, 한국을 복지선진국으로 만드는 데에 필요한 '시스템적
개혁'은 이런 제약 요인들을 극복하지 않고는 불가능하다.

　노무현 정권이 당면하는 복지정치의 어려움도 같은 관점에서 설명된
다. 노무현 정권은 친복지 이념과 분배정책에 정치적 정당성을 걸고
있다. 그런데 노무현 정권이 강조하는 '양극화 위기론'이 오히려 반대
여론을 촉발하는 이유는 복지재정의 주요 부담계층인 중상층이 양극화
의 실상에 대해 확신하지 못한 채 양극화 위기론을 정치적 동원전략으
로 해석하기 때문이다. '20 대 80의 사회' 혹은 '3분의 2의 사회'를 거론
하면서 빈곤화의 위험을 환기시키고자 하는 정치지도자의 절박한 심정
을 '하층 80을 동원해 상층 20을 제압하려는 정치적 술수'로 받아들이
는 분위기가 팽배해 있다. 이런 공방전은 비단 한국뿐만이 아니라 복
지정책의 재조정을 시도하는 대부분의 선진복지국에서도 흔히 볼 수
있는 일반적 현상이다. 그러나 한국은 그런 공방전을 선진복지국가처
럼 조금은 여유있게 바라볼 수 있는 그런 형편이 못된다. 새로운 복지
수요가 돌출하는 반면, 아직도 기존 복지제도의 효과가 미치지 못하는
사각지대가 실로 넓게 분포되어 있기 때문이다.

　1999년 전국민보험시대로 진입한 이래 사회보험의 혜택을 받지 못
하는 집단이 아직도 광범위하게 존재하는 것이 한국의 실정이고 보면,
'복지국가의 탄생'은 그야말로 허망한 말잔치로 끝나기 십상이다. 사회
보험의 양적, 질적 성장은 지금부터 적극적으로 추진해야할 국가적 과
제이다. 예를 들면, 건강보험은 적용되는 질병의 범위가 매우 협소하

고 환자가 병원비의 50%를 부담해야 한다. 의료서비스의 질적 향상을 위해 병원 외에 요양원과 각종 치료시설을 늘려야 하고, 연령집단별 전문의료기관을 신설해야 한다. 여기에는 막대한 재정이 소요되는데, 건강보험료의 재조정은 필수적이다. 이것뿐만이 아니다. 의과학 발전을 위한 R&D투자도 건강보험의 몫이고, 의료행위에 대한 급여조정, 의과대학 정원조정, 약가조정, 병의원의 분업 등 해결해야할 과제가 산적해 있다.

국민연금도 예외는 아니다. 현재의 부가적 적립방식으로는 2047년에 연금기금의 고갈을 초래할 것이라는 점에 대부분의 연구자들이 동의한다. 그럼에도 연금수급자의 저항에 부딪혀 연금개혁은 난항을 거듭한다. 연금개혁에는 재정적립 방식과 연금구조의 개혁이 동시에 필요하다. 재정조달방식을 부가방식(Pay-as-you-go)으로 할 것인가, 아니면 현재와 같은 부분적 적립방식으로 할 것인가의 문제, 연금구조를 기초연금, 소득비례연금, 개인적립연금 등 3층으로 할 것인가, 아니면, 현재와 같이 임금연계방식을 존속시킬 것인가의 문제가 그것이다. 이것들은 모두 국민적 합의와 정치적 결단을 필요로 한다.

고용보험 역시 마찬가지이다. 실업급여의 수혜기간이 9개월로 늘어났지만, 실업급여액이 생계유지에는 턱없이 부족해 실질적 효과를 못내고, 그 점 때문에 적극적 노동시장의 정책수단들을 작동해도 실직자들로부터 외면당하기 일쑤다. 한국의 사회보험이 실질적 사회보장이 되려면 지금까지 성장해온 과정보다 더 험난하고 먼길을 가야 한다.

사회서비스의 문제는 말할 것도 없다. 우리에게 필요한 이런 개혁조치들은 새로운 복지정치가 가동되지 않으면 불가능하다. '인간다운 삶'과 '품위있는 삶'은 차치하고라도, 심화되는 양극화가 다시 경제위기로 환원될 위험을 막기 위해서라도 새로운 복지정치는 시급하다. 그것은 어떻게 가능한가? 이 연구를 마무리하는 시점에서 '복지의 정치경제학'이라고 해야할 이 질문을 다음의 연구과제로 제기하지 않을 수 없다.

부록

복지관련 상세 내용과 통계

<표 1> OECD 국가의 GDP 대비 사회지출비 비중

(%)

	1960	1970	1980	1990	1997
오스트레일리아	3. 61	7. 39	11. 32	14. 36	17. 62
오스트리아	12. 99	17. 70	23. 33	25. 00	27. 04
벨기에	13. 85	16. 86	24. 18	24. 60	24. 21
캐나다	8. 69	14. 10	13. 26	18. 25	17. 84
덴마크	9. 89	14. 45	29. 06	29. 32	30. 66
핀란드	8. 28	11. 98	18. 51	24. 78	28. 72
프랑스	12. 53	13. 94	21. 14	26. 45	29. 27
독 일	14. 64	16. 13	20. 28	20. 29	27. 74
이탈리아	9. 64	13. 00	18. 42	23. 87	24. 94
일 본	4. 09	4. 80	10. 12	10. 80	14. 32
네덜란드	9. 76	17. 97	27. 26	27. 92	24. 88
노르웨이	8. 91	14. 78	18. 55	26. 00	26. 16
스웨덴	10. 59	18. 03	29. 00	31. 02	32. 26
영 국	10. 18	12. 75	18. 19	21. 62	25. 33
미 국	5. 63	8. 65	13. 13	13. 36	14. 93

출 처: ILO, *Human Resource Statistics* (1960, 1970) ; *OECD SOCX* (1980, 1990, 1997)

<표 2> GDP 대비 의료지출비 비중

(%)

	1960년	1970년	1980년	1990년	1995년	2000년
오스트레일리아	4. 1		7. 0	7. 8	8. 2	8. 9
오스트리아	4. 3	5. 3	7. 6	7. 1	8. 2	7. 7
벨기에		4. 0	6. 4	7. 4	8. 6	8. 6
캐나다	5. 4	7. 0	7. 1	9. 0	9. 2	9. 2
덴마크			9. 1	8. 5	8. 2	8. 3
핀란드	3. 8	5. 6	6. 4	7. 8	7. 5	6. 7
프랑스				8. 6	9. 5	9. 3
독일		6. 2	8. 7	8. 5	10. 6	10. 6
이탈리아				8. 0	7. 4	8. 2
일본	3. 0	4. 5	6. 4	5. 9	6. 8	7. 7
네덜란드			7. 5	8. 0	8. 4	8. 6
노르웨이	2. 9	4. 4	6. 9	7. 7	7. 9	7. 6
스웨덴		6. 7	8. 8	8. 2	8. 1	8. 4
영국	3. 9	4. 5	5. 6	6. 0	7. 0	7. 3
미국	5. 0	6. 9	8. 7	11. 9	13. 3	13. 1

출처: *OECD HEALTH DATA* 2003 3rd ed.

〈그림 1〉 연금지출의 변화

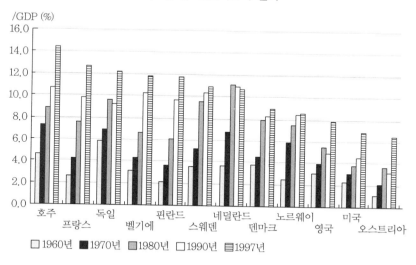

/GDP (%)

〈표 3〉 1인당 실질 GDP 성장률

사회민주주의적 복지 국가			
	1960~1973	1973~1979	1979~1989	1990~1997
캐나다	3.6	2.9	1.8	0.7
영국	2.6	1.5	2.2	1.5
미국	2.6	1.4	1.5	1.7
오스트레일리아	3.2	1.5	1.8	2.0
일본	8.3	2.5	3.4	2.1
평균	4.1	2.0	2.1	1.6

보수주의적 대륙 유럽			
	1960~1973	1973~1979	1979~1989	1990~1997
스웨덴	3.4	1.5	1.8	0.4
노르웨이	3.5	4.4	2.3	3.2
덴마크	3.6	1.6	1.8	1.7
핀란드	4.5	1.8	3.2	0.5
평균	3.8	2.3	2.3	1.5

자유주의적 복지 국가			
	1960~1973	1973~1979	1979~1989	1990~1997
오스트리아	4.3	3.0	1.9	1.6
벨기에	4.4	2.1	1.9	1.6
네덜란드	3.6	1.9	1.1	2.0
독일	3.7	2.5	1.7	1.1
프랑스	4.3	2.3	1.6	0.9
이탈리아	4.6	3.2	2.4	1.2
평균	4.2	2.5	1.8	1.4

출처: ILO, *Human Resource Statistics*(1997); OECD, *National Accounts*

<표 4> 실업률

사회민주주의적 복지 국가					
	1960년	1970년	1980년	1990년	1997년
노르웨이	1.2	0.8	1.6	5.2	4.1
스웨덴	1.7	1.5	2.0	1.7	8.0
덴마크	1.9	0.7	6.9	8.3	6.1
핀란드	1.4	1.9	4.6	3.4	12.7
평 균	1.6	1.2	3.8	4.7	7.7

보수주의적 대륙 유럽					
	1960년	1970년	1980년	1990년	1997년
오스트리아	2.4	1.5	1.9	3.2	4.2
벨기에	3.3	1.9	7.9	8.7	12.7
프랑스	1.4	2.5	6.3	8.9	12.4
독 일	1.0	0.6	3.2	6.2	9.8
이탈리아	5.5	5.3	7.5	11.2	12.2
네덜란드	0.7	1.0	6.0	7.5	5.5
평 균	2.4	2.1	5.5	7.6	9.5

자유주의적 복지 국가					
	1960년	1970년	1980년	1990년	1997년
영 국	1.3	2.2	5.6	5.5	7.1
미 국	5.4	4.8	7.0	5.5	4.9
오스트레일리아	1.4	1.6	5.9	7.2	8.6
캐나다	6.4	5.6	7.5	8.1	9.2
일 본	1.7	1.1	2.0	2.1	3.4
평 균	3.6	3.6	6.5	6.6	7.4

〈표 5〉 15~64세 여성 중 여성 노동력 비율

사회민주주의적 복지국가					
	1960	1973	1980	1990	1994	1997
스웨덴	50	65	77	76	76	75
노르웨이	36	50	66	71	71	76
덴마크	44	63	74	78	78	75
핀란드	66	66	73	70	70	71
평 균	48.9	60.9	72.3	73.7	73.7	74.2

보수주의적 중앙유럽					
	1960	1973	1980	1990	1994	1997
오스트리아	52	53	50	59	59	62
벨기에	36	42	49	54	54	58
네덜란드	26	30	40	56	56	62
독 일	49	51	52	61	61	62
프랑스	47	51	54	59	59	60
이탈리아	40	34	40	43	43	44
평 균	43.0	44.9	48.5	55.7	55.6	58.0

자유주의적 복지국가					
	1960	1973	1980	1990	1994	1997
캐나다	34	49	60	65	65	68
영 국	46	54	57	65	65	68
미 국	43	52	62	69	69	71
오스트레일리아	34	49	53	62	62	65
일 본	60	52	57	62	62	64
평 균	39.3	47.3	54.2	60.2	60.2	67.0

〈표 6〉 민주화 이후 정권별 주요 복지정책 개혁내용(1987~2005)

		노태우 정부 (1988~1992)	김영삼 정부 (1993~1997)	김대중 정부 (1998~2002)	노무현 정부 (2003~2005 현재)
사회보험	국민연금	국민연금제도 실시(1988)	국민연금법 개정 (농어민 연금실시, 1995)	전국민 연금실시(1999)	
	의료보험 (도입: 1977)	• 의료보험 농어촌지역 확대(1988) • 전국민 의료보험 실시(1989)	국민의료보험법 제정 (공·교 및 지역의보 통합, 1996)	• 국민의료보험법 제정 (공무원·교원 의보 및 지역의보 통합)(1998) • 국민건강보험법 제정 (의료보험 전체 통합, 1999) • 국민의료보험관리공단과 직장의료보험을 국민건강보험공단으로 통합운영(2000, 제정통합은 2002) • 의료보험 급여의 365일 연중 실시(2000) • 의약분업 실시(2000)	

〈표 6〉 계속

사회보험		노태우 정부 (1988~1992)	김영삼 정부 (1993~1997)	김대중 정부 (1998~2002)	노무현 정부 (2003~2005 현재)
	고용보험 (노동시장정책)	▪ 고용촉진에 관한 법 제정 (1989) ▪ 직업훈련법 개정 (1991)	▪ 고용정책기본법 제정 (1993) ▪ 고용보험 시행 (30인 이상 사업장, 1995) ▪ 직업안정법 제정 (직업안정 및 고용 촉진에 관한 법을 개정, 1994) ▪ 직업훈련법 개정 (1993) ▪ 근로자직업훈련촉진법 제정 (직업훈련기본법 대체, 1997) ▪ 근로자의 생활향상과 고용안정지원 에 관한 법률 제정 (1997)	▪ 사업장까지 확대 (1998) ▪ 고용보험 1인 사업장까지 확대 (1999) ▪ 고용보험 비정규근로자에 확대 ▪ 고용보험 기준기간, 피보험기간 단축	
	산재보험 (도입: 1963)			산재보험 1인 사업장까지 확대 (2000)	

		노태우 정부 (1988~1992)	김영삼 정부 (1993~1997)	김대중 정부 (1998~2002)	노무현 정부 (2003~2005 현재)
사회복지 서비스	가족·아동	▪ 모자복지법 제정(1989) : 모자가정 지원 ▪ 영유아보육법 제정(1991) : 종전의 단순 탁아사업에서 보호와 교육을 통합한 보육사업으로 확대	▪ 모자가정 지원을 부자가정으로 확대(1995) ▪ 영유아보육법 1, 2차 개정(1997) : 보육시설인가제 신고제로 완화, 초등학교 취학직전 1년 유아 무상보육실시	▪ 모·부자복지법 제정(기존 모자복지법 대체) ▪ 가정폭력방지법 제정(1998) ▪ 가정폭력상담소 운영 ▪ 아동복지법 개정(2000) : 아동보호전문기관 설치 ▪ 아동학대예방센터 설치·운영(2000) ▪ 영유아보육 3차 개정(1999) : 보육비용 자율화	▪ 건강가족기본법 제정(2003) ▪ 아동복지법 개정(2003) : 아동정책조정위원회 설치·운영 ▪ 영유아보육법 전면개정(2004) : 보육교사 국가자격증제, 시설인가제, 영아·장애아 보육 우선실시 등

<표 6> 계속

	노태우 정부 (1988~1992)	김영삼 정부 (1993~1997)	김대중 정부 (1998~2002)	노무현 정부 (2003~2005 현재)
노인	▪ 노인복지법 1차 개정 (1989, 제정1981) : 노령수당, 대책위원회 설치 등 근거 마련 ▪ 노인승차권 지급제도 실시 (1990, *경로우대제도 실시는 1980) ▪ 노령수당지급제도 실시 (1991) ▪ 고령자고용촉진법 제정 (1991)	▪ 노인복지법 2차 개정 (1993) : 재가 및 유료노인복지사업 실시근거 마련 ▪ 노인의집 사업 실시 (1995) ▪ 노인의날 법정기념일 제정 (1997) ▪ 노인복지법 3차 개정 (1997) : 경로연금제도 및 구상권제도 도입 등	▪ 경로연금제도 실시 (국민연금을 받지 않는 65세 이상 저소득 노인 대상, 1998) ▪ 노인복지법 4차 개정 (1999) : 경로연금지급대상자 선정 기준 강화 ▪ 경로연금지급대상자 확대 (2000) ▪ 노인보건복지종합대책 수립 (2002)	노인복지법 5차 개정 (2004) : 노인학대예방

	노태우 정부 (1988~1992)	김영삼 정부 (1993~1997)	김대중 정부 (1998~2002)	노무현 정부 (2003~2005 현재)
장애인	• 장애인 등록사업 실시 (1988) • 장애자복지대책위원회 구성 공포 (1988) • 심신장애자복지법 전문 개정, 장애인복지법으로 변경 (1989) • 장애인의 날 법정기념일로 규정 • 장애인고용촉진등에관한법률 제정 (1990, 시행 1991) • 장애수당 지급 (1990)	• 특수교육진흥법 전면 개정 (1994) • 장애인·노인·임산부 등의 편의증진보장에관한법률 제정 (1997)	• 장애인복지발전 5개년 계획 추진 (1998~2002) • 장애인인권헌장 선포 (1998) • 장애인·노인·임산부등의편의 증진보장에관한법률 개정 (1999) • 장애인복지법 전면 개정 (1999, 시행 2000): 장애인정 범위를 신장·심장, 정신질환 등 내부장애로까지 확대 • 장애인고용촉진및직업재활법 개정 (2000) • 장애인직업재활기금사업 실시 (2000) • 편의시설확충 국가5개년 계획 (2000~2004) 수립·시행 • 장애아동부양수당 신설 (2002)	• 2차 장애인복지발전 5개년 계획 추진 (2003~2007) • 2차 장애범주 확대 (만성중증의 간·호흡기·간질·안면·장루 등, 2003) • 장애인복지법 개정 (국민기초생활보장법상의 생계급여 수급장애인에게 장애수당지급, 2003: 장애인복지실무위원회 및 지방장애인복지위원회 신설, 2004) • 장애인·노인·임산부 등의 편의증진보장에관한법률 개정 (2003, 2004) • 장애수당 지급 대상자 확대

〈표 6〉 계속

	노태우 정부 (1988~1992)	김영삼 정부 (1993~1997)	김대중 정부 (1998~2002)	노무현 정부 (2003~2005 현재)
노숙자			▪ 부랑인복지시설 설치·운영규칙 제정 (2000, 개정 2002) ▪ 쉼터노숙자 보호사업 국가지원사업으로 추진 (1998~2004) ▪ 쪽방생활자 지원 사업 추진 (1999)	▪ 부랑인 및 노숙인보호시설 설치·운영규칙 제정 (기존 부랑인복지시설 설치·운영규칙 대체, 2005) ▪ 노숙인상담보호센터 운영 (2003) ▪ 노숙인보호 및 쪽방사업 지방이양 (2005)
공공부조			▪ 실직자 복지대책 수립 및 시행 (1998) ▪ 국민기초생활보장법 제정 (기존 생활보호법 대체, 1999) ▪ 국민기초생활보장제도 시행 (2001)	
기타	최저임금제도 실시 (1988)	사회복지공동모금법 제정 (1997)	사회복지공동모금회법 제정 (1998)	

<표 7> 프로그램별 복지예산의 추이(1990~2001)

	1990	1991	1992	1993	1994	1995	1996
1. 노 령	1,166	1,471	2,028	2,661	3,317	4,373	4,651
2. 유 족	288	398	438	475	548	602	679
3. 무능력 관련 급여[2]	705	944	1,178	1,182	1,495	1,744	2,049
4. 보 건	3,127	3,234	3,906	4,397	5,061	6,428	8,044
5. 가 족	60	89	111	154	185	263	339
6. 적극적 노동시장 프로그램	113	111	179	226	196	267	330
7. 실 업	1,797	2,121	2,605	2,987	3,985	4,922	5,463
• 실업보상[3]	–	–	–	–	–	–	10
• 퇴직금[4]	1,797	2,121	2,605	2,987	3,985	4,922	5,453
8. 주 거	–	–	–	–	–	–	–
9. 기 타[5]	335	336	328	359	363	459	586
계	7,591	8,703	10,775	12,440	15,149	19,059	22,142
경상 GDP 대비	4.25	4.02	4.39	4.48	4.68	5.05	5.29

〈표 7〉 계속

1997	1998	1999	2000	2001	%	
5,459	8,932	13,008	7,574	6,719	(14.0)	1. OLD AGE
773	831	855	993	1,122	(2.3)	2. SURVIVORS
2,443	2,504	2,432	2,851	3,320	(6.9)	3. INCAPACITY-RELATED BENEFITS
9,331	10,566	11,624	13,616	17,874	(37.2)	4. HEALTH
515	459	516	673	876	(1.8)	5. FAMILY
567	2,160	3,307	2,440	1,646	(3.4)	6. ACTIVE LABOUR MARKET PROGRAMMES
9,436	21,930	13,968	17,842	13,838	(28.8)	7. UNEMPLOYMENT
79	799	936	471	845	(1.8)	• Unemployment Compensation
9,358	21,131	13,032	17,371	12,993	(27.1)	• Retirement pay
-	-	-	-	-	-	8. HOUSING
745	888	1,469	1,659	2,600	(5.4)	9. OTHER SOCIAL POLICY AREAS
29,270	48,269	47,179	47,648	47,995	(100.0)	TOTAL SOCIAL EXPENDITURE
6.46	10.86	9.77	9.13	8.70		% of current GDP

주 1) 지방자치단체의 자체재정(고유사업)에 의한 지방비는 제외.
   2) 장애, 산업재해 및 직업병, 질병 관련 급여임.
   3) 고용보험의 실업급여임.
   4) 각 사업장의 법정퇴직금임.
   5) 공공부조사업 중 대부분 현금급여를 포함.

출 처: 보건복지부·한국보건사회연구원, 〈한국의 사회복지지출 추계: 1990~2001, 2003〉.

<표 8> 사회복지 유형별 예산추이(1990~2001)

제 도	세부제도	1990	1991	1992	1993	1994	1995
	합 계	7,591	8,703	10,775	12,440	15,149	19,059
공공부조	소 계	861	1,034	1,127	1,258	1,324	1,524
	생활보호[1]	821	1,014	1,126	1,246	1,320	1,490
	재해구호[2]	40	21	1	12	4	33
	귀순북한동포보호	-	-	-	-	-	1
공공복지서비스	소 계	1,103	1,090	1,652	1,817	2,261	2,935
	시설보호[3]	52	64	74	85	123	138
	재가복지[4]	104	128	174	239	297	424
	근로복지[5]	100	97	166	189	319	418
	보건의료[6]	846	801	1,238	1,304	1,523	1,956
사회보험	소 계	3,687	4,291	5,200	6,173	7,358	9,387
	연 금[7]	1,235	1,571	2,141	2,785	3,453	4,483
	의료보장[8]	1,913	2,018	2,127	2,535	2,926	3,769
	산업재해보상보험	539	702	932	853	979	1,134
	고용보험	-	-	-	-	-	2
	민간복지서비스[9]	-	-	-	-	-	55
기업복지	소 계	1,940	2,287	2,796	3,192	4,205	5,157
	법정퇴직금	1,797	2,121	2,605	2,987	3,985	4,922
	출산휴가급여	-	-	-	-	-	-
	유급 질병휴가급여[10]	143	166	190	205	220	235

<표 8> 계속

1996	1997	1998	1999	2000	2001	세부제도	제 도
22,142	29,270	48,269	47,179	47,648	47,995	합 계	
1,780	2,077	2,512	3,353	3,810	5,265	소 계	공공 부조
1,751	2,069	2,449	3,286	3,784	5,240	생활보호[1]	
29	7	62	65	19	10	재해구호[2]	
1	1	1	1	7	16	귀순북한동포보호	
3,578	4,446	5,799	7,090	6,657	6,701	소 계	공공 복지 서비 스
163	216	216	197	258	355	시설보호[3]	
580	797	840	915	1,152	1,357	재가복지[4]	
501	808	2,049	3,056	2,276	1,483	근로복지[5]	
2,334	2,626	2,694	2,922	2,970	3,506	보건의료[6]	
10,973	12,865	18,202	22,929	18,820	21,808	소계	사회 보험
4,727	5,511	8,945	13,051	7,656	6,713	연 금[7]	
4,866	5,680	6,696	7,165	8,786	11,990	의료보장[8]	
1,355	1,556	1,451	1,274	1,456	1,745	산업재해보상보험	
24	118	1,110	1,438	922	1,361	고용보험[9]	
68	96	134	172	272	348	민간복지서비스	
5,742	9,786	21,622	13,636	18,090	13,874	소 계	기업 복지
5,453	9,358	21,131	13,032	17,371	12,993	법정퇴직금	
-	85	94	153	212	309	출산휴가급여	
289	343	397	451	506	571	유급질병휴가급여[10]	

주 1) 생계보호, 일시구호, 교육보호, 부랑인시설보호, 저소득층에 대한 직업훈련, 의료
    급여, 국가보훈
  2) 주택복구비, 이재민구호비
  3) 장애인복지시설보호, 노인시설보호, 아동시설보호, 모자보호 및 선도보호시설 등
  4) 재가장애인보호, 재가노인지원, 아동건전육성, 재가부녀 및 모자가정지원, 사회복
    지관 운영 등
  5) 장애인특수학교 운영비, 고용서비스, 직업훈련기관지원, 한국산업인력공단·장애
    인고용촉진공단의 직업훈련 및 운영비, 장애인보호작업장 운영비 등
  6) 중앙 및 지방정부의 보건지출
  7) 국민연금, 공무원연금, 사립학교교직원연금, 군인연금, 별정직우체국직원연금
  8) 직장·지역·공무원·사립학교교직원건강보험
  9) 취약계층을 위한 교통·통신요금 등의 감면액임.
  10) 근로자의 유급질병휴가에 대한 급여임.

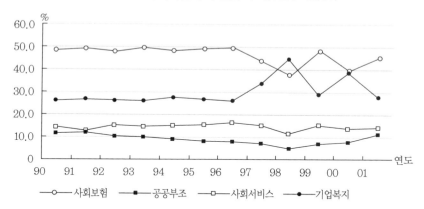

〈그림 2〉 복지예산의 부문별 추이(1990~2001)

338

<표 9> 사회복지 재원별 예산추이(1990~2001)

연 도	총 계	공 공 부 문				
		계	정 부[1]			사회보험[2]
			소 계	중앙정부	지방정부	
1990	7,591	5,651	1,964	1,683	281	3,687
1991	8,703	6,416	2,125	1,779	346	4,291
1992	10,775	7,979	2,779	2,401	378	5,200
1993	12,440	9,248	3,075	2,625	450	6,173
1994	15,149	10,944	3,586	2,882	704	7,358
1995	19,059	13,847	4,459	3,340	1,119	9,387
1996	22,142	16,332	5,358	4,010	1,348	10,973
1997	29,270	19,388	6,524	4,651	1,873	12,865
1998	48,269	26,513	8,311	6,380	1,931	18,202
1999	47,179	33,372	10,443	8,310	2,132	22,929
2000	47,648	29,286	10,466	7,884	2,582	18,820
2001	47,995	33,774	11,966	8,778	3,188	21,808
(2001년 백분율)	(100.0)	(70.4)	(24.9)	(18.3)	(6.6)	(45.4)
(연평균 증가율)	(18.3)	(17.6)	(17.9)	(16.2)	(24.7)	(17.5)

민 간 부 문					연 도
소 계	법정퇴직금	출산휴가급여	질병휴가급여	민간복지 서비스[3]	
1,940	1,797	–	143	–	1990
2,287	2,121	–	166	–	1991
2,796	2,605	–	190	–	1992
3,192	2,987	–	205	–	1993
4,205	3,985	–	220	–	1994
5,212	4,922	–	235	55	1995
5,810	5,453	–	289	68	1996
9,881	9,358	85	343	96	1997
21,756	21,131	94	397	134	1998
13,808	13,032	153	451	172	1999
18,362	17,371	212	506	272	2000
14,221	12,993	309	571	348	2001
(29.6)	(27.1)	(0.6)	(1.2)	(0.7)	(2001년 백분율)
(19.9)	(19.7)	(38.1)	(13.4)	(36.0)	(연평균증가율)

주 1) 공공부조 및 사회복지서비스의 지출금액임.
 2) 4대 사회보험의 급여액임.
 3) 취약계층을 위한 교통·통신요금 등의 감면액임.

참·고·문·헌

강원택, 2005, 《한국의 정치개혁과 민주주의》, 인간사랑.

고경환·장영식·이래연, 2003, 《한국의 사회복지지출 추계: 1990~2001》, 한국보건사회연구원.

권일문, 2000, "국민연금에 대한 수익분석: 국민연금급여는 과연 보험료에 대한 공평한 수익인가?", 《한국사회복지학》 41.

_____, 2001, "공적 연금 재정건전성에 대한 탐색적 고찰: 국민연금을 중심으로", 《한국사회복지학》 46.

권태환·임현진·송호근, 2002, 《신사회운동의 사회학》, 서울대 출판부.

권혁신, 2000, "정책결정요인과 합리성에 관한 연구: 국민연금정책 사례를 중심으로", 고려대 석사학위 논문.

김병국, 1994, 《분단과 혁명의 동학: 한국과 멕시코의 정치경제》, 문학과 지성사.

김상균·홍경준, 1999, "한국 사회복지의 현실: 낙후된 국가, 성장한 시장, 그리고 변형된 공동체", 《사회복지연구》 13.

김소영, 2001, 《고용형태 다양화와 법·제도 개선과제》, 한국노동연구원.

김연명, 2001. "'비정규직 근로자'에 대한 사회보험 확대: 쟁점과 대책", 《한국사회복지학》 45.

_____, 2002, "김대중 정부의 사회복지정책: 신자유주의를 넘어서", 김연명(편), 《한국복지국가 성격논쟁(I)》, 인간과 복지.

_____ (편), 2002, 《한국복지국가 성격논쟁(I)》, 인간과 복지.

김영범, 2002, "경제위기 이후 사회정책의 변화: 한국과 선진자본주의국가들과의 비교", 김연명(편), 《한국복지국가성격논쟁(I)》

김용하·석재은, 1999, "국민연금제도 전개의 한국적 특수성과 지속가능성," 《한국사회복지학》 37.

김용학, 2003, 《사회연결망 분석》, 박영사.

342

폴 크루그맨, 김이수·오승훈(역), 1997, 《경제학의 향연》, 부키.

김일철·이재열, 1999, "사회구조론의 이론과 방법론", 김일철 외, 《한국사회의 구조론적 이해》, 아르케, pp. 19~52.

김철수, 2003, "경제수준, 사회수준, 그리고 사회복지수준: 국제간 사회복지수준 비교", 《한국사회복지학》 55.

남찬섭, 2002a, "경제위기 이후 복지개혁의 성격: 구상, 귀결, 복지국가체제에의 함의", 김연명(편), 《한국복지국가성격논쟁(I)》.

_____, 2002b, "한국 복지체제의 성격에 대한 경험적 연구: 에스핑-앤더슨의 기준을 중심으로", 김연명(편), 《한국복지국가성격논쟁(I)》.

노대명·이태진·강병구·강석훈·홍경준·이인재·송민아·김선미, 2003, 《2002년 저소득층 자활사업 실태조사》, 한국보건사회연구원.

노동부, 《노동백서》, 2003년과 2004년.

문진영, 1999, "국민기초생활보장법 제정의 쟁점과 운영방안에 관한 연구", 《한국사회복지학》 38.

박능후, 2001, "공공부조 급여구조가 수급자의 근로동기에 미치는 효과", 《한국사회복지학》 46.

박윤영, 2002, "국민기초생활보장법 제정과정에 관한 연구", 《한국사회복지학》 49, pp. 264~295.

박찬용·김연명·김태완, 2000, 《사회안전망 확충을 위한 소득보장체계 개편방안》, 한국보건사회연구원.

백승호, 2000, "의료보험 통합일원화 정책결정과정 분석: 민주노총의 역할을 중심으로", 서울대학교 석사학위 논문.

보건복지부, 《보건복지부 백서》, 각 연도.

성경륭, 2001, "민주주의의 공고화와 복지국가의 발전: 문민정부와 국민의정부 비교", 《한국사회복지학》 46, pp. 145~177.

손호철, 2005, "김대중 정부의 복지개혁의 성격: 신자유주의로의 전진?", 《한국정치학회보》 39, p. 1.

송호근, 1992, "한국의 복지정책: '형식적' 기업복지의 이론적 기반", 《한국사회학》 26.

_____, 1994, 《열린 시장, 닫힌 정치》, 나남출판.

_____, 1996, 《한국의 기업복지연구》, 한국노동연구원.

_____, 1999, 《정치없는 정치시대》, 나남출판.

_____, 2001a, 《의사들도 할 말 있었다》, 삼성경제연구소.

_____, 2003, 《선진국의 의료정책: 영국, 독일, 미국을 중심으로》, 대한의 사협회 정책보고서.

_____(편), 2001, 《세계화와 복지국가: 사회정책의 대전환》, 나남출판.

신동면, 2001, "한국의 복지혼합에 관한 연구", 《한국사회복지학》 45.

안병영, 2000, "국민기초생활보장법의 제정과정에 관한 연구", 《행정논총》 38(1), pp. 1~50.

안주엽·노용진·박우성·박찬이·이주희·허재준, 2001, 《비정규근로의 실 태와 정책과제(I)》, 한국노동연구원.

안주엽·조준모·남재량, 2001, 《비정규직근로의 실태와 정책과제(II)》, 한 국노동연구원.

양성일, 1998, "국민연금제도개선의 정책결정과정에 관한 연구: Allison 모 형을 중심으로", 서울대학교 석사학위 논문.

양재진, 2002, "구조조정과 사회복지: 발전국가 사회복지패러다임의 붕괴와 김대중 정부의 과제", 김연명(편), 《한국복지국가성격논쟁(I)》.

_____, 2003, "노동시장 유연화와 한국복지국가의 선택", 《한국정치학회 보》 37, p. 3.

유홍준, 2001, "한국의 산업, 노동시장, 직업구조의 변화: 1960~2000", 《산업과 노동》 2.

윤소영, 1999, 《신자유주의적 금융세계화와 워싱턴 콘센서스》, 공감.

윤진훈, 1997, "한국의 고용보험정책 결정과정에 관한 연구", 중앙대 석사학 위 논문.

은수미, 2005, "한국 노동운동의 정치세력화 유형 연구", 서울대 대학원 사 회학과 박사학위논문.

이병천·김균(편), 1998, 《위기, 그리고 대전환》, 당대.

이병훈, 2003, "비정규노동의 작업장 내 사회적 관계에 관한 연구: 사내 하 청노동자를 중심으로", 《경제와 사회》 2003년 여름호.

이성균, 2003, "제조업체의 간접고용 확대와 결정요인", 《경제와 사회》 2003 년 여름호.

이순호, 2000, "노동복지 정책네트워크의 변화: 고용보험제도를 중심으로", 고려대 박사학위 논문.

이혜경, 2002, "한국복지국가 성격논쟁의 함의와 연구방향," 김연명(편),

《한국복지국가 성격논쟁(I)》.

이홍윤, 2000, "사회복지정책 결정과정 참여자의 역할에 관한 연구: 김영삼 정부와 김대중 정부의 비교를 중심으로", 성균관대 박사학위 논문.

임혁백, 2000, "21세기 한국 시민사회와 민주주의: 과거에 대한 성찰과 미래를 위한 비전 모색", 《사회비평》 25, pp. 146∼176.

정경배, 1999, "생산적 복지와 적극적 복지정책", 《보건사회연구》 19, p. 1.

정무권, 2000, "국민의 정부의 사회정책: 신자유주의로의 확대? 사회통합으로의 전환", 안병영·임혁백(편), 《세계화와 신자유주의》, 나남출판.

_____, 2002, "국민의 정부의 복지개혁과 한국 복지제도의 성격논쟁에 대하여: 발전주의의 유산과 복지개혁의 한계", 김연명(편), 《한국 복지국가성격논쟁(I)》.

정진영, 1999, "라틴아메리카의 경제위기와 사회협약: 이론적 매력과 현실적 제약", 강명세(편), 《경제위기와 사회협약》, 세종연구소.

_____, 2001, "남미의 복지정책과 변화", 송호근(편), 《세계화와 복지국가》, 나남출판.

정책기획위원회, 1999, 《생산적 복지》.

조영훈, 2002a, "'생산적 복지론'과 한국복지국가의 미래," 김연명(편), 《한국복지국가 성격논쟁(I)》.

_____, 2002b. "유교주의, 보수주의, 혹은 자유주의: 한국의 복지유형 검토," 김연명(편), 《한국복지국가성격논쟁(I)》.

조형제, 2004, "유연자동화와 숙련형성: 현대자동차의 교육훈련제도 변화를 중심으로", 《경제와 사회》 2004년 가을호.

최 균, 1992, "한국기업복지의 사회경제적 성격", 서울대 대학원 사회복지학과 박사학위논문.

최영기·유범상·김효정(편), 2004, 《한국의 노사관계와 노동정치 I: 자료편》, 한국노동연구원.

최은희, 2002, "임금 근로자의 국민연금제도 가입 결정요인 연구", 성균관대 석사학위 논문.

통계청, 각 연도 고용통계와 소득통계.

_____, 2005, 《가계소득수지분석》, 주요월별통계보고.

한경구, 1994, 《공동체로서의 회사: 일본기업의 인류학적 연구》, 서울대 출판부.

한창근, 2001, "정치흐름에 따른 복지정책참여자들의 대응에 관한 분석: 국민기초생활보장법의 제정과정을 중심으로", 서울대 석사학위 논문.

홍경준, 1996, "한국 기업복지의 결정요인: 제조업의 조직특성을 중심으로", 서울대 대학원 사회복지학과 박사학위 논문.

_____, 1999, 《한국의 사회복지체제 연구: 국가 · 시장 · 공동체의 결합구조》, 나남출판.

_____, 2003, "가족, 국가, 공동체의 소득안정화 효과 분석," 《한국사회복지학》 54.

_____, 2004, "한국 복지체제의 전환은 가능한가?", 《황해문화》 통권 43.

홍경준 · 송호근, 2003, "한국 사회복지정책의 변화와 지속: 1990년 이후를 중심으로", 《한국사회복지학》 55, pp. 205~230.

국회의안정보시스템, http://search. assembly. go. kr/bill/

Bailey, C. and J. Turner, 1997, "Contribution Evasion and Social Security: Causes and Remedies", *ILO Discussion Paper*, ILO.

Bonoli, G., 2001, "Political Institutions, Veto Points, and the Process of Welfare State Adaptation", in P. Pierson (ed.), *The New Politics of the Welfare State*, New York: Oxford University Press, pp. 238~264.

Bowles, S. and H. Gintis, 1994, 차성수 · 권기돈(역), 《민주주의와 자본주의: 재산, 공동체, 그리고 현대 사회사상의 모순》, 백산서당.

Boyer, Robert and Dennis Drache (eds.), 1996, *State Against Markets: The Limits of Globalization*, London: Routledge.

Burawoy, Michael, 1985, *The Politics of Production*, Verso.

Cameron, David, 1978, "The Expansion of the Public Economy: A Comparative Analysis", *American Political Science Review* 72.

_____, 1984, "Social Democracy, Corporatism, Labour Quiescence and the Representation of Economic Interest in Advanced Capitalist Countries", in John Goldthorpe (ed.), *Conflict and Order in Contemporary Capitalism*, Oxford: Clarendon Press.

Center for Economic Policy Research, 1995, *Unemployment: Choices for Europe*, London.

Cerny, Philip G., 1996, "International Finance and the Erosion of State Power", in Philip Gummett (ed.), *Globalization and Public Policy*, Brookfield, Vt: Edward Elgar.

_____, 1997, "Paradoxes of the Competition State: The Dynamics of Political Globalization", *Government and Opposition* 32 (2), pp. 251 ~274.

Clayton, Richard and Jonas Pontusson, 1998, "Welfare State Retrenchment Revisited: Entitlement Cut, Public Sector Restructuring, and Inegalitarian Trends in Advanced Capitalist Countries", *World Politics* 51 (1), pp. 67~98.

Esping-Andersen, Goesta, 1990, *The Three Worlds of Welfare Capitalism*. Princeton: Princeton University Press.

_____, 1996, "After the Golden Age? Welfare State Dilemmas in a Global Economy", in Esping-Andersen (ed.), *Welfare States in Transition: National Adaptations in Global Economies*, London and New York: Sage Publications.

_____, 1999, *Social Foundations of Postindustrial Economies*, Oxford: Oxford University Press.

Fligstein, Neil, 1998, "Is Globalization the Cause of the Crisis of Welfare States?", Paper prepared for the Annual Meetings of the American Sociological Association in Toronto, Canada.

Flora, Peter, 1989, "From Industrial to Postindustrial Welfare State?", *Annals of the Institute of Social Science*, special issue, Institute of Social Science, Tokyo.

Garrett, Geofrey, 1998a, "Global Market and National Politics: Collision Course or Virtuous Circle?", *International Organization* 52 (4), Autumn, pp. 787~824.

_____, 1998b, *Partisan Politics in the Global Economy*, Cambridge: Cambridge University Press.

Garrett, Geofrey and Christopher Way, 1999, "Public Sector Unions, Corporatism, and Macroeconomic Performance", *Comparative Political Studies* 32 (4), pp. 411~434.

Geer, Hans De., 1992, *The Rise and Fall of the Swedish Model*, West Sussex: Carden Publications.

George, Vic and Paul Wilding, 2002, *Globalization and Human Welfare*, New York: Palgrave.

Giaimo, Susan, 1999, "Who Pays for Health care Reform?" in Paul Pierson(ed.), *The New Politics of Welfare State*, Oxford: Oxford University Press.

Glatzer, Miguel and D. Rueschemeyer(eds.), 2005, *Globalization and the Future of the Welfare State*, Pittsburgh: The University of Pittsburgh Press.

Goldthorpe, John(ed.), 1984, *Conflict and Order in Contemporary Capitalism*, Oxford: Clarendon Press.

Goodman, Roger, Gordon White and Huck-ju Kwon, 1998, *The East Asian Welfare Model: Welfare Orientalism and the State*, London and New York: Routledge.

Haggard, Stephan, 2004, "Revising Social Contracts: Social Spending in Latin America, East Asia, and the Former Socialist Countries, 1980~2000", unpublished paper presented at the meeting in Seoul National University.

Hall, Peter and David Soskice(eds.), 1989, *The Political Power of Economic Ideas: Keynesianism Across Nations*, Princeton: Princeton University Press.

_____, 1993, "Policy Paradigms, Social Learning, and the State; The Case of Economic Policy Making in Britain", *Comparative Politics* 25(3), pp. 275~296.

_____, 2001, *Varieties of Capitalism: The Institutional Foundations of Comparative Advantage*, Cambridge: Cambridge University Press.

Heclo, H., 1974, *Modern Social Politics in Britain and Sweden: From Relief to Income Maintenance*, New Haven: Yale University Press.

_____, 1981, "Towards a New Welfare State?" in P. Flora and A. Heidenheimer(eds.), *The Development of Welfare States in Europe and America*, New Brunswick, NJ: Transaction Books, pp. 383~

406.

Hirst, Paul and Grahame Thompson, 1996, *Globalization in Question*, Cambridge: Cambridge University Press.

OECD, *Human Resource Statistics*, 1960, 1970, 1997.

Huber, Everlyne, 2005, "Globalization and Social Policy Developments in Latin America", in Glatzer Miguel and D. Ruschemeyer (eds.), Globalization and the Future of the Welfare State.

Huber, Everlyne and John Stephens, 2001a. *Political Choice in Global Market: Development and Crisis of Advanced Welfare State*, Chicago: University of Chicago Press.

_____, 2001b, "Welfare State and Production Regimes in the Era of Retrenchment", in Paul Pierson (ed.), *The New Politics of Welfare State*, Oxford: Oxford University Press.

_____, 2001c, "Globalization and the Welfare State", paper prepared for the meeting of the Korean Political Science Association, December. Seoul.

Huber, Everlyne, E. C. Ragin and J. Strephens, 1993, "Social Democracy, Christian Democracy, Constitutional Structure, and the Welfare State", *American Journal of Sociology* 99 (3), pp. 711~749.

Hutton, W., 1995, *The State We're In*, London: Cape.

Immergut, Ellen, 1990, "Institutions, Veto Points, and Policy Results", *Journal of Public Policy* 10, pp. 391~416.

Iversen, Torben, 2001, "The Dynamics of Welfare State Expansion: Trade Openness, De-Industrialization, and Partisan Politics", in P. Pierson (ed.), *The New Politics of Welfare State*, Oxford: Oxford University Press.

Iversen, T. and Anne Wren, 1998, "Equality, Employment and Budgetary Restraint: The Trilemma of the Service Economy", *World Politics* 50 (4), pp. 507~546.

Janoski, Thomas, 1990, *The Political Economy of Unemployment: Active Labor Market Policy in West Germany and the United States*, Berkeley: University of California Press.

Katzenstein, Peter, 1985, *Small States in World Markets*, Ithaca: Cornell University Press.

Kitschelt, Herbert, Peter Lange, Gary Marks and John D. Stephens(eds.), 1999, *Continuity and Change in Contemporary Capitalism*, New York: Cambridge Press.

_____, 2001, "Partisan Competition and Welfare State Retrenchment: When Do Politicians Choose Unpopular Politics?" in P. Pierson(ed.), *The New Politics of the Welfare State*, Oxford: Oxford University Press.

Knoke, D., F. Pappi, J. Broadbent and Y. Tsujinaka, 1990, *Political Networks: The Structural Perspectives*, Cambridge: Cambridge University Press.

_____, 1996, *Comparing Policy Networks: Labor Politics in the US, Germany, and Japan*, Cambridge: Cambridge University Press.

Koehane, Robert O., 1984, "The World Political Economy and the Crisis of Embedded Liberalism", John Goldthorpe(ed.), *Order and Conflict in Contemporary Capitalism*, Oxford: Clarenden Press.

Koehane, Robert O. and Helen V. Milner(eds.), 1996, *Internationalization and Domestic Politics*, Cambridge: Cambridge University Press.

Kohl, J., 1982, "Trends and Problems in Postwar Public Expenditure Development in Western Europe and North America", in *The Development of Welfare States in Europe and America*, edited by P. Flora and A. Heidenheimer, New Brunswick: Transaction Books, pp. 307~344.

Korpi, W. and J. Palme, 1983, *Democratic Class Struggle*, London: Routledge and Kegan Paul.

_____, 1998, "The Paradox of Redistribution and Strategies of Equality: Welfare State Institutions, Inequality, and Poverty in the Western Countries", *American Sociological Review* 63, pp. 661~687.

Ku, Yeun-Wen, 1997, *Welfare Capitalism in Taiwan: State, Economy, and Social Policy*, New York: St. Martin's Press.

Laumann, E. and D. Knoke, 1987, *The Organizational State: A Perspective on National Energy and Health Domains*, Madison: University of Wisconsin Press.

Maioni, A., 1998, *Explaining Differences in Welfare State Development: A Comparative Study of Health Insurance in Canada and the United States*, Princeton: Princeton University Press.

Manow, Philip, 2001, "Comparative Institutional Advantages of Welfare State Regimes and New Coalitions in Welfare State Reforms", in Paul Pierson(ed.), *The New Politics of Welfare State*, Oxford: Oxford University Press.

March, J. and J. Olsen, 1989, *Rediscovering Institutions: The Organizational Basis of Politics*, New York: Free Press.

Marshall, T. H., 1963, *Sociology At the Crossroads and Other Essays*, London: Heinemann.

McGrew, A. G., 1992, "Conceptualizing Global Politics", in A. G. McGrew and Lewis, P. G. et al. (eds.), *Global Politics*, Cambridge: Polity Press.

Mesa-Lago, C., 1978, *Social Security in Latin America: Pressure Groups, Stratification, and Inequality*, Pittsburgh: Univ. of Pittsburgh Press.

Mishra, Ramesh, 1984, *The Welfare State in Crisis*, Brighton: Wheatsheaf Books.

_____, 1999, *Globalization and The Welfare State*, Northampton: Edward Elgar.

Mitchell, D., 1991, *Income Transfers in Ten Welfare States*, Brookfield: Avebury.

Myles, John, 1998, "How to Design a 'Liberal' Welfare State: A Comparison of Canada and United States", *Social Policy and Administration* 32(4), December, pp. 341~364.

Myles, John and Paul Pierson, 2001, "The Comparative Political Economy of Pension Reform", in P. Pierson(ed.), *The New Politics of Welfare State*, Oxford: Oxford University Press.

New York Times, *Downsizing America*, 1996.

North, Douglass C., 1990, *Institutions, Institutional Change, and Economic Performance*, Cambridge: Cambridge University Press.

O'Connor, J., 1973, *The Fiscal Crisis of the State*, N.Y.: St. Martin Press.

OECD, 2001, Social Expenditure Database 1980~1998, Paris.

_____, 2002, Annual Labor Force Statistics, Part Ⅱ, Paris.

_____, 2003, The Job Study, Paris.

_____, 2004, Employment Outlook, Paris.

_____, OECD Health Data 1998, 2003 3rd ed. Paris.

_____, National Accounts, Paris.

_____, Social Expenditure Statistics of OECD Members Countries, 1980, 1990, 1997, Paris.

Offe, Claus, 1984, *Contradictions of the Welfare State*, London: Hutchison Education.

_____, 1985, *Disorganized Capitalism: Contemporary Transformations of Work and Politics*, translated by John Keane, Cambridge: MIT Press.

Olsen, M., 1982, *The Rise and Decline of Nations*, New Haven: Yale University Press.

Pfaller, Alfred, Ian Gough and Goeran Therbon(eds.), 1991, *Can the Welfare State Compete?: A Comparative Study of Five Advanced Capitalist Countries*, London: Macmillan.

Pierson, Christopher, 1999, *Beyond The Welfare State? The New Political Economy of Welfare*, London: Polity Press.

Pierson, Paul and Kent Weaver, 1993, "Imposing Losses in Pension Policy", in Kent Weaver and Bert Rockman(eds.), *Do Institutions Matter? Government Capabilities in the United States and Abroad*, Washington D.C.: Brookings Institution.

_____, 1994, *Dismantling the Welfare State? Reagan, Thatcher and the Politics of Welfare Retrenchment*, Cambridge: Cambridge Univ. Press.

_____, 1996, "The New Politics of the Welfare State", *World Politics* 48(2), pp. 143~179.

Pierson, Paul, Kent Weaver and Theda Skocpol, 2000, "Historical Institutionalism in Contemporary Political Science", paper presented at the American Political Science Association Meetings, Washington D. C. August 30.

_____, 2001a, *The New Politics of the Welfare State*, Oxford: Oxford University Press.

_____, 2001b, "Coping With permanent Austerity: Welfare Restructuring in Affluent Democracies", in Paul Pierson(ed.), *The New Politics of Welfare State*, Oxford: Oxford University Press.

Powell, Martin and Martin Hewitt, 1998, "The End of the Welfare State?" in *Social Policy and Administration* 32(1), March, pp. 1~13.

Rhode, Martin, 1998, "Globalization, Labor markets, and the Welfare State: A Future of Competitive Corporatism?" in Martin Rhode and Yves Meny, *The Future of European Welfare: A New Social Contract?*, London: Macmillan, pp. 178~203.

_____, 2001, "The Political Economy of Social Pacts: 'Competitive Corporatism' and European Welfare Reform", in P. Pierson(ed.), *The New Politics of Welfare State*, Oxford: Oxford University Press.

Rodrik, Dan, 1997, *Has Globalization Gone Too Far?*, Washington, D. C. : Institute for International Economics.

Rueschemeyer, Dietrich and Everlyne H. Stephens and John D. Stephens, 1992, *Capitalist Development and Democracy*, Cambridge: Cambridge University Press.

Scharpf, Fritz W. , 1984, "Economic and Institutional Constraints of Full-Employment Strategies: Sweden, Austria, and West Germany, 1973~1982", in John Goldthorpe(ed.), *Order and Conflict in Contemporary Capitalism*, Oxford: Clarendon Press.

_____, 1991, *Crisis and Choice in European Social Democracy*, Ithaca: Cornell University Press.

Schmid, Guenther(ed.), 1994, *Labor Market Institutions in Europe*, London and New York: M. E. Sharpe.

Schmitter, Philippe and Terry L. Karl , 1991, "What democracy is ⋯ And is not", Larry Diamond and Marc Plattner(eds.), *The Global Resurgence of Democracy*, Baltimore: The Johns Hopkins Univ. Press.

Schram, Sanford F. and Samuel H. Beer, 1999, *Welfare Reform: A Race to the Bottom?*, Washington D.C.: Woodrow Wilson Center Press.

Sebastian Edwards and Nora Claudia Lustig(eds.), 1997, *Labor Market in Latin America: Combining Social Protection with Market Flexibility*, New York: Brookings Institution.

Skocpol, Theda and E. Amenta, 1986, "Stat and Social Policies", *Annual Review of Sociology* 12.

Smith, Anthony, 1987, *The Ethnic Origin of Nations*, New York: Basil Blackwell.

Song, Ho Keun, 2003, "The Birth of Welfare State in Korea: The Un-finished Symphony of Democratization and Globalization", *Journal of East Asian Studies* 3, pp.405~432.

Song, Ho Keun and Kyung Zoon Hong, 2005, "Globalization and Social Policy in South Korea", in Glatzer Miguel and D. Ruschemeyer (eds.), *Globalization and the Future of the Welfare State*.

Soskice, David, 1990, "Wage Determination: The Changing Role of Institutions in Advanced Industrial Countries", *Oxford Review of Economic Policy* 6, pp.36~61.

_____, 1999, "Divergent Production Regime: Coordinated and Unco-ordinated Market Economies in the 1980s and the 1990s", In Kitschelt, Herbert et als. (eds.), *Continuity and Change in the Contemporary Capitalism*.

Stephens, John, 1996, "The Scandinavian Welfare States: Achievement, Crisis, and Prospects", in Esping-Andersen(ed.), *Welfare States in Transition: National Adaptations in Global Economies*, London and New York: Sage Publications.

_____, 1999, "Economic Internationalization and Domestic Compensa-

354

tion", Paper prepared for the conference on Globalization and the Future of the Welfare State: Interregional Comparison, Watson Center, Brown University.

Swank, Duane, 1998, "Funding the Welfare State: Globalization and the Taxation of Business in Advanced Market Economies", *Political Studies* 46(4), pp. 671~692.

_____, 2001, "Political Institutions and Welfare Restructuring: The Impact of Institutions on Social Policy Change in Developed Democracies", in P. Pierson(ed.), *The New Politics of Welfare State*, Oxford: Oxford University Press.

_____, 2002, *Global Capital, Political Institutions, and Policy Change in Developed Welfare States*, Cambridge: Cambridge University Press.

Taylor, 2000, *The TUC: From the General Strike to New Unionism*, New York: Palgrave.

Tsebelis, George, 1995, "Decision Making in Political Systems: Veto Players in Presidentialism, Parliamentalism, Multicameralism and Multipartyism", *British Journal of Political Science* 25, pp. 289~ 325.

Van Ginneke, W., 1999, "Social Security for the Informal Sector: A New Challenge for the Developing Countries", *International Social Security Review* 52(1), pp. 49~69.

Wasserman, S. and K. Faust, 1994, *Social Network Analysis: Methods and Applications*, Cambridge University Press.

Weaver, R. Kent and Bert A. Rockman(eds.), 1993, *Do Institutions Matter? Government Capabilities in the United States and Abroad*, Washington D. C. : Brookings Institution.

Weir, Margaret, Ann Orloff and Theda Skocpol(eds.), 1988, *The Politics of Social Policy in the United States*, Princeton: Princeton University Press.

Wood, Adrian, 1994, *North-South Trade, Employment and Inequality: Changing Fortunes in a Skill-driven World*, Oxford: Clarendon Press.

Wood, Stewart, 2000, "From Varieties of Capitalism to Public Policy:

Employer Preferences and Labor Market Reform in Britain and West Germany in the 1980s", in Hall, Peter and Soskice, David (eds.), *The Political Power of Economic Ideas*: *Keynesianism Across Nations*, Princeton: Princeton University Press.

World Bank, 2001, *World Development Report 2001*, Oxford: Oxford University Press.

Yeats, Nicola, 1999, "Social Politics and Policy in an Era of Globalization: Critical Reflections", *Social Policy and Administration* 33(4), December, pp. 372~393.

찾아보기

(용 어)

358

360

기 타

찾아보기

（인 명）

저자 약력

송 호 근

서울대 사회학과 및 동 대학원 졸업
미국 하버드대 사회학 박사
현재 서울대 사회학과 교수

- 주요 저서
《시장과 복지정치》,《열린 시장, 닫힌 정치》
《한국의 노동정치와 시장》,《시장과 이데올로기》
《지식사회학》,《춘천리포트》(공저)
《한국사회 이해의 새로운 패러다임》(공편) 등

홍 경 준

서울대 사회복지학과 졸업
서울대 대학원 사회복지학과 석·박사
현재 성균관대 사회과학부 교수

- 주요 저서
《한국의 사회복지체제 연구》
《산업복지론》(공저) 등

나남사회복지학총서 ①

나남출판사의 책은 쉽게 팔리지 않고 오래 팔립니다

2006. 4

1 **사회계획론**
최일섭(서울대), 이창호(한국사회복지프로그램연구회) 공저
• 신국판 / 428쪽 / 15,000원

2 **복지국가론**
김태성(서울대), 성경륭(한림대) 공저
• 신국판 / 562쪽 / 17,000원

3 **사회복지행정론(개정판)**
최성재(서울대), 남기민(청주대) 공저
• 신국판 / 446쪽 / 17,000원

4 **사회과학과 사회복지**
김성이(이화여대), 김상균(서울대) 공저
• 신국판 / 440쪽 / 14,000원

5 **인간행동과 사회환경(개정판)**
이인정(덕성여대), 최해경(충남대) 공저
• 신국판 / 484쪽 / 17,000원

6 **사회복지 정책론**
송근원(경성대), 김태성(서울대) 공저
• 신국판 / 428쪽 / 14,000원

7 **사회문제와 사회복지(개정판)**
최성재·최일섭(서울대) 공편
• 신국판 / 496쪽 / 17,000원

8 **사회복지실천론(개정판)**
김융일(가톨릭대), 조흥식(서울대), 김연옥(서울시립대) 공저
• 신국판 / 472쪽 / 17,000원

9 **한국사회복지론**
남세진·조흥식(서울대) 공저
• 신국판 / 472쪽 / 15,000원

12 **지역사회 정신건강**
양옥경(이화여대) 저
• 신국판 / 480쪽 / 15,000원

13 **삶의 질 향상을 위한 길잡이**
김상균(서울대) 편
• 신국판 / 320쪽 / 9,000원

14 **사회복지통계분석**
이인재(한신대), 이선우(한국보건사회연구원), 류진석(충남대) 공저
• 신국판 / 312쪽 / 14,000원

17 **사회복지법제론(개정판)**
윤찬영(전주대) 저
• 신국판 / 616쪽/25,000원

19 **사회복지조사방법론**
A. 루빈, E. 바비 / 성숙진(한신대), 유태균(숭실대),
이선우(한국보건사회연구원) 공역
• 4×6배판 / 676쪽/25,000원

20 **사회복지실천 기법과 지침(개정판)**
B. 셰퍼·C. 호레이시·
남기철(동덕여대), 변귀연(호남대), 양숙미(남서울대),
정선욱(상지대), 조성희(순천향대), 최승희(평택대), 공역
• 4×6배판 / 776쪽 / 38,000원

21 **사회보장론(개정판)**
이인재(한신대), 류진석(충남대), 권문일(덕성여대),
김진구(협성대) 공저
• 신국판 / 488쪽 / 17,000원

22 **한국복지국가의 이상과 현실**
인경석(국민연금관리공단) 저
• 신국판 / 342쪽 / 16,000원

23 **시장과 복지정치**
송호근(서울대) 저
• 신국판 / 364쪽 / 10,000원

24 **영국의 복지정책**
이영찬(보건복지부) 저
• 신국판 / 634쪽 / 22,000원

25 **한국의 사회복지체제 연구**
홍경준(성균관대) 저
• 신국판 / 400쪽 / 12,000원

26 **사회복지실천론(개정3판)**
양옥경(이화여대), 김정진(나사렛대), 서미경(경상대),
김미옥(전북대), 김소희(前 경희대 강사) 공저
• 신국판 / 600쪽 / 23,000원

28 **상담의 필수기술**
에반스 외 / 성숙진(한신대) 역
• 크라운판 / 342쪽 / 15,000원

29 **여성복지론**
김인숙(가톨릭대), 김혜선(서울시 북부여성발전센터), 성정현(서울시립대·협성대 강사), 신은주(평택대), 윤영숙(경기도 여성능력개발센터), 이혜경(평택대), 최선화(신라대) 공저
• 신국판 / 490쪽 / 16,000원

30 **사회통합과 장애인복지정치**
이성규(공주대) 저
• 신국판 / 354쪽 / 14,000원

31 **여성운동과 사회복지**
김인숙(가톨릭대), 김혜선(서울시 북부여성발전센터),
신은주(평택대) 공저
• 신국판 / 196쪽 / 7,000원

33 **지역사회복지실천론**
강철희(연세대), 정무성(숭실대) 공저
• 신국판 / 560쪽 / 28,000원

34 **문제아의 가족치료**
엘렌 F. 왁텔 / 이준우(나사렛대) 역
• 신국판 / 458쪽 / 16,000원

35 **사회복지실천기술연습**
Barry Cournoyer / 김인숙·김용석(가톨릭대) 공역
• 4×6배판 / 390쪽 / 18,000원

36 **가족학대·가족폭력**
알란 켐프 / 이화여대 사회사업연구회 역
• 신국판 / 446쪽 / 16,000원

38 **임상사회복지 사정분류체계**
제임스 칼스 외 / 임상사회사업연구회 역
• 4×6배판 / 386쪽 / 18,000원

나남출판 파주시 교하읍 출판도시 518-4 TEL : 031)955-4600 FAX : 031)955-4555 www.nanam.net

나남사회복지학총서 ②

나남출판사의 책은 쉽게 팔리지 않고 오래 팔립니다

2006. 4

나남출판 파주시 교하읍 출판도시 518-4 TEL : 031)955-4600 FAX : 031)955-4555 www.nanam.net